아산재단 연구총서 제248집

영유아교육기관에서의 장애 이해 교육

유수옥

집문당

머리말

이 책은 장애유아가 통합되어 있는 유치원, 어린이집과 같은 영유아교육기관에서 일하는 유아교사, 보육교사, 그리고 통합 지원교사들을 위하여 써졌다. 장애유아가 유치원과 어린이집에서 일반유아와 함께 배우고, 상호작용할 기회가 점점 많아지고 있다. 일반 유아교육과 보육 장소에서의 장애유아 통합교육의 기회는 오랫동안 많은 교육자, 연구자, 그리고 부모들의 노력에 의하여 얻어졌다. 또한 2007년 공포된 「장애인 등에 관한 특수교육법」을 통하여 이제 통합교육이 장애유아뿐만 아니라 장애영아에게까지 확장되어 이루어질 전망이다. 이제 "우리 기관에서 통합교육을 실시해야 하는가?"와 같은 질문 대신에 "어떻게 장애유아와 일반유아에게 질적으로 우수한 통합교육을 제공하도록 준비해야 하는가?"에 대하여 논의하여야 한다. 장애유아 통합교육은 이제 우리나라 유아교육과 유아특수교육이 함께 협력하여 이루어 나아가야 할 하나의 커다란 과제이다.

장애유아 통합교육이 성공적으로 이루어지기 위해서는 프로그램, 물리적 환경 준비 외에 일반유아, 장애유아, 교사, 부모와 같은 인적 요소의 준비가 필요하다. 본서에서는 이 여섯 가지 준비요소 중에서 특별히 장애유아의 중요한 상호작용 대상인 일반유아의 긍정적인 태도 준비에 관하여 심도 깊게 다루기 위하여 일반유아의 장애와 장애인에 대한 이해와 긍정적 태도 발달에 초점을 맞추어 저술하였다. 일반유아의 장애 이해와 긍정적 태도 발달을 본서에서 다루고자 하는 이유로는 다음 세 가지를 들 수 있다.

첫째, 장애를 '개인 내'가 아닌 '사회 내'의 문제로 보는 사회적 모델을 받아들일 때 우리의 주된 과제 중 하나는 통합교실과 지역사회에서 장애유아들이 직면하고 있는 편견과 차별을 해결해 주어야 하는 것이다. 일반유아의 장애유아에 대한 편견은 부정적인 선입견과 고정관념을 형성하여 장애인을 배척하는 차별적 행동으로 이어질 수 있다. 장애유아에 대한 태도가 유치원 시기부터 뚜렷이 나타나서 성장하면서도 크게 변화하지 않는 것을 볼 때 유아기부터 장애에 대한 부정적 편견이 형성되지 않도록 장애 이해 교육을 할 필요가 있다.

둘째, 통합교실에서 장애유아와 일반유아의 상호작용은 장애유아의 전반적인 발달을 강화하는 데 중요한 교육적 통로가 된다. 그러나 통합교실에서 30%의 장애유아는 일반유아로부터 사회적으로 거부되고, 일반유아는 장애유아보다 일반유아 또래를 훨씬 더 많이 선호한다. 또한 장애유아는 다른 장애유아나 일반유아와도 거의 상호작용을 하지 않고 혼자 놀이를 더 많이 하였다. 이러한 장애유아의 또래와의 상호작용의 어려움은 장애유아의 전반적 발달을 강화하는 교육적 통로를 차단한다. 그러므로 통합교육의 효과를 가져오기 위해서는 일반유아의 장애유아에 대한 긍정적 태도를 형성하는 장애 이해 교육이 가장 먼저 실시되어야 한다.

셋째, 통합교육이 유치원이나 어린이집에서 장애유아의 특별한 교육적 요구를 충족시킬 뿐만 아니라 장애유아가 교실 친구와 지역사회 구성원들에게 소속되고 존중받을 수 있게 해야 한다. 그러므로 장애유아의 차이점이 다양성으로서 수용되도록 장애 이해 교육이 필요하다.

유아들은 교실과 지역사회에서 장애 또래나 장애인을 대할 때 유아 자신이 가지고 있는 장애 개념에 근거하여 태도와 행동을 선택하고 결정한다. 장애유아가 통합교육환경에서 보다 편안하게 한 구성원으로 소속되어 참여하고, 상호작용하며 교육 효과를 극대화하기 위해서는 무엇보다도 장애유아와 유치원과 어린이집에서 함께 생활하는 일반유아의 태도가 가장 중요하다. 유아의 장애에 대한 태도는 성인이 되었을 때 장애와 관련된 모든 정책과 제도, 교육, 서비스의 전달방식과 내용에도 영향을 준다.

이러한 장애 이해와 태도 발달의 중요성 때문에 본서를 저술하게 되었다. 본서에서는 특수교육과 통합교육의 변화, 장애 이해 및 태도 발달 단계와 이에 영향을 미치는 요인, 다양한 중재 방법, 그리고 실제 중재 활동의 예에 이르기까지 특수교육과 통합교육의 변화뿐만 아니라 장애유아의 장애 이해나 태도 발달에 관련된 전반적인 것을 체계적으로 다루고자 최대한 노력하였다.

본서는 총 4부, 9장으로 구성되어 있으며, 각 장마다 독자의 이해를 돕고자 사진과 실제 예를 많이 수록하였다. 제1부는 “장애유아 통합교육의 이해”로, 특수교육과 통합교육을 개관하는 내용으로 구성되어 있다. 제1장에서는 특수교육 패러다임의 변화가 특수교육에 미친 영향과 미국 및 한국의 특수교육의 변화과정을 점검 · 비교하였다. 제2장에서는 다양한 장애유아의 특성과 함께 유치원과 어린이집에서 교사들이 쉽게 발견할 수 있는 장애 유형에 따른 행동을 제시하였다. 제3장에서는 유치원과 어린이집에서의 장애유아 통합교육과 관련된 이론적 배경을 서술하였다. 제4장에서는 성공적인 장애유아 통합교육을 위해 준비해야 할 여섯 가지 요소로 프로그램, 교사, 일반유아, 장애유아, 부모, 그리고 물리적 환경을 제시하였다.

제2부는 “장애 이해 및 태도 발달”로, 장애 이해와 태도 발달의 이론적 근거와 유아의 장애에 대한 태도 발달을 살펴보았다. 제5장에서 유아의 장애 이해 및 태도 발달의 5단계와 일반유아의 태도 발달에 영향을 미치는 요인들을 다루었다. 그리고 중재 활동을 통

해서 긍정적 태도로의 변화가 가능하다는 것을 제시하였다.

제3부는 "장애 이해 및 태도 발달을 위한 교육적 중재"로, 다양한 교육적 중재를 제시하였다. 제6장에서는 일반적인 교실 중재로, 바람직한 통합교실 조성과 장애 유형에 적합한 상식적 접근법을 제시함으로써 장애유아와 감정이입을 형성하고 긍정적 상호작용을 증진시키고자 하였다. 제7장에서는 구체적이고 직접적인 11가지의 다양한 태도 중재 방법을 제시하였다.

제4부는 "장애 이해 및 태도 발달 프로그램 실제"로, 제8장에서는 앞에서 제시한 태도 이론과 이론적 근거에 기초하여 문학작품을 활용한 태도 증진 프로그램의 실제 활동과 활동사진을 제시하였다. 제9장에서는 긍정적 태도 증진을 위해 선택하여 사용할 수 있는 유아용 그림책, 부모 및 교사를 위한 도서, 그리고 영상자료 목록을 장애 유형별로 제시하였다.

부록에서는 교사나 부모들이 장애에 대한 정보를 얻을 수 있는 유용한 사이트와 전국 특수교육지원센터의 주소를 제시하였다.

마지막으로 본서가 출판되기까지 격려해 주고 도움을 주신 많은 분들에게 감사드린다. 워드 작업과 그래프를 그려 주고 많은 유용한 사진들을 인터넷에서 찾아준 제자들의 성실한 작업에 감사하며, 본서가 출판되도록 연구비를 지원해 준 아산사회복지재단에 감사드린다.

2007년 무더웠던 여름의 끝자락에서

유 수 옥

차 례

제 1 부 장애유아 통합교육의 이해

제 1 장 특수교육 패러다임의 변화

제 2 장 장애유아의 이해

제 3 장 장애유아 통합교육의 이해

제 4 장 장애유아 통합교육 준비

제 2 부 장애 이해 및 태도 발달

제 5 장 유아의 장애 이해 및 태도 발달

제3부 장애 이해 및 태도 발달을 위한 교육적 중재

제6장 일반적인 교실 중재

제7장 직접적인 태도 중재

제 9 장 긍정적 태도 증진을 위한 다양한 자원

표 차례

그림 차례

제 1 부

장애유아 통합교육의 이해

제 1 장

특수교육 패러다임의 변화

1. 장애 개념의 변화
2. 특수교육의 변화
3. 특수교육의 시대적 변화

제 1 장 특수교육 패러다임의 변화

본 장에서는 전통적인 의료적 모델에서 사회적 모델로의 장애 개념의 변화와 이에 따른 특수교육 실제에서의 변화를 살펴보고자 한다. 또한 미국과 한국의 특수교육의 변화를 4단계로 나누어 살펴본 후 미국과 한국의 특수교육 변화의 시대적 차이를 비교・분석하고자 한다.

1. 장애 개념의 변화

그 시대를 주도하는 철학과 문화의 패러다임이 바뀌면 교육도 변화하게 된다. 교육은 시대의 산물이므로 교육내용이 시대상을 반영하여 구성되기 때문이다. 1970년대에 등장한 포스트모더니즘의 영향으로 많은 사람들은 사회 내에서 소외되었던 장애인을 포함한 소수 집단의 문제에 관심을 가지게 되어 그동안 사회에 존재하고 있던 모순과 편견에서 벗어나려는 노력이 시작되었다(이광규, 1998).

패러다임이란 어떤 한 시대 사람들의 견해나 사고를 지배하는 이론적 틀이나 개념의 집합체이므로 장애 개념이 변화한다는 것, 즉 장애를 다르게 정의하게 된다는 것은 장애와 관련된 문제에 관한 전반적인 생각의 틀과 구체적인 해결 방안에 새로운 변화를 구축해 나아가는 것을 의미한다. 즉 장애란 무엇인가에 대한 이해뿐만 아니라 장애가 있는 사람들을 어떻게 이해하고, 어떻게 분류하고, 장애인을 개인적 차원 및 사회적 차원에서 어떻게 인식하고 수용하고 지원할 것인가에 영향을 미친다. 장애 개념의 대표적인 모델인 의료적 모델과 사회적 모델에 대해 살펴본 후, 장애 개념의 변화가 특수교육에 미친 영향을 살펴보고자 한다.

1) 의료적 모델과 사회적 모델

장애를 어떻게 이해할 것인가에 대한 두 가지 접근으로 가장 오래된 의료적 모델과 1970년대부터 시작된 사회적 모델이 있다. 의료적 모델은 장애를 '개인 안'에서 보므로 '개별화 모델'이라고도 하며, 사회적 모델은 장애를 '사회 안'에서 보므로 '사회적 장벽 모델'이라고도 한다(Finkelton, 1993; Oliver, 1990).

의료적 모델은 장애를 구조적 혹은 기능적 장애로 정의하므로 정상에서 얼마나 일탈되어 있느냐에 초점을 맞추어 왔다. 즉 다른 사람과 '차이점'이 있는 사람의 '차이'가 무엇인가에 초점을 맞춘다. 어떤 사람이 다른 사람과 '차이'가 있을 때 이것을 '잘못된 것'으로 보고, 정상인과 같이 되기 위해서 바르게 교정해야 한다고 여긴다. 전문가들은 '차이'가 있는 장애아동의 잘못된 것을 올바르게 교정하는 사람이고, 장애아동은 전문가가 제공하는 중재의 수혜자라는 수동적 역할이 주어진다(Gill, 2001).

의료적 모델에서 장애는 질병, 외상 혹은 다른 건강 조건에 의해 초래된다고 여기므로 장애를 해결하려면 전문가들의 재활적·의료적·교육적 중재를 받아야 한다. 장애를 해결하기 위해서 장애아동은 불굴의 노력을 해야만 한다. 한 개인이 장애로 어려움을 겪는 것은 개인의 노력 부족이나 더 이상 발달할 수 없는 개인의 정신적·신체적 능력의 한계 때문이라고 생각한다. 이 모델에서는 개인이 장애와 관련된 힘겨운 과정을 잘 극복해 나가도록 도와주는 데 주된 강조점이 있으며, 장애의 부정적 결과를 극복하거나 최소화하는 데 목적을 두고 있다. 장애 문제의 책임은 개인에게 있으므로 '개별화 모델'이라고도 한다.

1970년대부터 이러한 의료적 모델에 대해 비판이 시작되면서 장애를 개인이 가지고 있는 한 속성으로 보지 않고 사회적 환경에 의해 창출된 조건들의 복잡한 조합으로 보는 사회적 모델이 등장하였다. 이 모델에서는 사회가 장애인에게 적합한 서비스를 제공하지 않고, 사회 구조가 장애인의 요구를 적절하게 고려하지 않기 때문에 장애가 발생한다고 여긴다. 따라서 장애는 더 이상 개인의 비극적인 문제가 아니라 사회적인 쟁점으로서 장애인의 인권의 문제가 된다. 그러므로 장애아동이 전반적인 사회적 생활에 완전히 참여하는 데 필요한 환경적 수정이 사회의 책임 아래 이루어져야 한다고 본다. 즉 장애는 '사회 내'에 존재하는 것이므로 장애 문제의 의미 있는 해결책은 개인의 적응과 재활보다는 사회적 차원의 변화에 초점을 두어야 한다고 주장한다(Barnes, Mercer, & Shakespeare, 1999: Oliver, 1990). 장애인이 이동하지 못하거나 취업하지 못하거나, 일반 사람과 상호작용할 수 없어서 고립되는 문제들은 사회가 사람들의 '차이'에 대하여 가치를 두지 않은 것에서 기인한 차별적 대우 때문이라고 본다. 이러한 이유로 Finkelstein(1993)은 사회적 모델을 '사회적 장벽 모델'이라고 하였다. 이러한 이유로 사회적 모델은 장애인이 사회에 참여하는 기회를 제한하는 장벽들에 관심을 집중한다. 장애인의 사회 참여를 제한하는 편견에서 제도적 차별까지, 접근이 불가능한 건물에서 사용이 불가능한 교통체계, 그리고 분리 교육에서 고용 배제까지를 포함한다(박옥희, 2004).

휠체어 장애인이 계단이 있는 레스토랑에 들어가려 할 때 의료적 모델을 적용한다면 문제의 원인은 장애인의 마비된 다리에 있다고 생각할 것이다. 그러므로 가능한 해결책은 재활 전문가가 크러치를 이용해서 휠체어 장애인이 계단을 오를 수 있도록 훈련을 시켜야 하고, 장애인은 불굴의 의지로 노력하여야 한다는 주장이 제기된다. 하지만 사회적 모델을 적용한다면, 문제의 원인은 휠체어 장애인이 아니라 그 건물을 설계한 건축가나 모든 시민이 평등하게 이용할 수 없게 방치한 사회에 책임이 있다고 여긴다(Gill, 1987). 사회적 모델에서는 '정상인'에게만 적합한 것이 아닌, 다양성을 가진 모든 사람을 위한 디자인을 건물, 교통, 주거 시설, 그리고 교육에 적용하는 보편적 설계(universal design)를 주장한다. 〈그림 1-1~3〉은 보편적 설계의 예이다.

〈표 1-1〉은 Oliver(1996)와 박승희(2004)의 의료적 모델과 사회적 모델 비교를 근거로 하여 두 모델을 정리한 것이다. 위에서 의료적 모델과 사회적 모델을 살펴볼 때 개념에 따라 '장애'가 얼마나 다르게 비추어질 수 있는가를 볼 수 있었다. 장애를 개인적 차원의 문제로 보는 의료적 모델에서 사회적 차원의 문제로 보는 사회적 모

출처: 한국파라다이스 재단(2004), 『장애아동과 테크놀로지』, 3, p. 10.

〈그림 1-1〉 보편적 통로 설계의 예

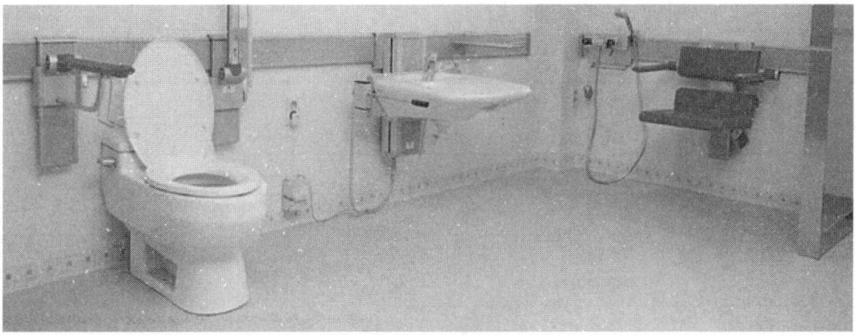

출처: 한국파라다이스 재단(2004), 『장애아동과 테크놀로지』, 3, p. 13.

<그림 1-2> 사용자에 따라 높낮이 조절이 가능한 욕실 설계

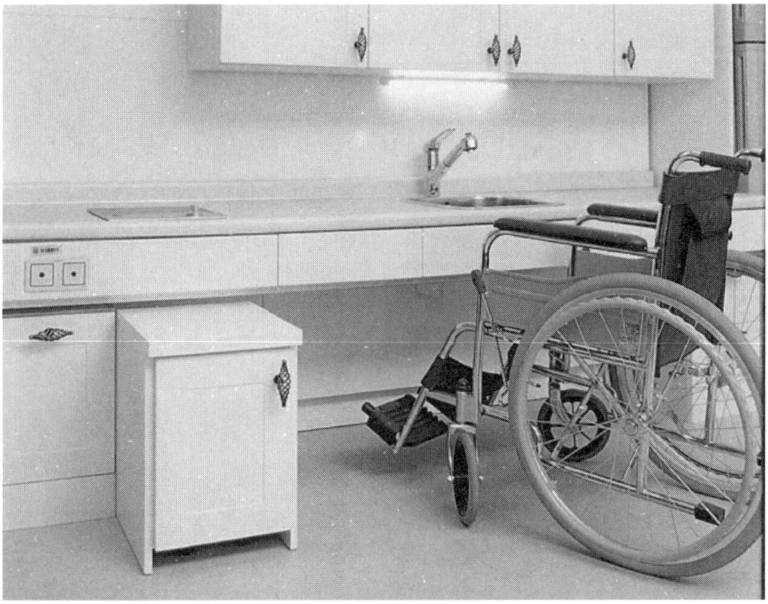

출처: 한국파라다이스 재단(2004), 『장애아동과 테크놀로지』, 3, p. 12.

<그림 1-3> 작업대의 높낮이 조절 장치와 이동식 수납장이 있는 부엌

<표 1-1> 장애 이해 모델 비교

	의료적 모델	사회적 모델
장애 정의	개인적 문제: 장애는 결손 혹은 이상성	사회적 문제: 사회적 구조가 장애 창출
장애 의미	부정적	평균으로부터 차이
장애 문제의 위치	개인 내	사회 내
장애 문제 해결	개별적 처치: 치료·재활	사회의 변화: 개인과 사회의 상호작용 변화
해결책의 초점	치료·처치·재활 프로그램, 보호	사회적 환경 수정, 서비스 제공, 지원
해결의 주요 자원	전문가	장애인 본인, 옹호자, 정책 입안자, 상호작용을 바꿀 수 있는 사람들
일반 사람들의 생각	편견을 가짐	다른 사람과 구별함
장애인의 사회에 대한 태도	적응	자신의 권리 주장

델로의 변화가 일어났지만, 사회적 모델이 학습적·지적·심리적 혹은 비가시적 손상이 있는 사람의 문제들을 적절히 반영하지 못하고 있다고 Gill(2001)은 지적하였다. 또한 손상이 있는 사람들의 신체 기능이 외부의 좋은 환경만으로 모두 보완될 수 없다고도 지적되었다(Vasey, 1992). 이러한 이유로 최근에는 서로 관점이 다른 의료적 모델과 사회적 모델의 병합을 시도하는 추세이다.

최근 선진 국가와 우리나라에서는 최첨단 재활공학을 이용하여 장애가 심하더라도 장애인 개개인이 사회의 구성원으로 역할할 수 있도록 물리적·심리적·경제적 여건 마련에 많은 노력을 하고 있다. 어떤 재활공학자는 “미래에는 신체장애라는 용어는 더 이상 존재하지 않을 것이다”라고 말했다. 사실상 장애인은 장애 자체가 장애가 되는 것이 아니라 개인이 처한 환경에 의해서 장애가 만들어지는 것임을 인식해야 한다.

2) 장애 개념의 변화와 특수교육

장애 개념은 장애아동 교육 실제와 내용에 영향을 미친다. 장애 진단·평가, 장애 예방, 특수교육, 그리고 장애 관련 연구뿐만 아니라 구체적인 교육 서비스 실제와 서비스 전달 체계 등에 이르기까지 장애와 관련된 모든 문제에 영향을 미친다. 장애의 초점이 개인적 차원에만 머물던 의료적 모델에서 사회적 구조와 환경 문제에 중요성을 두는 사회적 모델로의 진전은 오랫동안 의료적 모델에 기초하여 발달한 특수교육체제와 전통적인 장애인 복지에 변화를 가져왔다.

역사적으로 볼 때 특수교육이 의료적 모델에 근간을 두게 된 것은 최초의 특수교육자가 이타드, 세강, 그리고 몬테소리 같은 의사였으므로, 의료적 영향이 무의식적으로 특수교육 실제에 자리 잡게 되었다고 볼 수 있다. 의학의 병인론 강조는 특수교육에서 장애 원인이 무엇인가를, 증후학 강조는 장애 유형에 따른 공통적 특성이 무엇인가를, 다양한 병명 진단은 특수아동을 여러 다른 장애 유형으로 나누게 하였다고 여겨진다. 또한 의학에서 충분한 증상이 나타난 후 진단명을 내리고 진단명에 의해 치료하는 전통으로 인해 특수교육에서도 예방이나 중재보다는 장애 특성이 충분히 나타난 후에 의뢰하고, 다양한 검사 후에 교육 프로그램을 제공하는 전통이 생겨났다고 볼 수 있다(Sapiro, 1996). 사회적 모델이 나타나기 전까지 특수교육에서 의료적 모델이 가장 논리적이고 과학적인 접근이라 생각하고 분리된 특수교육 체제가 가장 바람직하다고 생각했다.

장애 개념이 사회적 모델로 변화함에 따라 특수교육에서 가장 최선의 실제는 무엇인가에 대해 다시 논의해 보게 하였고, 이러한 논의를 통해 새로운 교육적 실제가 창출되었다. 사회적 모델에서는 장애 문제를 해결하기 위해 장애아동이 학습, 학교, 사회생활에 완전히 참여할 수 있는 학습보조기기나 보조공학 등의 물적 지원, 편의 시설 설치와 같은 환경적 지원, 그리고 장애아동에 대한 편견과 차별의 해결을 주장한다(박옥희, 2004; Oliver, 1990; Gill, 2001; Sapiro, 2000). 의료적 모델에서는 장애 문제 해결의 주요 초점이 장애 학생 개인의 부족한 기술 발달과 행동관리였으나 사회적 모델에서는 개인과 사회의 상호작용의 변화에 영향을 미칠 수 있는 모든 대상, 즉 장애인 본인, 친구, 전문가, 장애인에 대한 사회의 태도, 사회·정치적 정책 등으로 확대되었다. 그러므로 사회는 장애인과 장애학생이 사회와 상호작용하는 데 필요한 다양한 지원을 제공해야만 한다.

이러한 변화는 우리나라의 장애인 복지 서비스와 특수교육 현장에서 나타나고 있다. 1, 2차 장애인복지발전 5개년 계획(1998－2002, 2003－2007)을 통하여 장애인복지, 고용, 교육 등 관련 제도 전반에 대해서 체계를 확립하였고, 장애인이 대등한 시민사회의 일원으로서 더불어 함께하는 사회 구현을 위해 노력하였다. 또한 1998년 「장애인·노인·임산부 등의 편의증진 보장에 관한 법률」을 시행함으로써 장애인의 이동편의 증진을 위한 법적 기반을 마련하였다. 그리하여 현재 지하철 역사 내의 휠체어, 리프트 및 엘리베이터 설치뿐만 아니라 장애인 특별 수송용 버스 및 시각장애인 심부름센터 등도 운영하고 있다. 이와 같이 사회는 장애인 개인에게뿐만 아니라 이들이 사회와 사회적 상호작용을 하는 데 필요한 여러 가지 지원을 시도하고 있다(박옥희, 2004).

교육 현장에서도 많은 지원을 시도하고 있다. 1994년 특수교육법 개정을 통하여 특수교육 체제가 통합교육 체제로 바뀌었고, 학교와 지역사회에서 장애학생을 위해 건축학적 장애를 없앴으며, 장애학생 편의시설 설치가 적극적으로 권장되었다. 또한 통합교육 현장에서 장애아동에 대한 편견과 차별을 해결하기 위하여 유·초·중·고등학교에서 1학기에 1회 이상 장애인식 개선과 더불어 사는 학교문화 조

<그림 1-4> 청각장애인을 위한 지하철 문자 안내판

<그림 1-5> 지체장애인을 위한 지하철 휠체어 리프트

<그림 1-6> 휠체어 리프트

<그림 1-7> 저상버스

<그림 1-8> 장애인 전용 기차 좌석

<그림 1-9> 영화관의 장애인 좌석

〈그림 1-4~9〉의 출처: 전교조 특수교육 위원회: http://hinh.ktu.or.kr/420/menu_03.htm#편의시설사진에서 8월 25일 발췌.

성을 위해 장애 이해 교육 실시를 권장하고 있다(교육인적자원부, 2006). 국립특수교육원(2003)의 조사에서도 특수교육의 당면과제로 장애 이해 부족은 교육 환경과 함께 높은 순위를 차지하였다. 이러한 국가적 차원에서의 장애 이해 교육 지원은 일반아동이 교실과 지역사회에서 장애아동에 대한 고정관념이나 편견을 가지지 않도록 함으로써 통합교육의 효과를 높일 수 있을 것이다. 또한 장애아동이 교실과 지역사회에 좀 더 적극적으로 참여하여 살아가도록 하고, 일반아동이 장애가 있는 또래에게 불안이나 두려움을 느끼지 않고 함께 생활하는 데도 커다란 도움이 될 것이다. 성공적인 통합교육을 실천하기 위해서는 프로그램, 교실 환경 같은 환경적 요소가 지지적일 뿐만 아니라 교사, 부모, 유아의 태도 등과 같은 인적 요소가 통합교육에 적합하게 준비되고 긍정적이어야 한다(Hains, Fowler, & Chandler, 1988; Hanline, 1988; 유수옥, 1998). 특히 인적 요소의 하나인 일반 유아는 통합현장인 교실에서 장애유아와 접촉이 가장 빈번하게 이루어지므로 일반유아의 장애유아 수용은 통합교육의 성공과 관련된 가장 중요한 문제이다.

우리가 사회적 모델을 유아특수교육 현장에 적용할 때, 장애유아가 일반유치원과 어린이집에 접근할 수 있는 건축학적 고려, 통합현장에서의 장애유아에게 적합한 교육과정과 활동 수정뿐만 아니라 장애유아가 직면하고 있는 편견과 차별을 해결해 줄 수 있는 장애 이해 교육의 필요성이 제기된다. 특히 유아기는 타인에 대한 이해가 높은 시기로 특별히 장애에 대한 긍정적인 태도 형성에 바람직한 시기이다. 보다 긍정적이고 현실적인 장애이해 및 태도발달을 위한 교육적 중재 활동을 통해 바람직한 장애인관을 형성함으로써 더불어 살아가는 시민으로서 자질을 기르도록 해야 한다.

2. 특수교육의 변화

1) 특수교육의 변화 4단계

20세기 이후 현재까지 약 100년 동안 장애 이해 모델 변화와 함께 사회가 장애아동을 바라보고 대하는 사회의 태도는 크게 변화해 왔다. 미국의 특수교육의 변화를 살펴볼 때 '잊어버리고 감추기 시대(Forget and Hide)'에서 '선별하여 분리교육하기 시대(Screen and Segregate)'를 거쳐 '판별하여 도와주기 시대(Identify and Help)'로 발전해 왔다(Caldwell, 1973). 최근에는 '판별하여 도와주는 시대'를 지나 '통합하여 지원하기 시대(Integrate and Support)'가 시작되었다(Allen, & Cowdery, 2005). 장애아동에 대한 사회의 태도와 부모의 역할 변화를 4개의 스크립트를 통해 살펴보고자 한다.

2) 미국 특수교육의 변화

위의 특수교육의 변화 4단계에 따라 미국의 특수교육의 변화를 시대순으로 살펴보고자 한다(Caldwell, 1973; Cook, Tessier, & Klein, 2004; Allen, & Cowdery, 2005; 신현기 외, 2005; 김영옥 외, 2006; 유수옥, 2005, 2006).

(1) 잊어버리고 감추기(1950년대 이전)

1950년대 중반까지도 가족, 지역사회, 그리고 사회는 장애아동의 존재를 부인하였다. 그리하여 가능하면 장애아동이 존재하고 있다는 것을 인정하지 않으려 하였고, 눈에 띄지 않는 곳에 두려고 하였다. 1950년대에는 장애 자녀를 둔 부모가 자녀를 위해 할 일이 거

잊어버리고 감추기

부모가 되어 흥분된 마음과 신비로운 눈으로 나의 아이를 바라보았지만, 철수는 정상으로 보이지 않는다. 철수는 이웃에 있는 다른 아이들이나 다른 형제처럼 걸을 수 있는 나이가 되어도 걷지 못한다. 또한 철수가 말하는 것도 이해하기 어렵다. 부모가 철수를 도울 수 있는 일이 거의 없다. 정부와 사회도 철수에게 관심을 가지고 있지 않다. 철수가 커감에 따라 주변 사람들은 철수의 부모에게 철수를 시설에 맡기고, 잊어버리라고 충고한다.

⇓

선별하여 분리교육하기

사람들은 철수와 같이 장애가 있는 아이를 보호하고자 한다. 그리하여 영희는 진단을 받고 특수교육을 받는다. 영희의 특수학교는 일반학교와 분리되어 있을 뿐만 아니라 집에서도 상당히 멀리 떨어진 곳에 있다. 영희는 교실이나 지역사회의 정상적으로 발달하는 친구들을 방해하지 않는다. 부모는 자신의 자녀를 수용하고, 분리된 시설이나 특수학교에서 제공하는 혜택을 받는 것이 가장 바람직하다고 여긴다. 부모가 원하면 좀 더 시설과 프로그램이 좋은 사립학교에 보낼 수 있는 선택권이 있다.

⇓

판별하여 도와주기

전문가는 가능한 한 빨리 진희를 판별하려고 한다. 전문가들은 부모와 함께 진희를 도우려 할 것이다. 부모는 진희에게 적합한 교육체제를 선택할 수 있다. 부모는 진희가 일반아동과 함께 교육받기를 요구할 수 있다. 교육자들은 통합교실에 진희를 배치할 것이다. 부모는 어떤 교육 프로그램이 진희에게 가장 적합한 교육인지에 대하여 교사들과 의논하여 결정할 수 있다. 이러한 일이 부모를 흥분시키기도 하겠지만 부모들은 진희가 일반교실에서 잘할 수 있는가에 대해 다소 염려스러운 부분도 있다.

⇓

통합하여 지원하기

전문가와 부모들은 진수에게 필요한 서비스가 무엇인지를 발견하고 제공하기 위해 협력한다. 교사는 진수를 일반아동들이 있는 환경 속에 배치하여 교육적 혜택을 받도록 도울 뿐 아니라 진수 부모와 가족의 우선권과 관심사에 근거한 적합한 서비스를 제공하도록 노력할 것이다. 세상이 많이 변하여 진수는 이전보다 훨씬 더 쉽게, 더 다양한 교육 서비스 혜택을 받을 수 있다. 부모들이 선택할 수 있는 다양한 교육적 배치의 선택의 폭이 넓어졌다. 전문가들은 부모와 협력하여 배치 선택과 가장 적합한 특별한 서비스를 선택한다.

의 없었고, 사회도 장애아동에게 관심을 가지지 않았다.

부모는 장애 자녀를 시설에 맡기고 잊으라는 충고를 자주 받았으며, 특히 다운증후군과 같이 눈에 명백히 드러나는 장애아동은 더욱더 시설에 보내는 것이 좋다고 생각하였다. 이 시기에 부모들은 특수 시설에 수용되어 있는 자기 자녀를 숨기거나 자기 자녀에게 필요한 특별한 서비스 받기를 꺼려하는 경향이 있었다.

(2) 선별하여 분리교육하기(1950－1970년대)

제2차 세계대전이 끝나 후 전쟁 상이군인들의 재활 프로그램을 통하여 장애인에 대한 이해가 점차 증진되기 시작하였다. 부모들은 강력한 부모 조직을 설립하여 정부를 대상으로 장애아동은 물론 가족 서비스를 향상해야 한다고 많은 정치적 압력을 행사하였다. 사람들은 사회가 장애아동을 돕는 데 책임이 있다고 생각하기 시작하였다. 많은 주의 공립학교에 특수학급이 설치되기 시작하였으며 많은 대학에 특수교사 양성과정이 설치되기 시작하였다.

이 시기에는 장애아동은 집에서 멀리 떨어진 특수학교에서 분리교육을 받는 것이 가장 바람직한 체제라는 생각이 지배적이었다. 장애아동은 검사받은 후에 장애명이 붙여지고, 특별한 시설이나 학교에 배치되어 분리 교육을 받았다. 그러나 정부에 압력과 소송을 통해 장애아동은 점차로 무상교육을 받을 권리와 적절한 교육을 받을 권리를 획득하게 되었다. 이러한 노력을 통해 1975년 장애아동의 '최소한의 제한된 환경'에서의 교육을 명시한 전장애아교육법(EHCA: The Education for All Handicapped Children Act: 공법 PL 94－142)이 탄생하였다. 이러한 미국의 변화는 세계 특수교육의 변화에 크게 영향을 미치게 되었다. 또한 이 시기에는 학령 전의 장애유아에게도 관심이 가지게 되어 1968년 0－8세의 장애유아를 위한 장애아동의 조기교육 프로그램(HCEEP: Handicapped Children's Early Education Program) 개발에 관한 법이 제정되었다.

(3) 판별 후 도와주기(1980년대－1990년)

이 시기는 장애아동의 개인적 권리뿐만 아니라 특별한 요구를 가진 자녀를 둔 가족들의 권리와 요구를 인정한 시기이다. 장애아동을 고립된 존재로 보기보다는 가족이라는 맥락 안에서 장애아동의 요구를 이해하려고 하는 데 초점을 두었다. 이러한 이유로 장애아동을 위한 교육 프로그램 계획에 부모의 적극적 참여가 이루어졌다. 또한 1986년 공법 94－142의 개정안인 공법 99－457에서는 그동안 제외되었던 0－3세의 신생아 및 영아에게도 가능한 한 자연스러운 환경에서 교육을 제공해야 한다고 명시하였다. 또한 영아와 가족을 위한 개별화된 가족 서비스 계획(IFSP: Individualized Family Service Plan) 실시를 규정하였다.

(4) 통합하여 지원하기(1990년대－현재까지)

통합하여 지원하기의 시대는 1990년 장애인 교육법(IDEA: Individual with Disabilities Education Act: 공법 101－476)이 통과되면서 시작되었다. 이 법에는 전장애아교육법(EHA: Education for Handicapped Children Act)의 'Handicapped Children'의 용어와 같이 장애학생을 정상학생과 구분하는 용어 사용에서 개인의 '개별성'을 '장애'보다 먼저 고려하는 'Individual with Disabilities'라는 용어로 대체하였다. 장애학생 한 사람의 개인 인권을 먼저 존중하고(people first), 그 다음에 학습능력이 부족하거나 장애가 있음을 고려하는 철학적 변화를 나타내는 개념이 도입되었다. 또한 장애인의 완전 사회

통합이라는 목적 아래 1990년 통과된 미국 장애인법(ADA: The American with Disabilities Act: 공법 101－336)에 기초하여 장애인의 사회적 · 물리적 통합을 강조하면서 장애인의 삶의 질 향상을 위한 교육의 책무성을 강조하는 방향으로 나아가고 있다.

점차 장애인은 사회의 완전한 구성원으로 포함되어야만 하며, 교육적이고 접근 가능한 환경에서 의미 있는 참여를 확실시할 수 있는 적절한 지원이 제공되어야만 한다고 강조되고 있다. 2004년에 제정된 장애인교육진흥법(IDEIA: Individuals with Disabilities Education Improvement Act: 공법 108－446)에서는 장애아동이 일반교육 현장에서 필요한 많은 비용을 교육청이 지원하고, 자질 높은 특수교사의 요건을 강화하는 규정을 제정함으로써 중도의 장애아동이라도 일반교육 현장에서의 교육을 적극적으로 지원하고 있음을 볼 수 있다.

3) 한국 특수교육의 변화

우리나라 특수교육의 변화를 Caldwell(1973), Allen, & Cowdery (2005)의 4단계에 근거하여 시대순으로 살펴보고자 한다(교육부, 1997; 교육인적자원부, 2002, 2007; 유수옥, 2005, 2006; 김윤옥 외, 2003, 2005; 신현기 외, 2005; 윤점룡 외, 2005; 국립특수교육원, 2003).

(1) 잊어버리고 숨기기(1970년대 이전)

1970년대 이전까지 우리나라도 미국의 경우와 같이 장애인의 존재에 대하여 커다란 관심을 보이지 않았다. 1913년 조선총독부는 제생원 내에 구빈 보호적 성격으로 맹아부를 두기는 하였는데, 이는 교육기관이라기보다 장애아동을 고아와 함께 수용하는 시설이라고 볼 수 있다. 그리고 제생원 맹아부의 제적생도 대부분 일본인 자녀인 것으로 보아 장애가 있는 조선인의 자녀들은 대부분 집안이나 마을에 방치되었을 것이라고 여겨진다. 1950년대와 1960년대에는 민간 독지가에 의한 사립 특수학교가 많이 설립되기 시작하였으나 이러한 사립 특수학교들은 초기 단계에서는 수용보호시설의 성격이 강했다.

1960년대 후반기에 이르기까지 공립특수교육기관 설립은 거의 없었다. 국가적 차원에서 특수교육에 관심을 보인 것은 1967년 9월 문교부가 마련한 '특수교육 5개년 계획(1967−1972)'이었으나 그 당시 정부의 경제발전 우선이라는 정책 때문에 진전이 없었다.

(2) 선별하여 분리교육하기(1970−1990년대)

1970년대에 들어와서 우리나라의 특수교육은 교육정책에 반영되기 시작하였다. 장기적 차원에서 한국 교육 개혁을 추진하기 위하여 '장기종합 교육계획 심의회'가 구성되었을 때 특수교육 부문에서도 기본 계획을 수립함으로써 점차 특수교육에 관한 공적 책임이 확대되어 일반 초등학교에 특수학급이 본격적으로 설치되기 시작하였다. 특수교사를 양성하기 위하여 대학과정에 특수교육과가 설치되기 시작하였으며, 1977년에는 특수교육진흥법 제정을 통하여 한국 특수교육은 일대 전환기를 맞이하여 특수교육이 제도적·질적 발전이 이루어지는 계기가 되었다.

1994년에 특수교육진흥법이 전면 개정되어 통합교육의 법적인 지지가 이루어진 후 이러한 법적 근거를 바탕으로 분리교육 중심체제에서 통합교육 중심체제로 특수교육의 질적 향상을 추구하고 있을 뿐만 아니라 모든 특수교육자의 통합교육 환경에서의 교육기회 보장을 추진하였다. 이 개정에서는 장애아동의 학습권을 보장하는데 역점을 두고 장애유아의 무상교육을 명시하였다. 그리고 이 해 5월에 경기도 안산시에 국립특수교육원이 개원되었고, 그 후 국립특수학교들이 장애 영역별로 속속 개교되기 시작하였다.

(3) 판별 후 도와주기(2000년대 – 현재까지)

1994년 특수교육진흥법 개정 이후 정부는 새로운 특수교육 지원 정책들을 지속적으로 발표하고 있으며, 특수교육과정 개정작업과 관계법을 개정하는 등 특수교육은 정상화를 향해 크게 발전하고 있다. 2000년대에 들어와 정책입안자나 학자들 및 현직 교사들에 의해 통합교육의 강화와 확대 정책에 대한 시각이 대두되었다.

'더불어 사는 복지사회를 향한 1차 특수교육 발전 방안(1998 – 2002)' 이후 제2차 특수교육 발전 계획(2003 – 2007)에서는 장애학생의 통합교육 환경에서의 학교 교육 기회 보장, 교육 방법 개선 및 다양화를 통한 특수교육의 질 제고, 교원의 특수교육 책무성 및 전문성 강화, 그리고 특수교육 지원센터 활성화를 통한 전국 특수교육의 균형적인 발전 도모에 중점을 두고 추진하였다. 또한 2006년부터 장애아동의 교육을 도와주기 위해 교육 현장에 특수교육 보조원이라는 지원 인력을 투입하고 있다.

(4) 통합하여 지원하기(2010년부터 –)

정부는 2007년 5월에 「장애인 등에 관한 특수교육법」을 공포하였고, 제3차 특수교육 발전 종합 계획(2008 – 2013)을 계획하고 있다. 「장애인 등에 관한 특수교육법」에서는 지금까지와 달리 연령, 장애 유형, 장애 정도에 따라 차별 없이 개인의 교육적 요구에 적합한 교육 제공을 규정하고 있고, 영아와 장애성인을 포함한 모든 학생을 일반 교육 현장과 사회에 통합하여 지원하기 위해 교육 접근, 참여, 진보 및 실현의 보장을 통한 특수교육의 수월성과 형평성을 제고하고 있다. 이러한 법령과 종합계획을 통해 모든 학생의 요구를 지원하는 물리적 · 인적 · 교육과정 운영 환경을 조성해 나아감에 따라 한국도 4단계인 통합하여 지원하기 단계로 쉽게 진절할 것이라고 생각한다.

3. 특수교육의 시대적 변화: 미국과 한국 비교

살펴본 바와 같이 특수교육은 잊어버리고 감추기 시대, 선별하여 분리교육하기 시대, 판별하여 도와주기 시대, 그리고 통합하여 지원하기 시대로 변화해 왔음을 볼 수 있다. 그러나 4단계의 특수교육의 변화를 살펴볼 때 미국과 한국은 시기적으로 차이가 있었다. 이를 표로 제시하여 정리하면 다음과 같다.

〈표 1-2〉에서 보는 바와 같이 우리나라의 특수교육의 변화는 미국보다 20여 년 정도 늦게 변화하고 있음을 볼 수 있다. 장애자녀에 대해 '잊어버리고 감추는 시기'는 미국은 1950년대 이전이나 우

〈표 1-2〉 미국과 한국의 특수교육의 시대적 변화 비교

<table>
<tr><th>미국</th><th>시기</th><th>한국</th></tr>
<tr><td>잊어버리고 감추기</td><td>1950년대 이전</td><td rowspan="3">잊어버리고 감추기</td></tr>
<tr><td rowspan="3">선별하여 분리교육</td><td>1950년</td></tr>
<tr><td>1960년</td></tr>
<tr><td>1970년</td><td rowspan="3">선별하여 분리교육</td></tr>
<tr><td>판별하여 도와주기</td><td>1980년</td></tr>
<tr><td rowspan="2">통합하여 지원하기</td><td>1990년</td></tr>
<tr><td>2000년</td><td>판별하여 도와주기</td></tr>
<tr><td rowspan="2">? ? ?</td><td>2010년</td><td rowspan="2">통합하여 지원하기</td></tr>
<tr><td>2020년</td></tr>
</table>

리나라에서는 1970년대 이전까지로 미국보다 20년 정도 더 지속되었다. '선별하여 분리교육 시기'는 미국에서는 1950년대에 시작되었으나 우리나라에서는 20년 후인 1970년대에 들어서서 장애아동에 관심을 가지고 분리교육을 시작하였다. 장애아동은 검사받은 후에 장애명이 붙여지고, 특별한 시설이나 학교에 분리되어 교육을 받았다. 이러한 분리교육의 시기는 미국이나 한국에서도 거의 20－30년 동안 가장 바람직한 특수교육 체제로 지속되었음을 볼 수 있다.

그 후 '판별하여 통합현장에서 도와주기'는 미국에서는 1974년 전장애아교육법 통과 이후, 우리나라에서는 1994년 특수교육진흥법 개정을 통해 시작되었다고 볼 수 있다. 그러나 이 시기는 미국이나 한국에서도 비교적 짧아 10여 년 동안 지속된 것으로 볼 수 있다. 그 후 연령과 장애 정도와 관계없이 영아와 장애성인을 포함한 모든 장애아동을 가장 자연스러운 환경에 참여시키려는 완전 통합의 흐름에 따라 '통합하여 지원하기 시대'로 이동하였다. '판별하여 통합현장에서 도와주기'의 시대는 장애인이 사회에 완전통합되기 위한 전단계로 여겨진다. '통합하여 지원하기 시대'는 우리나라에서는 이제 걸음마를 준비하고 있다고 볼 수 있다. 2007년에 공포된 「장애인 등에 대한 법」과 「제3차 특수교육 지원계획(2008－2013)」이 실시됨에 따라 '통합하여 지원하기 시대'로 곧 옮겨 갈 것으로 예견된다.

그 시대를 주도하는 철학과 문화의 패러다임이 바뀜에 따라 바람직한 교육도 변화하고 있다. 1970년대에 등장한 포스트모더니즘의 영향과 사회적 모델의 출현으로 특수교육의 바람직한 실제는 많이 변화하였다. 현재 가장 이상적이라고 여겨져 추진되고 있는 '통합하여 지원하기 시대'는 실제는 다음 시대를 주도하는 철학과 문화의 패러다임의 변화에 따라 더 나은 특수교육 실제로 이동할 것이라고 생각한다.

제 2 장

장애유아의 이해

1. 장애유아 분류
2. 장애유아의 이해

제 2 장 장애유아의 이해

본 장에서는 장애 유형별 분류와 출현율에 따른 장애유아 분류를 두 가지 소개하고자 한다. 그리고 각 장애 유형에 따른 정의, 출현율과 원인, 특성을 살펴보고 마지막으로 장애유아를 발견할 수 있는 장애 유형별 체크리스트를 제시함으로써 교사가 일반 유치원이나 어린이집에서 장애유아를 조기에 발견하는 데 도움을 주고자 한다.

1. 장애유아 분류

1) 장애 유형별 분류

1994년 공포된 「특수교육진흥법」에서 특수교육 대상아동은 시각장애, 청각장애, 정신지체, 지체부자유아, 정서장애(자폐증 포함), 언어장애, 학습장애 7가지 유형이었다. 그러나 2005년에 건강장애가 추가된 후 2007년 5월 공포된 「장애인 등에 관한 특수교육법」에는 언어장애가 의사소통장애로 대체되고, 정서·행동 장애에서 자폐성 장애가 독립되었고, 발달 지체가 포함되어 현재 우리나라의 특수교육 대상 아동은 다음의 표와 같이 10가지로 분류한다(교육인적자원부, 2007).

미국의 경우 우리나라의 장애 분류보다 좀 더 세분화되어 있다. 장

<표 2-1> 우리나라의 장애인 등에 대한 특수교육법의 장애 분류

• 시각장애(Visual Impairment)	• 자폐성 장애(Autism)
• 청각장애(Hearing Impairment)	• 의사소통장애(Commmunication Disorder)
• 정신지체(Mental Retardation)	• 특정학습장애(Specific Learning Disabilities)
• 지체장애(Orthopedic Impairment)	• 건강상의 장애(Other Health Impairment)
• 정서 · 행동장애(Emotional Disturbance)	• 발달 지체(Developmental Delay)

<표 2-2> 미국 장애인교육법(IDEA)의 장애 분류

• 자폐(Autism)	• 기타 건강상의 장애(Other Health Impairment)
• 농(Deafness)	• 심각한 정서장애(Serious Emotional Disturbance)
• 농-맹(Deaf-Blindness)	• 특정학습장애(Specific Learning Disabilities)
• 청각장애(Hearing Impairment)	• 말/언어장애(Speech or Language Impairment)
• 정신지체(Mental Retardation)	• 외상성 뇌손상(Traumatic Brain Injury)
• 중복장애(Multiple Disabilities)	• 시각장애(Visual Impairment)
• 지체장애(Orthopedic Impairment)	

애인교육법(IDEA: Individuals with Disabilities Education Act, 1997)에서 장애 범주는 자폐와 정서장애, 농과 농-맹을 분리하였고 중복장애, 기타 건강상의 장애, 외상성 뇌손상이 첨가되어 현재 특수교육 대상 아동은 13가지 장애 범주를 가지고 있다.

이는 〈표 2-2〉와 같다.

2) 출현율에 따른 장애 분류

장애유아는 낮은 출현율 장애와 높은 출현율 장애로 나눌 수 있다. 출현율이 높은 장애유아들은 일반적으로 경도의 다양한 장애를 가지고 있으므로 일반 유치원과 어린이집에서 자주 볼 수 있고, 장애의 심각도도 낮다. 그러나 장애 특성이 불분명한 경우가 많아서 진단하기가 어렵고 구분하기도 어렵다. 학령기에 도달하기 전까지는 발견되지 않을 수도 있다. 학습장애, 의사소통장애, 경도 정신지체 등이 여기에 포함된다.

높은 출현율의 장애유아들은 분리된 환경에서 교육하기보다 일반유아 또래들과 함께 배울 수 있는 통합교실에서 지도하는 것이 바람직하다. 높은 출현율의 장애유아가 통합교실에서 성공하기 위해서는 교육과정 수정이 필요하다. 일반 유아교육과정을 수정하고, 특별한 지원을 제공하거나 개별적으로 유아의 특별한 학습 요구에 적합한 환경과 장비를 수정하여야 할 필요가 있다. 우리가 통합교실에서 지도하는 대부분의 유아들은 높은 출현율의 장애유아들이다.

출현율이 낮은 장애유아들은 태어날 때부터 진단을 받는 확률이 높으며, 명백하게 눈에 뜨이는 장애특성을 수반한다. 이러한 특성들로 인해 많은 전문가들의 지원이 필요하다. 낮은 출현율 장애에는 자폐성 장애, 시각장애, 청각장애, 지체장애, 건강장애, 중복장애가 포함된다. 통합교실에서 낮은 출현율 장애유아에게 서비스를 제공할 때는 특별히 주의 깊은 프로그램 계획과 팀 협력이 요구된다. 교실에서 장애유아 성취의 잠재력을 극대화하기 위해서는 특별한 서비스가 필요하다(Klein, Cook, & Richardson-Gibbs, 2006; Winter, 2007).

다음은 우리나라와 미국의 장애아동의 출현율을 나타내는 표이다. 표에 따르면 우리나라에서 높은 출현율의 장애로는 학습장애, 정신지체, 지체장애로 나타나고 있고, 미국에서는 학습장애, 언어장애, 정신지체로 나타나고 있다.

<표 2-3> 우리나라 장애 범주별 특수교육 요구 아동 추정수(3 - 17세) (단위: %, 명)

장애 범주	구성비율	장애학생 추정수
학습장애	43.17	93,382
정신지체	30.36	66,256
지체장애	7.01	15,163
정서 · 행동장애	5.54	11,681
자폐성 발달장애	5.54	11,681
건강장애	2.58	5,580
청각장애	2.21	4,780
언어장애	2.94	3,980
시각장애	1.11	2,401
중복장애	0.37	800
합 계	100.0	216,312

출처: 국립특수교육원(2001), 특수교육 요구아동 출현율 조사연구.

<표 2-4> 미국의 특수교육을 받는 6 - 21세 학령기 학생수 (2003 - 2004학년도) (단위: %, 명)

장애 범주	구성비율	장애 학생수
학습장애	47.2	2,816,361
언어장애	18.8	1,118,543
정신지체	9.6	570,643
정서장애	8.1	482,597
건강장애	7.5	449,093
자폐장애	2.3	140,473
중복장애	2.2	131,225
청각장애	1.2	71,188
지체장애	1.1	67,772
발달장애	1.1	65,878
시각장애	0.4	25,294
뇌손상	0.4	22,459
농-맹	0.1	1,603
합 계	100.0	5,963,129

출처: 미교육부(2004), 장애인교육법(IDEA)자료(표AA3), Washington, Dc.

2. 장애유아의 이해

통합 유치원과 어린이집의 유아교사와 보육교사들이 장애유아에게 가장 적합한 서비스를 제공하기 위해서는 다양한 장애의 일반적인 특성을 이해해야 할 필요가 있다. 진단명이 같은 유아들 간에도 차이가 상당하므로 각 장애유아의 특별한 강점과 능력을 파악하는 것이 필수적이다.

1) 시각장애

(1) 시각장애의 정의

시각장애의 정의에는 법적 정의와 교육적 정의 두 가지가 있다. 법적 정의에서 맹은 교정시력이 20/200 이하이거나 주변시력이 20도 미만일 때, 저시력은 교정시력이 20/70일 때를 말한다(Odom과 Clark, 1982). 20/200은 정상적인 사람이 200피트에서 보는 것을 20피트에서 본다는 의미이고, 시야가 20도 미만이라 함은 일반적으로 사람들은 고개를 돌리지 않고 180도를 볼 수 있으나 시야가 좁아서 마치 좁은 터널을 통해 보는 것과 같은 현상을 나타낸다. 교육자들은 교육적 관련성을 고려하여 시각장애학생들이 어떻게 읽고 어떻게 정보를 습득하는지에 따라 다음과 같이 분류하였다(미국 시각장애협회, 2005).

맹은 시각 손실이 인쇄된 활자를 읽는 것이 불가능할 정도로 심각하여 점자와 다른 촉각적이거나 청각적인 자료를 통해 교육을 받아야 하는 아동이며, 저시력은 커다란 글씨나 특별한 조건에서 일반적인 글자를 읽거나 다른 시각적 자료를 사용해 교육적 목적을 성취할 수 있는 잔존 시력이 충분한 아동으로 정의하고 있다.

시각장애유아는 대부분 희미한 시력을 가지고 있으므로 전맹(Totally Blind)일지라도 전혀 볼 수 없는 유아는 거의 없다. 어떤 유아는 사물의 대략적인 윤곽을 볼 수 있지만 자세히는 볼 수 없다. 어떤 유아는 밝음과 어두움을 구별할 수 있고, 아주 밝은 색깔은 구별할 수 있다(Hallahan & Kauffman, 1994). 시력이 어느 정도든지 지속적으로 시력을 사용하도록 격려하지 않는다면 잔존 시력을 잃을 수도 있다. 단지 10%의 시각장애인만이 주요한 학습의 도구로써 점자를 사용하며 시력손상을 가진 유아들은 대부분 일반적인 활자나 확대된 활자를 통해 읽을 수 있다(Hunt와 Marshall, 1994).

(2) 시각장애유아의 출현율

시각장애는 성인장애로 불릴 정도로 주로 성인에게서 많이 나타나며 유아기 장애 중 가장 낮은 출현율을 보인다. 미국의 경우 시각장애유아는 전체 유아의 0.6%로 나타났는데(U. S. Department of Education, 2001b), 이는 성인기 출현율의 약 1/10에 해당하는 수치이다. 그러므로 시각장애유아는 학교나 지역사회에 1명 정도 있다. 유아기 시각장애의 낮은 출현율로 일반유아들이 시각장애에 대해 고정관념을 가질 수 있다(Crocker & Orr, 1996).

시각장애를 초래하는 주요 원인은 어머니의 풍진 감염이나 약물 중독에 의해 발생할 수 있는 선천성 백내장, 선천성 녹내장이 있다. 망막 미성숙은 출산시에 발생한다. 1950년대에 인큐베이터의 과다한 산소 공급으로 인하여 망막 미성숙이 발생하였다. 최근에는 망막 미성숙은 산소 공급이 적절하게 이루어지더라도 극저체중 유아에게 나타난다. 초기에 발견되면 처치가 효과가 있으므로 조산아의 안과 검사는 필수적이다. 시각장애유아의 60%는 뇌성마비, 정신지체, 청각장애를 가지고 있다.

(3) 시각장애유아의 특성

학습은 다른 사람을 관찰하고, 모방하고, 그 다음에 어떤 일이 발생하는가를 관찰함으로써 이루어지는데, 시각장애유아들은 보지 못하므로 시각적 단서를 통해 기술을 습득하고 학습하는 능력을 발달시키지 못한다. 빈약한 시력은 유아의 인지발달, 언어발달, 운동발달, 그리고 사회적 발달에 영향을 미친다. 사람, 사물, 활동과 상호작용하는 유아의 능력이 감소되기 때문이다.

운동발달: 개인의 운동능력은 시각적으로 보는 것에 많이 의존하기 때문에 시력손실이 크면 클수록 손 뻗기, 기기, 걷기가 지체된다. 사실 시각장애유아는 1년이 될 때까지 소리가 나는 위치가 어디인지를 잘 모르므로 소리 나는 쪽으로 움직이는 능력이 발달하지 않는다(Fraiberg, 1977). 그리하여 많은 시각장애유아는 2세경이 될 때까지도 잘 걷지 못한다. 시각장애유아는 다른 사람의 자세나 걷기를 볼 수 없으므로 이상한 방법으로 걷기를 하거나 이상한 자세를 취한다. 또한 신체적 활동에 거의 참여하지 못하고, 작은 사물을 볼 수 없으므로 손으로 집어 올리는 기회와 연습이 부족하여 대근육과 소근육 운동발달이 지체된다. 또한 부모들이 안전을 너무 고려하여 주변을 탐구하는 것을 제한함으로써 과잉보호되어 운동발달에 부정적인 영향을 미치게 된다.

인지발달: 시각장애유아는 일반적으로 인지발달과 개념 형성이 뒤떨어진다. 특히 생후 3년간 인지발달 지체가 더 눈에 띈다(Teplin, 1995). 시각장애유아는 자신들이 볼 수 없는 세계를 덜 탐구하는 경향이 있고, 시력의 손상으로 정보수집 체계에 손상을 입게 되어 다른 감각들에 의존하여 학습하므로 사물의 영속성, 인과관계, 목적–수단 관계 등과 같은 인지능력 발달이 늦어지기 때문이다. 그리고 시각장애는 속도, 크기, 거리 등과 같은 추상적인 개념을 이

해하는 데 어려움을 갖게 한다. 또한 볼 수 없으므로 모방과 관찰의 기회가 없기 때문에 또래들에 비해서 개념 형성이 늦어질 수도 있으며 다양한 경험의 제한으로 인해 인지발달에 영향을 미친다(Klein, Cook, & Richardson-Gibbs, 2006).

언어발달: 시각장애로 인하여 언어지체가 발생할 수 있다. 시각장애유아들은 대부분 정상적인 언어발달을 보이지만, 5세 이후에는 언어능력 습득 비율에서 의미있는 차이가 있었다(Siberman, 1996). 적절한 시력 부족은 개념과 어휘의 발달에 영향을 미칠 수 있다. 이들은 단지 만질 수 있거나 듣거나 하는 것에만 의존해야 하므로 배울 수 있는 학습 기회가 감소된다. 그러므로 언어 개념을 습득하기 위해 특별한 지원이 필요하다. 중등도나 중도의 시각적 손상이 있는 유아는 적어도 언어 기술의 전체 범위를 발달시키기 위해서는 1년 이상의 시간이 더 필요하다. 또한 시 지각, 시 지각 변별, 시 지각 기억과 같은 시각적 문제는 읽기와 쓰기와 관련되어 있다.

사회 · 정서발달: 시각장애유아의 사회 · 정서발달은 시각의 손상에 영향을 받을 것이라고 가정하는 것이 논리적이다. 시력은 사회적 상호작용에 중요한데, 이는 사회적 상호작용의 대부분이 다른 사람의 관찰을 포함하기 때문이다. 정서 이해도 마찬가지로 다른 사람을 관찰해야 한다. 유아는 얼굴 표정을 통해 다른 사람의 감정을 인지한다. 그렇지만 이러한 표현을 시각장애유아는 볼 수 없다. 주변의 사물이 보이지 않음으로 해서 느끼는 불안감은 시각장애유아들의 자아개념 발달과 환경을 탐색하는 독립적인 시도를 방해하고, 정확한 자기지각과 세상에 대한 지각 형성을 어렵게 하며, 나아가 타인(성인, 놀잇감, 또래)과의 상호작용 시도 횟수를 줄일 수 있다. 시각장애유아들은 눈 맞춤이나 미소 같은 시각적인 신호를 보지 못하기 때문에 이러한 행동들을 배울 수 없다. 또한 다른 사람의 동작, 얼굴 표정, 자세보다는 그들의 목소리나 말에 의존하므로 다른 사람의 감정과 의도를 잘못 해석할 수 있다.

시각장애유아는 '블라인디즘'이나 '매너리즘'이라고 해서 눈을 비비고, 머리를 돌리고, 손 제스처, 손가락 치는 소리, 그리고 몸 앞뒤로 흔들기나 이리저리 기울기 같은 반복적인 행동을 자주하는데(Farrenkopf, Howze, & Sowell, 1995), 이러한 행동을 잘 이해하지 못하는 일반유아의 경우 이러한 행동을 보고는 상호작용하려는 마음을 가지지 않을 수 있다.

(4) 유아교실에서 시각장애유아 발견하기

선천적 맹은 일반적으로 생후 첫해에 발견된다. 부모는 자녀가 자신들을 바라보지 않고, 보여 주는 사물도 쳐다보지 않는 것을 보고 시각에 문제가 있다고 쉽게 인식하게 된다. 그러나 부분 시력과 저시력은 발견하기가 쉽지 않아서 때로는 초등학교에 입학하고 나서야 발견되기도 한다. 저시력의 경우에는 교과서의 글씨가 작아지고 그림의 수가 적어지고, 문단 간격이 빽빽해지는 3, 4학년까지 발견되지 않을 수도 있다.

다음은 교실에서 발견할 수 있는 시각장애유아의 증상들이다(미국 농예방협회, 2002; Klein, Cook, & Richardson-Gibbs, 2006; Paasche, Gorrill, & Strom, 2004; Gould & Sullivan, 2005).

- 눈을 자주 비빈다.
- 한쪽 눈을 감거나 가리거나, 머리를 기울이거나 앞으로 내민다.
- 눈을 사용하는 작업이나 게임을 하는 데 어려움이 있다.
- 정교한 작업을 할 때 눈을 자주 깜빡이거나 예민해진다.
- 먼 곳의 물건을 분명하게 볼 수 없다.
- 눈을 가늘게 뜨거나 찡그리거나 한다.

－눈가가 빨갛거나 외피로 덮여 있거나 눈꺼풀이 부어 있다.
－눈이 빨갛고, 감염되고, 눈물이 자주 난다.
－다래끼가 자주 난다.
－눈이 가렵고, 화끈거리고, 상처가 난 것 같다.
－잘 볼 수 없다.
－어지럼증, 두통이 있거나 정밀한 작업 후에 메스꺼움을 느낀다.
－흐릿하거나 두 개로 보인다.

부모나 교사의 관찰이나 시각 검사에서 문제가 있다고 나타나면, 그 다음에 소아 안과의사에게 의학적 도움을 받아야 한다. 특히 저시력 유아가 확대경, 망원경, 특별한 전자기기를 사용하여 이익을 얻을 수 있는지 결정할 수 있다.

2) 청각장애

(1) 청각장애의 정의

청각장애는 청력 손실도가 경도에서부터 중도까지의 청각장애를 말하는 일반적인 용어로 크게 농과 난청으로 나뉜다. 농은 보청기 사용 여부와 관계없이 청력을 통해서 언어적 정보를 성공적으로 처리하는 데 방해가 되는 청력 손상을 의미하며, 난청은 보청기를 사용하면 청력을 통해 언어적 정보를 성공적으로 처리할 수 있을 만큼 충분한 잔존 청력을 가지고 있는 경우를 의미한다(Brill, MacNeil, & Newman, 1986).

Odom과 Clark(1982)는 다음 네 가지 정의를 말하였다.

① 선천적 농은 태어날 때부터 농인 것을 의미한다.
② 후천성 농은 출생 후에 병과 사고 때문에 농이 된 것을 의미한다.
③ 전 언어기 농은 언어가 발달되기 전에 농이 된 유아를 말한다.
④ 후 언어기 농은 청력에 의해 언어가 발달된 후 농이 된 유아를

의미한다.

청력 손실에는 몇 가지 유형이 있는데, 청력 손실의 장소에 의해 분류된다. Hallahan과 Kauffman(1994)은 다음과 같이 정의했다.

① 전음성 난청은 소리가 정보처리를 위해 외이와 중이의 전음 통로로 청각적 신경으로 전달되는 것을 방해하는 손상을 의미한다.
② 감음성 난청은 내이의 문제를 포함한다. 와우나 청각적 신경 자체가 기능하지 않는 것이다.
③ 혼합형 난청은 위의 두 가지 결함이 결합되어 있다.

전음성 청력장애는 이해가 아닌 듣는 능력을 방해하므로 듣기에 충분히 큰 소리라면 유아는 메시지를 이해할 수 있다. 그러므로 이러한 청력장애는 보청기로 비교적 쉽게 교정할 수 있다. 또한 중이염, 고막 파괴, 중이골 경화 등으로 발생할 수 있으므로 수술이나 중이골 교체, 약물치료 등을 통해 개선할 수도 있다. 그러나 뇌신경에 영향을 주는 약물, 뇌막염, 그리고 유전에 의한 감음성 청력장애는 청취불능과 소리 왜곡을 가져오므로 소리를 크게 들려주어도 유아는 여전히 말 이해에 어려움을 느낄 것이다. 이러한 유아들은 보청기로 도움을 받기에는 너무 심각하여 인공 와우 수술로 도움을 받을 수 있다(Discolo & Hirose, 2002). 지속적인 보청기 착용과 인공 와우 수술로 청력장애유아의 말과 언어 기술 습득은 눈에 띄게 증진된다.

(2) 출현율과 원인

미국의 경우 농이나 난청이 있는 유아는 1.4%로, 시각장애유아의 출현율이 0.6%임에 비해 높은 수치이다(U.S. Department of Education, 2001b). 우리나라의 청각장애 아동의 수는 0.06%이며(국립특수교육원, 2001), 주요 원인으로 유전, 산모의 풍진, 뇌막염, 아동기

질환과 손상 등으로 추정된다. 그러나 청각장애의 원인 중 약 20%는 아직 밝혀지지 않았다(Moores, 1982).

(3) 청각장애유아의 특성

청력 손실이 유아의 언어발달, 인지발달, 사회적 발달에 미치는 누적적 효과는 매우 크다. 중등도와 중도의 청력 손실이 있는 많은 유아들은 3-5세경에 이르러 교육적으로 지체된다. 청력 손실이 가장 심각하고 오랫동안 영향을 미치는 것은 초기 말·언어 발달이다. Luetke-Stahlman과 Luckner(1991)는 놀이에서 언어학적으로 복잡한 의미를 이해하지 못하면 청각장애의 언어적·사회적·정서적, 그리고 인지발달에 장애를 가져올 수 있다고 하였다.

운동발달: 청각장애유아의 신체발달이나 운동발달은 일반유아와 차이가 없다. 그러나 청각장애유아의 의사소통 문제는 의미 있는 방법으로 운동발달을 증진할 수 있는 환경과 충분히 상호작용하는 기회를 제한할 수 있다.

인지발달: 청각장애만 있는 유아는 인지적 능력에 전혀 결함이 없다. 청각장애유아의 언어능력을 인지능력과 혼돈해서는 안 된다. 유아가 언어가 불필요한 상황에서 정상적인 놀이가 가능하다면, 정상적인 인지 영역 안에 있다고 볼 수 있다. 하지만 일반적으로 부적절한 청각적 입력으로 인해 인지발달의 주된 통로가 차단되어 있다. 그러나 읽기 능력은 언어능력에 의존하므로 일반아동들에 비해서 약 1/3 정도의 읽기 수준을 보인다. 또한 청각장애유아들 중에는 다른 장애를 중복적으로 가지고 있는 경우가 종종 있다. 이런 경우에는 청각장애로 인해 인지발달에 더 심각하게 영향을 받는다.

언어발달: 언어 습득은 유아의 어떤 특별한 시기인 결정적 시기와 관련되어 있으므로 발달의 어떤 특정 시기에 소리나 언어적 자극을

듣지 못하는 유아는 언어를 결코 충분히 습득하지 못한다. 이것은 청력 손상 시기가 언어발달 지체와 밀접한 관계가 있기 때문이다. 청력 손상 시기가 빠르면 빠를수록 언어발달이 지체된다. 청력이 손상되기 전에 짧은 시간이라도 언어에 노출되었던 유아는 선천적 농으로 태어난 유아보다 언어 습득에 더 능력이 있다. 경도의 청력 손실이 있더라도 적절한 중재 서비스를 받지 않는다면 모든 발달에 영향을 미칠 수 있다.

초기 발달 시기에 부적절한 청각적 입력은 언제나 언어 습득과 말 생산에 심각한 문제를 초래한다. 청각장애유아에게 가장 큰 난관은 의사소통 기술의 발달이다. 의사소통 발달은 수용언어와 표현언어를 동시에 포함하고 있다. 청각장애유아는 수화를 배우지 않는다면 생애초기에 발달되는 상징적 의사소통이 상당히 지연되는 경향이 있으며 언어와 문자 해독력은 청각장애유아에게 가장 큰 어려움이다.

사회 · 정서발달: 말과 언어능력의 지체로 인해 청각장애유아의 사회 · 정서발달은 영향을 받는다. 청각장애유아는 들리는 세계 속에서 어느 정도 사회적 고립을 경험한다. 그들은 어렸을 때부터 가족 안에서도 따돌림을 받는 존재이기도 하다. 유아는 가족이 함께 있는 방 안에 있을지라도 듣지 못한다는 아주 단순한 이유로 무의도적으로 무시된다. 언어적 주고받기에 참여할 수 없으므로 무슨 일이 일어나고 있는지 잘 알 수 없다. 연령이 높아감에 따라 청력 손실이 심각한 유아는 사회적으로 덜 성숙해가는 경향이 있다.

청각장애는 그 자체가 비정상적인 사회적 발달의 원인이 아니고 유아와 다른 사람의 빈약한 의사소통이 사회적 적응의 어려움을 초래한다. 그들이 자주 나타내는 생떼나 감정의 신체적 표현은 그들의 좌절을 언어적으로 나타내지 못하기 때문이다. 충동성, 공격성, 그리고 낮은 자아개념이 유아기 동안에 시작된다는 보고가 있다. 이러한 사회적 미성숙은 의사소통 요구가 증가함에 따라 증가할 수 있다(Martin & Clark, 1996). 중등도의 청력 손실이 있는 유아의 경우에도 우정과 또래와의 상호작용에 어려움이 있을 수 있다(Davis, Elfenbein, Schum, & Bentler, 1986).

(4) 유아교실에서 청각장애유아 발견하기

청각장애는 유아가 3세가 되기까지는 잘 발견되지 않을 수도 있다(Mason & Herrmann, 1998). 부모는 무언가 이상하다고 여기지만 청각장애라고 생각하지는 않는다. 병원에서 신생아 청력검사(New Born Hearing Screening: UNHS)가 실시된다면 좀 더 쉽게 발견할 수 있다. 조기 발견의 이점은 언어 습득을 증진하고 정서적, 사회적인 어려움을 피하는 기회를 증진할 수 있다는 것이다(Curnock, 1993).

유아교사나 보육교사는 청각장애유아나 청각장애 가능성이 있는 유아들을 쉽게 발견할 수 있는 위치에 있다. 유아교사와 보육교사는 언어를 어느 정도 습득한 유아가 다음과 같은 행동을 보이는지 잘 살펴보아야 한다(Klein, Cook, & Richardson-Gibbs, 2006; Paasche, Gorrill, & Strom, 2004; Gould & Sullivan, 2005).

- 프, 후, 브와 같은 초기 자음을 발음하지 않을 수 있다.
- 말할 때 반응하지 않는다.
- 간단한 질문이나 요청을 이해하지 못하거나 혼란스러워하며 쳐다본다.
- 고개를 한쪽으로 돌리거나 화자의 얼굴을 자세히 보고, 화자의 입을 쳐다본다.
- 자주 반복을 요청한다(어?뭐라고?)
- 한쪽 귀를 소리 나는 곳이나 말소리가 나는 곳으로 돌린다.

-부끄러워하는 것 같아 보이고 유아나 교사를 피한다.
-주의집중을 잘 하지 못한다.
-일관적이지 못하고 부적절한 반응을 한다.
-귀에서 소리가 난다고 불평한다.
-발음이나 목소리에 문제가 있다.
-너무 크거나 너무 작게 말한다.

3) 정신지체

(1) 정신지체의 정의

일반적으로 많이 사용하는 정의는 미국 정신지체협회(AAMR: American Association of Mental Rerardation)에서 2002년에 개정한 정의인 "정신지체는 평균 이하의 지적 기능과 개념적·사회적·실제적 적응 기술로 표현되는 적응행동 모두에 심각한 제한이 특징인 장애로, 18세 이전에 나타난다"이다. 정신지체로 규정되기 위해서는 평균 이하인 지적 기능과 적응행동상의 장애가 동시에 존재해야 하며, 이러한 두 가지가 모두 발달 기간인 18세 이전에 나타나야 한다. 그러므로 표준화된 검사를 통해 지능지수가 70 이하일지라도 주변의 사회적 환경에 적절하게 기능한다면 정신지체가 아닐 수도 있으며, 적응행동에 문제가 있더라도 지능이 높으면 정신지체로 분류되지 않는다(AAMR, 2002). 정의에서 말하는 '적응행동'이란 개인이 생활환경에 적응하는 데 필요한 기술로서 의사소통, 자기 관리, 사회성 기술 등이 포함된다. 적응행동은 연령에 따라 다르다. 예를 들어 학령전기에는 신변처리 기술이며, 학령기에는 학습, 추론하기, 판단하기, 사회적 기술이다. 청소년기나 성인기에는 직업과 사회적 적응 능력이 주된 적응행동 범주가 된다(Sapiro, 2000).

⑵ 출현율과 원인

미국의 경우 전체 인구의 1%가 정신지체이며 3/4 이상이 경도로 진단된다. 남아는 여아보다 1.5배 높게 발생한다(American psychiatric Association, 2000). 우리나라에서는 학습장애 다음으로 높을 출현율은 보이는 장애이다(국립특수교육원, 2001).

원인으로는 유전자와 염색체 이상이나 감염(예, 홍역, 뇌막염), 태내기와 출산시 장애(예, 조산, Rh부적합, 산소부족) 같은 생물학적 원인이 있고, 납중독, 태내 알코올 증후군, 두부손상 같은 환경적 요인들로 추정된다. 그러나 생물학적 요인으로 설명될 수 있는 원인은 20－30% 정도밖에 되지 않는다(Garber & McInerney, 1982). 정신지체의 거의 40%는 병인론이 밝혀지지 않고 있다. 경도 정신지체의 경우에는 양육방식, 사회 · 경제적 지위, 건강관리, 영양섭취, 그리고 교육경험의 결핍 같은 사회 · 환경적 요인이 이들의 지적 기능과 적응행동에 영향을 미칠 수 있다. 이들은 일반적으로 우울증과 주의력 결핍장애 같은 정신적 장애를 수반하는 경우도 있다(American psychiatric Association, 2000).

⑶ 정신지체유아의 특성

주의집중: 정보를 습득하기 위해 제일 처음 적절한 자극에 주의를 기울여야 하는데, 정신지체유아의 경우 적절한 자극에 주의를 기울이는 능력이 부족하다. 정신지체유아들은 특별한 과제에 대한 주의집중 능력이 매우 부족하다(Tomporowski & Tinsley, 1997). 정신지체는 자기 연령의 또래처럼 장시간 자리에 앉아 있지 못하고, 학습활동에 참여하려는 유아의 욕구나 동기가 적다(Finkelstein, Gallasher, & Farron, 1980).

운동발달: 대부분의 정신지체유아는 운동발달에 지체를 보인다. 정

신지체유아의 운동능력 특성은 질적인 면에서나 양적인 면에서 정상적으로 발달하는 유아와 다르다. 정신지체유아의 운동수행 능력은 연령과 관련이 있고, 운동발달의 순서에서 정상적으로 발달하는 유아와 다르며 발달 비율에서 느리다. 그리고 정신지체가 심할수록 운동능력 지체가 심하다(Share & French, 1974). 또한 정신지체유아의 전반적인 신체운동력, 근력, 근육숙련도, 평형성이 정상적으로 발달하는 유아 또래에 비하여 뒤떨어지며, 반응속도가 느리고 달리기 속도와 유연성 등도 낮다고 많은 연구에서 지적되고 있다. Malpass(1963)는 정신지체유아는 정확한 동작과 반응을 필요로 하는 과제에서 열등하고, Singer(1972)는 손으로 작업하는 기술에 어려움이 있다고 하였다. 홍양자(1996)의 연구에서 정신지체가 있는 아동의 경우 비장애아동에 비해 운동발달이 1−4년 정도 지체되는 것으로 나타났는데 성숙 지연과 기회 제한이 운동발달 지체의 원인이 된 것이다.

인지발달: 정신지체는 기본적인 인지과정에 어려움이 많고, 정보처리가 느리며, 반응을 보이는 데 시간이 많이 걸린다. 읽기와 산수영역에서 매우 뒤떨어지고, 추상적 개념 파악이 어려우며, 또래보다 배우는 속도가 느리다. 또한 기억력도 결함이 있다(Bray, Fletcher, & Turner, 1997). 새로운 기술을 배우는 데는 반복 연습이 필요하며, 이미 배운 기술을 새로운 상황에 적용하는 데 자주 어려움이 있다. 어떤 유아는 기술들이 사용되어야 하는 매 환경에서 매번 새로운 기술을 가르쳐야 할 수도 있다. 또한 유아는 추상적인 개념보다는 실제 자료나 구체적 활동을 포함하는 실제 활동을 통해 가장 잘 배우며 교사의 직접적이고 세부적인 교수가 효과적이다.

언어발달: 대부분의 정신지체유아는 정상적인 언어발달의 단계를 따르지만, 첫 단어의 시작 시점이 늦고, 언어습득 속도가 지체되며 낮은 발달 수준에서 멈추는 특성을 지닌다(Warren & Yoder, 1997). 이들은 언어 이해와 표현 두 가지 언어능력에서 문제를 보이므로

발음 문제, 어휘 부족, 단순한 구문을 사용할 뿐만 아니라 의미의 미묘한 차이를 이해하지 못하고 방향을 이해하거나 자신의 요구를 표현하는 데 어려움이 있다. 언어를 통해 자기를 표현하지 못하고 환경을 통제하지 못하는 경우 문제행동으로 표출되기도 한다. Yoder와 Miller(1972)는 중도와 중등도 정신지체의 70－80%가 조음 문제를 가지고 있다고 하였다. Dunn(1973)은 지능지수 25 이하의 아동은 말을 결코 배울 수 없다고 하였다.

사회 · 정서발달: 정신지체유아들은 사회성에도 많은 문제를 보이곤 한다. 이러한 사회적인 문제는 유아기부터 나타난다(Kasari & Bauminger, 1998). 미성숙하고 빈약한 개인 상호간의 기술을 보이며 자신보다 어린아이와의 상호작용이나 놀이를 선호한다. 사회적 단서나 신체 언어를 잘 해석하지 못하므로 친구를 사귀고 관계를 유지하는 데 어려움을 보이는데, 이것은 다른 사람과 어떻게 상호작용해야 하는지 잘 모를 뿐만 아니라 무관심이나 방해행동 등의 행동적인 특성으로 인해서 또래들에게 선호되지 않기 때문이기도 하다. 또한 정신지체유아들은 빈약한 자아 개념을 가지고 있으며, 쉽게 포기한다.

적응행동: 적응행동의 문제는 의사소통, 사회, 그리고 생활 기술에서 명백히 나타나는데, 이러한 문제는 사회에서 개인적 수용과 독립적으로 살아갈 수 있는 능력을 방해할 수도 있다. 정신지체유아의 지능지수 점수는 변하지 않지만 어떤 유아들은 훈련에 의하여 적응기능을 증진할 수 있다. 정신지체유아는 유치원 교실에서 자신의 실제 연령보다 어려 보일 수 있다.

(4) 교실에서 정신지체유아 발견하기

다운증후군 유아는 정신지체와 관련된 눈에 띄는 신체적 특징이나 얼굴 특성을 가지고 있으므로 일반적으로 출생시 판별된다. 그렇지만 대부분의 정신지체유아들은 외견상으로 다른 유아들과 눈에 띄게 구별되는 특성이 없다(American Psychiatric Association, 2000). 유아교사와 보육교사는 유아의 행동이나 놀이활동을 관찰하여 정신지체유아의 지적·사회적 기능에 대한 어떤 단서를 수집할 수 있다.

다음은 교실에서 발견할 수 있는 정신지체유아의 특징들이다.

- 자극에 둔감하다.
- 언어적 지시를 이해하는 데 어려움이 있다.
- 새로운 것에 동기화되지 않는다.
- 새로운 기술을 배우는 데 어려움이 있다.
- 소음과 시각적 자극에 의해 쉽게 산만해진다.
- 한 활동을 오직 1, 2분 정도 지속한다.
- 낮은 근육 강도를 보인다.
- 물건과 자주 부딪치고 자주 넘어진다.
- 소근육운동 기술에서 지체를 보인다.
- 언어 기술에서 지체를 보인다.
- 사회적 기술에서 지체를 보인다.
- 옷 입기에 도움을 필요로 한다.
- 먹기에 도움을 필요로 한다.
- 화장실 가기에 도움을 필요로 한다.

유아에게 정신지체라는 장애명은 사용하기가 부적절한 것으로 지적되고 있다. 유아들이 성장하면서 행동이나 능력의 변화를 보이기도 하기 때문이다. 그러나 유아교사와 보육교사가 정신지체의 정의와 특성을 알아서 이후에 정신지체로 판별될 수도 있는 유아들에게 가능한 한 조기에 적절한 교육을 제공함으로써 미래의 정신지체 판별을 좀 더 감소시킬 수 있을 것이다.

4) 지체장애

(1) 지체장애의 정의

지체장애는 신체에 이상이 있는 다양한 특성의 유아들을 포함한다(Bigge, Best, & Heller, 2001). 지체장애는 신경계의 이상으로 인한 장애, 근 골격계의 이상으로 인한 장애, 선천적 기형으로 분류된다. 신경계에 이상이 있는 경우로는 뇌성마비가 대표적이며 경련장

<표 2-5> 다양한 지체장애의 정의 및 특성

유 형	정 의	특 성
뇌성마비	뇌의 손상이 원인이며, 출생 전, 출생 시, 출생 후의 산소 결핍, 뇌 손상, 감염, 그리고 출혈이 원인이 되어 마비, 허약, 협응 부족, 근육 기능 장애를 나타낸다. 지체부자유아의 약 50%는 뇌성마비이다.	운동장애 유형에 따라 경직성, 불수의 운동형, 강직성, 진전형, 운동실조형, 혼합형으로 분류되며, 마비 부위에 따라서는 단마비, 하지마비, 디플리지아, 편마비, 삼지마비, 사지마비로 분류된다.
간 질	두뇌에서 발생하는 비정상적인 전기 에너지 방출에 의해서 갑작스럽게 의식을 잃는 증상으로 불수의적인 움직임이나 비정상적인 감각 현상을 수반한다.	두뇌 방전부위에 따라 부분발작과 전신발작으로 분류한다. 일반 유아보다 정신지체나 뇌성마비유아에게 자주 나타난다.
이분 척수	선천적인 척수의 장애로 태아 발달 시기에 척추뼈가 완전히 닫히지 않은 채로 출생한다. 선천적 결함으로 운동 협응과 다른 몸의 기능에 영향을 미친다.	척추뼈 사이의 신경 돌출 및 손상 여부에 따라 장애 정도와 부위가 결정된다.
진행성 근위축증	근육이양증으로도 불리는 주요한 중추신경계의 질병으로 골격과 호흡기능에 영향을 미친다. 3-5세 사이에 주로 발견되며 남아들에게서 많이 발생하는데 점진적으로 근육 약화, 골반과 어깨 부분의 쇠약과 수축이 진행된다. 9-11세경에는 보행이 어렵고 30세에 이르면 호흡기의 감퇴를 경험한다.	진행성이며 정확한 원인과 치료 방법이 알려져 있지 않기 때문에 대부분 20대에 사망한다.
소아 류머티스 관절염	관절 접합 부분의 류머티즘질병으로 운동 기능에 문제를 일으키는데, 아픈 부위는 사람마다 각기 다르다.	통증으로 매우 고통스러워하며 고열, 호흡기 문제, 심장 문제, 안과 감염 등의 증세를 수반하기도 하고, 많은 관절 부분에 붓기가 유발될 수 있다.

애(간질)도 여기에 해당한다. 근 골격계의 이상으로 인한 경우에는 내반족, 소아 류머티스 관절염, 진행성 근위축증 등이 있다. 선천적 기형의 예로는 골반탈구와 이분척추 등이 있다.

(2) 출현율과 원인

학령전기 유아의 0.5% 미만이 신체적 혹은 정형 외과적으로 손상을 입은 유아들로 분류된다. 주요 원인으로는 진행성 근위축증, 혈우병과 같은 유전적 요인과 산모의 흡연이나 알코올 중독과 같은 약물중독 그리고 외상이나 바이러스 감염 등이 있다(윤점룡 외, 2005).

(3) 지체장애유아의 특성

운동발달: 뇌성마비, 사지 이상, 척추손상 등이 있는 유아들은 근육 긴장도, 근육 조절력, 근력의 손상으로 인하여 정상적 운동발달이 이루어지지 않는다. 운동발달의 속도가 매우 느리거나 특정 발달단계에서 더 이상 발달이 이루어지지 않는 경우도 있다. 이들은 전반적인 움직임이 곤란하며 앉기, 서기, 기기를 하는 데 어려움이 있고, 근육 수축과 이완의 불협응 경향을 보인다. 또한 수의적 움직임을 방해하는 비틀린 움직임, 경련 등이 나타난다. 12세의 지체장애아동의 경우 머리 조절 능력이 없는 경우도 있다. 뇌성마비나 근육이양증 유아에게서는 운동 협응 발달의 지체가 명백히 나타난다. 이들의 협응 능력 부족은 일반적 생활 기술과 학문적 수행기능을 방해한다. 정상적인 운동발달을 저해하는 요인으로는 비정상적인 근긴장도와 비정상적인 반사작용이 가장 대표적이다(Goosens & Crain, 1992; Orelove & Sobsey, 1996). 또한 복합적으로 가지고 있는 정신지체, 시각장애, 청각장애 때문에 운동발달이 방해받기도 한다.

인지발달: 지체부자유아의 인지능력은 정신지체를 동반하는 경우부터 신체적 능력에만 결함이 있어 일반유아와 유사한 인지능력을 가지는 유아까지 매우 다양하다. 유아의 신체적 능력의 지체 정도가 심할 경우에 인지수준도 많이 저하되었을 것이라고 단정하는 것은 금물이다. 마비가 심한 유아들 중에는 정상 수준 이상의 인지수준을 가진 유아들도 있기 때문이다. 많은 뇌성마비 유아들은 언어에 문제를 동반하는 경우가 많고, 또한 비언어적 의사소통, 즉 가리키기, 고개 끄덕이기, 얼굴 표정 등 운동발달에도 문제가 있어 표현이 원활하지 않은 경우가 많으므로 인지적 수준을 정확히 평가하는 데 어려움이 있다(Klein, Cook & Richardson-Gibbs, 2006). 부모의 경우 유아의 인지수준을 가장 잘 알 수 있으므로 부모의 도움을 받는 것도 필요하다.

언어발달: 지체부자유아의 경우, 언어발달에 어려움을 보일 수 있는데, 특히 음성을 만드는 구강과 안면 근육의 조절과 협응에 문제가 있을 경우 발음이 부정확하지 않은 채 말을 하므로 다른 사람이 이해하지 못하기도 한다. 이러한 이유로 다른 사람과 정보를 주고받을 수 없다. 의사소통이 곤란한 경우에는 다양한 보완대체의사소통 체계(AAC: Augmentative and Alternative Communication)를 사용할 수 있도록 지원해 주어야 한다(Klein, Cook, Richardson-Gibbs. 2006).

사회 · 정서발달: 지체장애유아들은 수술이나 입원 등으로 인한 심한 고통과 병원 치료는 유아의 성격 형성과 유치원 생활에 영향을 미친다. 또한 자신의 말을 다른 사람들이 잘 알아듣지 못하므로 또래나 성인과 사회적 관계를 형성하는 데 어려움이 있다. 신체적으로 남에게 많이 의존하게 됨으로써 학습된 무력감을 느끼고 수동적인 성격이 될 수 있다. 사회적 기준과 동떨어진 자신들의 외모로 인해 스스로를 받아들이지 못하거나, 자신을 일반유아들이 수용하지 않

출처: 파라다이스 복지재단(2003), 『장애아동과 테크놀로지』, 2, p. 10.

<그림 2-1> 보완대체 의사소통 기구

을 것이라고 생각하는 경우가 많다. 외모뿐 아니라 침을 흘린다거나, 발작을 일으키는 등의 사회적으로 바람직하지 않은 특성도 또래와의 사회적 관계 형성에 부정적인 요소로 작용한다. 또한 지체장애유아들이 많이 사용하는 다양한 보장구들도 또래들에게 이상하게 보여 차별을 받을 수 있으며, 움직임에 제한이 있고, 자발적인 근육활동을 잘 조절하지 못하므로 지체장애유아는 다른 장애가 있는 유아처럼 사회적이나 정서적 문제로 어려움을 겪는다. 이들은 장애가 없는 유아보다 문제 해결 과제에 낮은 인내력을 보이기도 한다(Jennings, Conners, & Stegman, 1988). 또한 Graham과 Rutter(1968)는 간질이 없는 뇌손상유아의 37.5%와 간질이 있는 유아의 58.3%가 정신의학적 문제를 가지고 있다고 보고하였다. 그들이 연구한 중추신경장애가 있는 유아 10명 중 한 명 이상이 정서 문제를 나타냈다.

(4) 교실에서 지체장애유아 발견하기

교사와 부모는 또래에 비교하여 지체된 운동 특성을 유심히 살펴봄으로써 지체장애유아를 발견할 수 있다(Klein, Cook, & Richardson-Gibbs, 2006; Cavallo & Haney, 1999; Paasche, Gorrill, & Strom, 2004; Gould & Sullivan, 2005; Winter, 2007).

- 눈에 금방 띄는 분명한 운동기능이나 이동력의 신체적 기형을 보인다.
- 적절한 반사행동이 부족하여, 적절한 시기에도 원시 반사가 사라지지 않고 남아 있다.
- 빨거나 물건 잡기 자세가 비정상적이며 이동 능력이 지체되어 있다.
- 생활연령에 적합한 운동 기능상의 협응이나 통합이 결여되어 있다. 머리 조절하기, 구르기, 몸통 조절하기, 앉기, 서기, 기기 등의 연령에 따른 발달지표에 도달하지 못한다.
- 서툰 동작을 하고 운동발달의 이정표에 다다르지 못한다.
- 이상하고도 반복적인 운동 양상을 보인다. 동작을 하는 중에 간헐적으로 동작을 잠깐씩 멈추기도 하고 동작 진행을 방해받는다.
- 균형 감각이 부족하고 뛰기, 오르기, 그리고 자세 조절이 아주 어렵다.
- 비정상적으로 경직되거나 근긴장도가 낮다.
- 운동 기능이나 근긴장도가 나아지지 않고 점차 저하를 보인다.
- 혼자서 식사하기, 화장실에서 바지 지퍼 올리기 같은 자기 관리 기술이 부족하다.
- 퍼즐 맞추기, 블록 끼우기, 공 가지고 놀기에 어려움이 있을 수 있다.

신체장애는 심각한 의료적 문제를 가지고 있기 때문에 때로는 물리치료, 언어/말 치료, 재활, 특별한 수송 수단, 적응적 특수체육 등과 같은 관련된 서비스를 필요로 한다. 그들의 장애의 특성상 서기(standing) 테이블, 휠체어, 헤드스틱, 보장구 같은 기구를 필요로 한

출처: 파라다이스 복지재단(2005), 『장애아동과 테크놀로지』, 5, p. 5.

<그림 2-2> 휠체어용 의자

다. 그러므로 교육적 · 의료적 서비스 전문가들의 학제간 접근이 필수적이다. 유아교사는 물리치료사와 함께 일하면서 유아의 자세와 필요한 보조 기구에 대한 정보를 알아야 하며 그에 따른 지원을 받아야 한다. 또한 부모도 이러한 정보를 많이 알고 있으므로 부모와 상담하는 것도 도움이 된다.

다음은 뇌성마비인 철수의 선생님이 물리치료사와 협력해서 철수가 편안한 자세를 가지도록 도와주는 예를 나타낸다.

> 뇌성마비 유아인 철수는 현재 유아특수교육 프로그램을 받고 있다. 그의 선생님은 철수가 점심을 먹을 때, 자꾸만 고개를 옆으로 돌리기 때문에 배가 고프지 않거나 밥을 먹고 싶어 하지 않는다고 생각했다. 하지만 철수의 물리치료사와 상담한 결과 철수가 밥을 먹으려고 고개를 움직일 때, 반사 움직임으로 인해 고개가 중간으로 오지 않고 옆으로 돌아간다는 사실을 이해할 수 있게 되었다. 철수의 물리치료사는 철수의 앉는 자세를 어떻게 해야 이러한 반사 움직임을 줄일 수 있는지 알려주었고, 그 결과 철수는 좀 더 편안한 자세로 밥을 충분히 먹을 수 있게 되었다.

출처: Klein, M. D., Cook, R. E., Richardson-Gibbs(2006), 『영유아교육기관 통합교육 전략』, 유수옥 외 역, 서울: 창지사(원본 발간 2001), p. 71.

5) 정서 · 행동장애

(1) 정서 · 행동장애의 정의

정서 · 행동장애는 지난 수십 년간 여러 가지 용어로 표현되어 왔다. 초기에는 정서장애(Emotionally Disturbed)가 사용되었으나 행동장애(Emotionally Disordered)가 객관적으로 관찰할 수 있는 아동의 일탈된 행동 문제에 초점을 맞춘다고 선호되었다. 그러나 1980년대 말부터는 미국 국립정신건강 및 특수교육협회(The National Health and Special Education Coalision)에서 정서 · 행동장애라는 용어 사용을 제안하여 일반적으로 사용되고 있다. 우리나라에서는 정서장애에 자폐를 포함하여 사용하였으나 2007년 「장애인 등에 대한 특수교육법」에서 정서 · 행동장애와 자폐성 장애를 독립된 장애범주로 분류하였다(교육인적자원부, 2007).

우리나라에서는 다음과 같이 정의하고 있다.

가. 지적 · 신체적 또는 지각적인 면에 이상이 없음에도 학습 성적이 극히 부진한 자

나. 친구나 교사들과의 대인관계에서 부정적 문제를 지닌 자

다. 정상적인 환경하에서 부적절한 행동이나 감정을 나타내는 자

라. 늘 불안해하고 우울한 기분으로 생활하는 자

마. 학교나 개인 문제에 관련된 정서적인 장애로 인하여 신체적인 통증이나 공포를 느끼는 자

바. 감각적 자극에 대한 반응, 언어, 인지능력 또는 대인관계에 결함이 있는 자

미국 장애인교육법(1997)에서는 심한 정서장애(serious emotional disturbance)라는 용어를 사용하면서, 다음과 같이 정의하고 있다.

(i) 정서장애라는 용어는 오랜 시간 동안 아동의 교육적 수행에 부정적인 영향을 미치는 다음의 특성들 중 한 가지 이상을 보이는

상태를 말한다.

(a) 지적 · 감각적 또는 건강 요인으로 설명할 수 없는 학습 무기력
(b) 또래 및 교사들과 만족스러운 관계를 형성하고 유지하지 못함
(c) 일반적인 상황에서 부적절한 형태의 행동이나 감정을 보임
(d) 일반적으로 만연된 불행감이나 우울감
(e) 개인적 또는 학교 문제와 관련된 신체적 증상이나 공포를 보이는 경향

(ii) 이 용어는 정신분열증을 포함한다. 이 용어는 정서장애를 보이지 않는 한 사회적 부적응을 보이는 아동들에게는 적용되지 않는다.

그러나 유아를 정서 · 행동장애로 범주화하는 것은 발달적으로 매우 부적절하다. 유아의 행동은 유아기에는 양육 실제나 문화적 가치, 그리고 가족과 지역사회의 기대에 영향을 매우 많이 받기 때문이다. 부모가 공격적일 때 유아도 공격적인 경향이 있다. 숙련된 교사나 부모도 걸음마기 유아나 유아기에는 영유아의 발달적으로 적절한 행동과 문제행동을 구분하는 것이 매우 어렵다. 유아의 행동은 언제나 그의 연령과 배경에 따라 무엇이 발달적으로 적절한지에 대하여 판단해야 한다. Wolery와 Fleming(1992)은 유아기에 문제행동을 보이는 유아를 주의 깊게 모니터링해야 한다고 하였다.

(2) 출현율 및 원인

미국 교육부(1995)는 학령기의 1%에 해당하는 아동들이 심각한 정서나 행동장애가 있다고 제시한다. 심각한 정서나 행동 문제가 있는 대부분의 아동들은 초등학교 시기까지는 거의 판별되지 않아서 거의 9세경에 17%, 12세경에 50% 이하의 서비스를 받는다(Del'Homme, Kasari, Forness & Bagley, 1996). 행동장애는 남아와 여아에게 모두

나타나나 남아는 여아보다 5배나 더 행동장애로 판별되는 경향이 있다(Patterson, Capaldi, & Bank, 1991). 헤드 스타트 프로그램에서는 6−10%의 유아들이 행동 문제가 있거나 관심을 가져야만 하는 행동들을 보인다고 보고하고 있다(Forness, Kavale, MacMillan, Asarnow & Dunkan, 1996).

원인으로는 크게 생물학적 요인, 심리 · 사회적 요인을 들 수 있는데, 심리 · 사회적 요인으로서의 가족 요인과 학교 요인이 유아기에는 주로 영향을 미친다. 일관적이지 않고 거부적인 양육 태도, 유아의 개별성에 대한 교사의 무감각, 유아의 성취나 행동에 대한 교사나 부모의 기대가 너무 높거나 낮을 때, 그리고 지나치게 방임적이거나 완고한 학교의 훈육방법이 정서나 행동문제를 일으킬 수도 있다.

(3) 정서 · 행동장애유아의 특성

학령기에 의뢰되어 정서 · 행동장애로 진단되는 아동들의 많은 경우가 이미 3−4세부터 행동문제를 보이는 것으로 보고되고 있다. 그러므로 정서 및 행동문제의 조기 발견을 통해서 적절한 중재를 제공하는 것은 장애 예방의 의미에서 매우 중요하다고 할 수 있다(Hallahan & Kauffman, 2003). 정서 및 행동장애를 예측할 수 있게 해 주는 영유아기에 나타나는 행동 특성들로는 잠을 잘 자지 못하거나 신경질적이고 칭얼거리는 행동을 자주 보이고, 사회적 상황에서 위축되거나 불순종 및 공격행동을 보이며, 주의집중 시간이 매우 짧을 뿐만 아니라 주변의 자극에 의해서 쉽게 산만해지고 충동적인 행동을 보이는 등의 행동들이 보고되고 있다(Gargiulo & Kilgo, 2000).

운동발달: 정서 · 행동장애유아에게 운동문제가 나타난다면, 정서행동장애가 결과로서 생기는 행동 중 하나인 것처럼 그들은 같은 원인

을 가지고 있지 않을 수 있다. 예를 들어 정서·행동장애가 있는 유아는 놀이와 같은 여러 가지 신체활동에 참여하는 것이 방해될 때 위축된다. 사회적으로 용납되지 않는 이들의 공격성과 같은 행동들은 다른 유아들에게 거부되는 원인이 되어 운동근육 활동에 참여할 수 있는 기회의 감소를 가져온다.

인지발달: 많은 정서·행동장애유아들의 지능은 학습지진아나 경도 정신지체 범주에 속한다. 지적으로 우수할 수도 있으나 일반적으로 평균에서 평균보다 약간 낮은 인지발달 수준을 보인다고 할 수 있다. Valid(1990)의 연구에서 연구 대상의 절반 이상이 IQ 71－90에 속하였고 평균 IQ는 86이었다. Kauffman(2004)도 대다수가 평균 이하이지만 정상분포상에서 불균형적으로 경도 정신지체 범주에 속하고 소수만이 평균 이상이었다고 하였다. 그러나 이들이 일반유아보다 지능이 낮다고 말하기는 어렵다. 이들은 부적절한 정서와 행동 때문에 이전에 배울 수 있는 기회를 상실했기 때문에 나타난 결과일 수 있다.

언어발달: 70% 정도의 정서·행동장애유아는 표현 언어와 수용 언어에서 어려움을 보인다(Benner, Nelson & Epstein, 2002). 유아가 자극에 대한 그들의 반응을 억제할 수 있는 시점에 신경학적으로 성숙되지 않았다면 유아는 무의식중에 충동행동을 할 것이다. 언어반응을 억제하지 못하는 무능력은 부적절한 시간에 정보를 불쑥 말하는 결과를 가져올 것이다. 가끔 인지, 운동, 말이나 언어 능력이 떨어지는 학습장애유아는 행동장애처럼 나타난다. 이는 언어와 비언어 사건에 대한 그들의 반응이 부적절하기 때문이다. 전혀 감독을 받지 않았거나 부적절한 역할 모델을 가진 유아도 예상하지 못한 방법으로 말하거나 행동한다. 이러한 유아들에게는 그들의 행동에 대한 기대가 명확하고 자연스러운 결과를 가져오는 조직화된 환경이 확고하고 충분하게 제공되어야 한다. 또한 단어를 이해할 수 있고

경험에 지속적으로 적용할 수 있는 구조화된 언어 환경을 제공하는 것이 필수적이다.

사회 · 정서발달: 정서 · 행동장애유아들이 보이는 행동문제는 외현적 행동과 내재적 행동 문제로 크게 나눌 수 있다. 외현적 행동은 충동적, 반사회적, 적의, 타인에 대한 공격적 행동이 특성이다. 때리기, 싸우기, 친구 놀리기, 소리 지르기, 반항하기, 울기, 기물 파괴하기, 강탈하기 등의 행동이 이에 속한다. 남자아이들이 여자아이들보다 이러한 유형의 행동을 많이 보이므로 판정, 의뢰, 그리고 분류되는 비율이 높다(Cullinan, Epstein & Kaffman, 1984; Cullinan, Epstein & Sabornie, 1992). 이러한 행동과 학교생활 실패와 품행장애 및 청소년 비행은 상당히 높은 관계가 있는 것으로 알려져 있다. 그러므로 외부적으로 드러나는 문제행동을 보이는 유아에게 특별한 관심을 보여야 한다(Winter, 2007).

내재적 행동문제는 여자아이에게서 많이 나타난다. 사회적 위축, 불안, 미성숙, 부끄러움, 억압, 다식증이나 불면증 같은 행동이 특성이다. 내재적 행동문제는 유아의 문제를 은폐하므로 결과적으로 위축, 불안, 걱정으로 나타난다(Cullinan, Epstein & Kaffman, 1984; Cullinan, Epstein & Sabornie, 1992). 이러한 사회적으로 미성숙하고 위축된 행동을 보이는 유아들은 아동기에 이르러서 발달에 심각한 영향을 미칠 뿐만 아니라, 성인이 된 후에도 정신 건강상 좋지 않은 예후를 보이곤 한다. 사회적 기술이 부족하므로 친구가 거의 없고, 고립감을 느끼며, 환상이나 백일몽에 빠지기도 한다. 또한 신체적 고통을 호소하기도 한다.

많은 용어가 문제행동을 보이는 유아들을 설명하고 범주화하는 데 사용되고 있다. 그렇지만 이러한 용어를 유아에게 적용하는 데 유의해야 하며 특히 정상발달의 개인차를 고려하여 판단하여야 한다. 유치원 시기에 정상적인 활동 수준, 참을성, 그리고 주의력이 어떠한가에 대한 규준이 없다. 부가적으로 말로서 자신의 의견을 표현하는 데 어려움이 있는 유아는 자신의 갈등을 신체적으로 해결하려고 시도한다. '비정상'과 '정상'을 구별하는 특별한 문제행동은 없으나 빈도, 강도, 상습적, 문제 행동의 집합체, 그리고 사회적 맥락에 의해 구별된다(Campell, 1988).

(4) 일반교실에서 정서 · 행동장애유아 발견하기

교실에서 위의 특성들을 통해 정서 · 행동장애유아들을 발견할 수 있다. 발견이 지연되면 유아가 서비스를 받을 수 있는 귀중한 시간을 놓치게 되기 때문이다. 중재가 조기에 시작되었을 때 예후가 더 크다. 특히 내재적 행동문제는 겉으로 드러나는 공격행동과는 달리 잘 발견되지 않는 경우가 많기 때문에 조기 발견하는 것이 쉽지 않으므로 유아교사와 보육교사의 각별한 관심이 필요하다.

- 활동 도중에 특별한 이유 없이 자리 이탈을 자주 한다.
- 친구들을 갑자기 때리거나 싸움을 자주 한다.
- 교실에서 고함을 자주 지른다.
- 교사의 지시 따르기를 거부하여 불복종한다.
- 또래가 노는 곳에 가서 만들어 놓은 블록을 무너뜨리는 등 놀이를 방해한다.
- 자신이 한 잘못을 친구가 했다고 거짓말한다.
- 언어 대신 신체적 공격 행동으로 해결하려 한다.
- 사회적 기술이 부족하여 또래와 어울리지 못한다.
- 백일몽과 환상에 빠져 이상한 생각을 한다.
- 자주 아프다고 호소하고 자주 우울해 한다.
- 이유 없이 어떤 사람이나 사물을 두려워한다.

–자주 결석한다.

6) 자폐성 장애

(1) 자폐성 장애의 정의

최근까지 우리나라에서 자폐가 정서장애의 범주에 포함되었으나 2007년 공포된 「장애인 등에 대한 특수교육법」에서는 자폐성 장애를 정서장애와 독립된 장애영역으로 분류하고 있다. 미국에서는 1997

<표 2-6> 자폐 및 자폐 관련 장애의 정의

장 애	정 의
자 폐 (autism)	언어장애, 상동행동으로 특징지어지는 사회적 상호작용과 의사소통에서 비정상적인 발달을 보이면서 활동과 관심 영역이 제한된 특성을 보이는 30개월 이전에 발생하는 장애
자폐 범주성 장애 (autistic spectrum disorder)	경도에서 중도에 이르는 자폐의 특성을 보이는 장애의 범주를 의미한다.
전반적 발달장애 (pervasive developmental disorder)	매너리즘, 부적절한 사회적 행동, 비정상적이면서도 지체된 말과 언어의 발달 등을 포함하는 비정상적인 사회적 관계에 의해서 특징지어지는 심각한 발달장애를 의미한다.
아스퍼거 증후군 (Asperger syndrome: AS)	지능 및 언어 발달은 정상적이지만 사회적 기술, 사회적 관계의 어려움, 빈약한 집중력, 한정된 관심이 특징이다. 운동기능의 발달에서도 지체를 보일 수 있다. 이들이 언어문제에서 크게 지체되지 않기 때문에 다른 장애보다 나중에 진단되기도 한다. 고기능 자폐라고 불리기도 한다.
레트 장애 (Rett's disorder)	18개월의 정상발달 후에 4세 정도까지 두뇌 성장 속도가 느려지면서 심리운동 기술의 상실이 나타난다. 이러한 퇴행은 말과 손사용에서도 지속적으로 나타난다. 진단은 손 흔들기와 같은 반복적인 제스처와 손 움직임에 근거하여 이루어진다. 심각한 표현언어 및 수용언어의 손상이 나타나며 일반적으로 중도정신지체를 동반한다. 99%가 여아에게 나타난다.
기타 전반적 발달장애 (PDD-NOS: pervasive developmental disorder not otherwise specified)	현재의 전반적 발달장애 하위 범주에 속하지 않는 심각한 발달장애를 의미한다.

년부터 미국의 장애인교육법(IDEA)에서 자폐를 기타 장애 영역과는 다른 하나의 독립된 장애 영역으로 분류하고 있다. 자폐성 장애는 사회적 상호작용과 의사소통에서 비정상적인 발달을 보이면서 활동과 관심 영역이 제한된 특성을 보이는 장애로 알려져 있다. 최근에는 자폐, 레트 장애(Rett's disorder), 아동기 분열 장애, 아스퍼거 장애를 자폐 스펙트럼장애(autistic spectrum disorder)라는 좀 더 폭넓은 용어로도 사용하며 유사한 용어로 전반적 발달장애(PDD: pervasive developmental disorder)라는 용어도 사용한다. 자폐 및 자폐와 관련된 다양한 장애에 대한 정의는 〈표 2-6〉에서 보는 바와 같다 (Hallahan & Kauffman, 2003; Morris, 1993).

미국 정신의학협회(APAA: merican Psychiatric Association)(2000)는 자폐 진단 기준으로 사회적 상호작용의 질적 결함, 의사소통의 질적 결함, 그리고 반복적이고 상동적인 유형의 제한된 행동을 제시하고 있다.

(2) 출현율 및 원인

자폐는 10,000명당 5-15명 정도 출현하며, 일반적으로 3세 이전에 진단된다. 모든 인종에서 발생하며, 여자아이보다 남자아이의 출현율이 4배 정도 높은 것으로 모든 민족에서 나타난다. IDEA의 법령 아래 교육을 받는 유치원아의 3% 정도가 자폐 스펙트럼장애로 진단받았고, 학령기에는 1.4%로 감소하였다(U.S. Department of Education, 2001b).

자폐의 원인은 아직까지 알려져 있지 않으나 연구들은 아동 환경에서의 심리학적 요인이 아니라 신경학적이나 생리학적 원인에 의하여 출현한다고 제시하고 있다. 자폐는 부모의 거부나 학대에 의해 발생하지는 않는다. 대신에 두뇌 기능의 생물학적 이상에 의하여 발생한다는 주장이 수용되고 있다. 출생 중 산소 결핍, 신진대사이상, 풍진, 뇌염, 홍역 등의 감염, 간질, 정신지체, 그리고 약체 X증후군과 결정성 경화증 같은 이상을 포함하는 뇌의 기능에 영향을 미치는 여러 이상에 의하여 발생하는 것으로 나타나고 있다. 뇌손상의 경우 뇌간의 손상이나 전두엽의 기능 이상으로 발생한다는 주장이 제시되고 있다. 자폐아의 1/4－1/3은 간질 발작을 일으킨다. 또한 자폐증의 2/3 이상이 정신지체가 있는 것으로 나타났다. 1/3은 평균이나 평균 이상의 지적 능력을 가지고 있었다(American Psychiatric Association, 1994; Mathews, 2001; Brownell & WaltherThomas, 2001).

(3) 자폐성 장애유아의 특성

1930년 Leo Kanner를 통해 처음 세상에 알려진 자폐성 장애유아는 특히 의사소통과 사회적 상호작용에 영향을 미치는 중요한 영역에서 발달적 손상을 보이는 것이 특징이다. 아주 특별한 것에 흥미와 관심이 있고, 타인과의 관계를 발달시키는 데는 관심이 아주 적다(American Psychiatric Association, 2000).

운동발달: Rimland와 그의 동료들(1964)은 자폐성 장애유아의 경우 때때로 비교적 정교한 대근육 운동기술과 소근육 운동기술을 가지고 있다고 하였다. 운동활동에서 무엇을 할 것인지를 지도하기 위해 그림을 사용하여야 하며, 교사 주도 활동에서 지시를 따르는 데 어려움이 있을 수 있으므로 활동에 참여시키기 위해 강화제의 사용이 필요하다. 대근육활동을 하는 동안 유아가 다른 사람과 언어로 말하고 의사소통하도록 격려한다.

인지발달: 자폐성 장애유아는 높고 낮은 다양한 범위의 지능을 가지고 있다. 지적으로 우수한 유아도 있지만 중등도나 중도의 정신지체가 있는 자폐성 장애유아도 있다. 자폐성 장애유아가 다양한 범

위의 지적 능력을 보인다 해도 이들의 70−80%는 정신지체를 수반하고 있다(Romanczzyk, Weinter, Lockshin & Ekdahl, 1999). 비균형적 기술발달을 보여 이들의 10−15%가 다른 기능영역에 비해 매우 우수한 수행을 보이는 기술을 가지고 있다. 예를 들어 어떤 자폐성 장애유아는 일주일 전에 들었던 것을 기억하거나 아주 잘 설명하나 자신의 의사를 표현하는 기능적 언어를 사용하지 못한다. 그리고 이들은 특별한 사물이나 활동에 대해 강박적인 관심을 가지고 있다. 일부 자폐유아는 어떠한 일들에 대한 기계적 암기에 탁월한 재능을 보이기도 한다. 드라마의 대사를 모두 다 반복할 수 있지만 '가'라는 글씨를 어떻게 읽는지 기억하지 못할 수도 있다.

언어발달: 자폐성 장애의 눈에 띄는 결함은 언어능력 결함이다. 자폐의 의사소통 형태는 원하는 사물을 얻거나 활동을 하기 위해 말을 하거나 손가락으로 지적하기보다는 성인의 손을 끌고 가서 원하는 것을 얻는다. 자폐성 장애유아는 언어가 없거나 있더라도 부적절하고 비기능적인 언어를 사용한다. 똑같은 음절이나 어구를 반복해서 사용하고, 이상한 음색과 억양으로 말한다. 말을 잘하는 자폐성 장애유아도 말의 억양이나 속도, 크기, 내용에서 비정상성을 보이며, 로봇과 같이 말하거나 들은 말을 반복하는 반향어를 하기도 한다. 대부분의 자폐성 장애유아는 특히 언어의 여러 영역 중에서도 사회성이나 기능과 가장 관련이 깊은 화용론적 측면에서 가장 큰 결함을 나타낸다. 자폐성 장애유아의 50% 이상이 정신지체를 동반하는데, 자폐성 장애유아의 언어습득의 예후는 그들의 인지발달 수준과 매우 관련이 깊다. 그러므로 인지발달 수준이 매우 떨어지는 자폐유아들은 끝내 기능적인 언어를 습득하지 못하는 경우도 많다. 주로 반향어 수준에 머무는데, 어떤 유아들은 반향어에서 창조적인 언어로 넘어가지 못하고 그대로 머물기도 한다. 그들은 지적하기, 몸짓하기, 그리고 고개 끄덕이기 같은 비언적 의사소통기술이 부족하다

출처: 파라다이스 복지재단(2003), 『장애아동과 테크놀로지』, 1, p. 33.

<그림 2-3> 사진을 이용한 의사소통

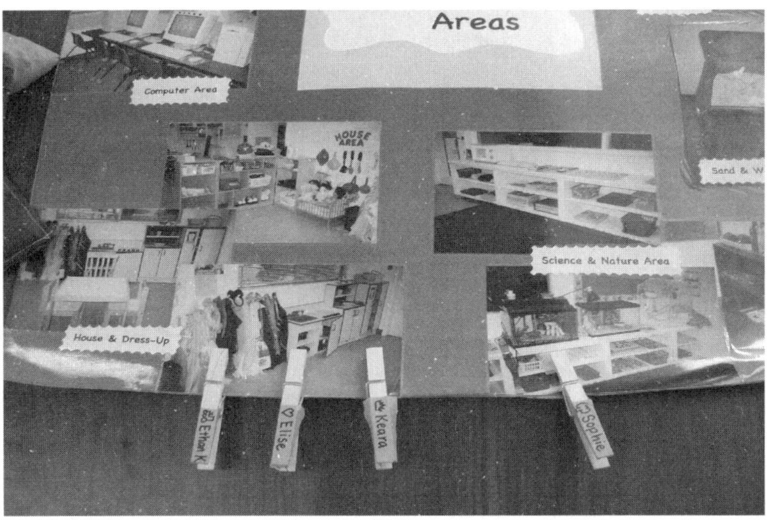

<그림 2-4> 사진을 이용한 흥미영역 선택

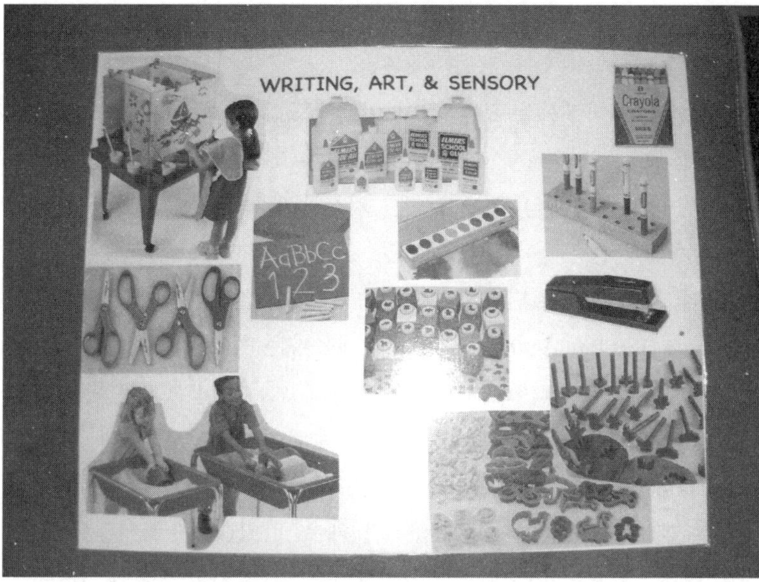

<그림 2-5> 사진을 이용한 조작놀이 영역에서의 활동 선택

(Rossetti, 1996). 기능적인 언어가 발달되지 못한 자폐유아에게는 보완의사소통체제를 통한 의사소통을 배우도록 격려해야만 한다.

사회 · 정서발달: 자폐성 장애유아는 부적절한 시간에 부적절한 방법으로 정서를 나타낸다. 예를 들어 자폐성 장애유아는 웃지만 그들의 미소는 다른 친구보다는 놀잇감을 향해 미소를 보일 수도 있다. 더 나아가 일반유아는 자신이 특별한 과제를 성취했을 때 자기를 인정해 달라고 성인을 힐끗 보기도 하지만 이러한 자의식이 자폐유아에게는 없다(Denham, 1998). 이러한 인간 상호작용에서 나눔은 공동 관심에 근거하는데, 자폐성 장애유아에게 결함이 나타나는 특별한 부분이다(Sigman & Rusikin, 1999). Sigman & Rusikin(1999)에 의하면 자폐유아는 다른 사람과 함께 관심을 기울이지 않으며, 다른 사람에게 물건을 보여 주지 않으며, 사물이나 사람을 손으로 가리키지 않으며, 다른 사람이 지적하는 것이나 다른 사람을 응시하지 않는다.

자폐성유아 대부분은 또한 정서 이해에도 차이점을 보인다. Sigman과 그의 동료는(Sigman, Kasari, Kwon, & Yirniya, 1992; Sigman & Ruskin, 1999) 자폐성 장애유아는 자신에게 해를 준다고 생각하는 성인에게 덜 반응적이라고 밝혔다. 그들은 자기를 화나게 하는 성인을 덜 쳐다보며 일반유아나 다운증아보다 덜 감정이입을 보인다. Sigman & Rusikin(1999)은 자폐성 장애유아는 사회적 관심이 적고 다른 사람의 얼굴을 직접적으로 쳐다보는 것을 피한다고 결론지었다.

자폐성 장애유아는 또래와의 사회적 관계에 어려움이 있다. Sigman & Rusikin(1999)은 자폐유아와 발달지체유아를 비교하였을 때 자폐유아는 혼자 고립되어 노는 경우가 매우 많았다. 휴식시간에도 그들은 많은 시간을 또래와 놀이하기보다는 자기 자극 활동을 하는 데 보냈다. 그들은 다른 유아에게 상호작용을 시작하기는 하지만 다른 장애유아보다는 시도하고 반응하는 횟수가 적었다. 모든 영역에서 느리게 발달하는 정신지체와는 달리 자폐성 장애유아는 한 영역에서는 기술을 습득하지만 다른 영역에서는 기술 결함을 나타낸다. 예를 들어, '바이, 바이' 하는 손 흔들기는 모방하지 못하지만 퍼즐은 맞출 수 있다. 자폐성 장애유아는 음악이나 기계적인 기억에는 눈에 띄는 능력을 가지고 있지만 읽기 이해와 대근육 기술에는 열등할 수도 있다. 다음은 자폐성 장애유아의 특성을 나타내는 예이다.

자폐성 장애유아: 교사의 관점

내가 5세의 어스틴을 만났을 때부터 그가 매우 영리하다는 것을 알 수 있었다. 그러나 할 수 있는 일은 몇 가지뿐이었다. 그는 매일의 일과에 대한 그림 시간표

체제를 필요로 하였으므로 그 다음 시간이 무엇인지를 미리 그에게 보여 주었다. 시간표 변경이 있으면 어스틴은 생떼를 부렸다. 그는 변화를 잘 처리하지 못했으므로 나는 무엇인가 달라질 것이 있으면 어스틴이 확실히 알게 하였다.
어스틴은 편식을 하였다. 언제나 똑같은 것을 먹으려고 하였다. 언제나 땅콩 버터와 젤리 샌드위치와 감자 튀김을 먹었다. 내가 다른 것을 먹이려고 하면 그는 발작을 보였다. 학문적 활동을 할 때 어스틴은 또래보다 읽기를 먼저 하였다. 그리고 쓰기도 틀리지 않고 하였다. 어스틴이 특별한 학문적 활동에 우수하였지만 말과 언어 기술은 지체되었다. 그는 주로 3-4 어문의 구를 사용하였다. 어스틴은 사회적으로 지체되었다. 자기 평행놀이를 주로 하며 다른 또래들과 매우 적은 상호작용을 하였다. 어스틴은 자기 행동에 대하여 다른 친구들이 어떻게 생각하는가에 관심이 없는 것 같았다. 예를 들어 그는 대집단 시간에 자기 코를 잡아당기거나 바지를 벗기도 하였다. 어스틴은 무늬에 매우 매료되었다.

출처: Winter, M. S.(2007), *Inclusive Early Childhood Education*, Pearson Education, NJ: Upper Saddle river.

(4) 일반교실에서 자폐유아 발견하기

지금까지 일반적으로 통용되는 자폐성 장애를 진단할 수 있는 신체적이거나 의학적인 자폐 검사는 없다. 자폐성 장애 진단은 유아의 행동을 관찰함으로써 정신과 의사나 신경발달 소아과 의사와 같이 훈련된 진단자가 진단한다. 대체로 진단은 5세 이전에 이루어진다. 진단은 이상적으로 학제간 팀(신경학자나 의사, 심리학자, 말·언어 치료사, 학습상담가, 사회사업가나 다른 전문가)으로 이루어지는 것이 바람직하다. 현재 학제간 팀에 의한 철저한 사정이 필요하다(Klein, Cook, & Richardson-Gibbs, 2006).

다음은 자폐유아가 유아교육기관이나 보육시설의 교실에서 보일 수 있는 행동들이다(Klein, Cook & Richardson-Gibbs, 2006; Paasche, Gorrill & Strom, 2004; Gould & Sullivan, 2005).

–언어가 없거나 있더라도 사회적 언어가 아니다.
–손 흔들기, 인사하기, 관심 보이기 같은 사회적 기술에 문제가 있다.
–언제나 똑같은 놀이를 반복한다.

–특별한 종류의 감각 입력에 과민 반응(고무장갑에 공포 느낌)을 보인다.
–특별한 종류의 감각 입력에 반응 보이지 않는다(교사를 완전히 못 본 척하기).
–자기 자극 행동을 계속한다.
–눈 맞춤을 하지 않는다.
–자신이 원하지 않는 활동을 하는 것에 매우 어려움을 느낀다.
–교사 주도 과제에 저항한다.
–광고 문구와 같은 반향어를 반복한다.
–상상 놀이가 부족하다.
–자기가 정한 자리에 다른 유아가 앉으면 밀어내는 등 변화를 거부한다.
–글은 읽지만 읽은 단어를 이해하지는 못한다.

7) 의사소통장애

(1) 정의와 특성

의사소통장애는 개념이나 구어, 비구어 및 그래픽 상징체계를 수용하고 전달하고 처리하는 능력의 손상을 의미한다. 의사소통장애는 크게 말장애와 언어장애로 나눈다.

① 말장애(speech disorder)

말소리의 발성, 흐름, 음성에서의 장애이다.

조음장애: 말의 이해를 방해하는 대체(한 소리를 다른 소리로 내는 것), 왜곡(틀리게 발음하는 것), 생략(소리를 빠뜨리는 것), 그리고 첨가(가외의 소리를 붙이는 것)가 특징인 말소리의 비전형적인 산출을 의미한다.

유창성 장애: 비전형적인 속도, 리듬 또는 음절, 어절, 단어, 구절의 반복으로 특징지어지는 말하기 흐름의 방해를 의미한다.

음성장애: 자신의 나이나 성별에 부적절한 거친 소리, 목쉰 소리와 같은 음성의 질, 너무 낮은 소리의 높이나 큰 소리나 부드러운 소리를 조절하지 못하는 크기의 문제를 포함한다.

② 언어장애(Language disorder)

말, 문자, 기타 상징체계의 이해 및 활용에서의 손상을 의미한다. 언어장애는 언어의 형태(음운론, 형태론, 구문론), 언어의 내용(의미론), 언어의 의사소통 기능(화용론)의 손상을 말한다.

(2) 출현율

3세 이하 유아의 10−15%는 의사소통장애를 가지고 있다. 학령기 아동의 경우 3−7%가 의사소통장애를 가지고 있는데, 주로 표현 언어 장애이다(American Psychiatric Association, 2000). IDEA의 법령아래 서비스를 받는 아동의 55%가 말이나 언어장애를 가지고 있는 것으로 판별되었다. 그리고 학령기의 19%는 언어 문제를 가지고 있는 것으로 진단되었다(U.S. Department of Education, 2001b).

원인으로는 두뇌 및 신경손상, 구개파열 등 구강 기관의 이상, 입과 얼굴의 기형 등 생물학적 원인에 의해 나타나기도 하지만 의사소통 장애의 원인은 여러 요소가 서로 영향을 주고받기 때문에 많은 경우에 원인을 정확하게 알지 못한다.

(3) 의사소통장애유아의 특성

운동발달: 일반적으로 의사소통장애유아의 운동발달은 정상적으로

발달하나 심각한 의사소통장애유아의 경우 의미 있는 방법으로 다른 사람과 충분히 상호작용하는 기회가 제한될 때 모든 영역의 발달이 제한되므로 운동발달이 지연될 수도 있다.

언어발달: 표현 언어 장애가 있는 유아는 그들의 생각과 감정을 표현하는 데 어려움을 경험한다. 그들은 한정된 어휘, 단어 기억의 어려움이나 문장 형성의 문제를 가지고 있을 수 있다. 수용언어－표현언어의 혼합된 의사소통장애유아는 자신들의 언어를 표현하고 다른 사람의 말과 언어 의사소통을 이해하는 데 어려움이 있다. 음운론적 장애가 있는 유아는 연령과 통용어에 적합한 말을 만들어 내는 데 어려움이 있다. 말을 더듬는 유창성 장애유아는 다른 사람에게 말을 이해하게 하는 정상적인 유창성과 시간 패턴에 분열이 있다. 의사소통할 때의 어려움은 스트레스와 불안을 경험하게 할 뿐만 아니라 낮은 자아 개념을 갖게 한다. 말 문제는 정신지체, 청력장애나 뇌성마비 같은 다른 장애와 관련될 수 있다.

인지발달: 말이나 언어에 문제를 보이는 의사소통장애유아는 지적 능력이나 성취도에서 평균보다 낮은 점수를 보이지만(Kelly & Rotatori, 1996; Shames & wing, 1986) 의사소통장애가 있는 유아들은 정신지체, 학습장애, 그리고 다른 장애를 복합적으로 가지고 있기 때문에 의사소통장애가 지능이나 학업 성취도에 영향을 미친다고 단순히 말할 수는 없다. 그러나 의사소통장애는 단어인지나 독해력 같은 능력에 영향을 미치므로 초등학교에서 학습에 영향을 미치는 것은 당연하다. 특히 언어는 인지발달의 기초가 되기 때문에 언어장애나 말장애와 달리 유아의 인지발달에 더 영향을 미친다. 실제로 유아기에 말이나 언어에 장애를 지닌 유아들이 초등학교 시기에 학습장애로 판별되는 경우가 많다.

사회 · 정서발달: 의사소통장애유아는 또래와 성공적인 관계를 발달시키는 데 어려움을 가지고 있다. 이러한 유아는 발음, 구문발달,

의미론, 그리고 화용론을 포함하는 의사소통 영역에 많은 어려움을 가지고 있다. 이러한 장애는 언어표현 능력에 영향을 미치고, 또래가 이해하는 데 영향을 미치고, 사회적 교환에 참여하게 하는 또래의 의지에 영향을 미친다. 자주 또래에게 거절당하거나 열등감을 경험하기도 하고 심하게는 말을 제대로 하지 못한다고 놀림을 받기도 하므로 의사소통장애유아는 낮은 자존감을 형성하게 된다. 의사소통장애유아는 친구와의 놀이 중에 대화에 적게 참여하고, 긍정적인 사회적 행동의 비율이 낮으며, 다른 유아에게 사회적 교섭을 하였을 때 덜 성공적이었다.

(4) 교실에서 의사소통장애유아 발견하기

－자신의 요구를 타인에게 잘 알리지 않는다.
－소리가 나는 곳에 관심을 보이지 않는다.
－구어적 의사소통뿐만 아니라 비구어적 의사소통 노력이 적극적으로 나타나지 않는다.
－목소리를 내거나 소리를 내면서 놀이하지 않는다.
－다른 사람이나 주변에서 나는 소리에 관심이 없고 모방하지 않는다.
－언어습득 속도가 매우 느리다.
－말하기를 싫어한다.
－무슨 말을 하는지 잘 이해할 수 없다.
－더듬거리며 말한다.
－콧소리나 목쉰 소리로 말한다.
－발음이 정확하지 않다.
－질문에 정확하게 반응하지 못한다.
－구두 지시 따르기를 어려워한다.

–경험한 이야기를 순서대로 기억하지 못한다.
–유머나 은유적인 표현을 이해하지 못한다.
–들은 것을 기억하지 못한다.
–단어의 순서를 바꾸어서 말한다.
–관사나 시제를 잘 사용하지 않는다.
–말할 때 자주 멈칫거리며 주저한다.
–사용하는 어휘가 적다.
–대화를 유지하지 못한다.
–무슨 질문을 어떻게 해야 하는지 잘 모른다.
–발음이 부정확하다.

8) 특정학습장애

(1) 학습장애의 정의

학습장애라는 용어는 1960년대 초반에 처음으로 제안되었으며, 비교적 정상적인 지적 기능을 지니고 있으나 학습상 문제를 지닌 아동들을 지칭하는 용어로 사용되었다. 아직까지 학습장애를 정의할 때 완전한 일치를 보지 못하고 있지만 현재 교육현장에서 많이 사용되는 미국 장애인교육법(IDEA)의 정의는 다음과 같다.

특정학습장애는 "듣기, 생각하기, 말하기, 읽기, 쓰기, 철자법, 수계산을 수행하는 불완전한 능력으로 나타날 수도 있는, 말이나 글로 표현된 언어 이해나 사용에 포함되는 기본적인 심리학적 과정에서 한 가지 이상의 장애를 말한다. 지각장애, 뇌손상, 미세 뇌기능 장애, 난독증, 발달적 실어증과 같은 상태를 포함한다"라고 정의되어 있다. 여기에서 시각장애, 청각장애, 운동기능장애, 정신지체, 정서장애나 환경적 · 문화적 · 경제적 불이익이 주원인인 학습 문제를 보이는 아동은 제외한다.

학습장애는 학문적인 수행과 관련이 있으므로, 대부분의 전문가들은 학령기 이전의 유아에게 학습장애라는 진단을 내리는 것에 대해 불편하게 생각한다. 유아기에 학령기의 학습장애를 가장 잘 예측할 수 있게 해 주는 요소는 전학문 기술의 습득이다(Foorman, Francis, Shaywitz, Shaywitz & Fletcher, 1997; Lerner, 2003). 전학문 기술은 형식적인 학업 교수가 시작되기 이전에 필요한 숫자, 모양, 색깔을 식별하는 등의 기술로, 특히 읽기 학습을 위해서 중요한 선수 기술이다. 읽기 학습을 위해서 가장 중요한 전학문 기술은 음운론적 인식(phonological awareness) 기술이다(Torgesen, 2001). 이러한 음운학적 기술이 발달을 보이지 않으면 초등학교 입학 후에 읽기 장애를 보일 위험 요소를 지니게 되는 것이다. 그러므로 이후에 학습장애를 보일 가능성을 보이는 유아들을 조기에 발견해서 이들에 대한 적절한 교육을 제공해야 한다. 다음은 학습장애유아에 관한 예이다.

학습장애유아 이야기

로린다는 교육청에서 실시한 유아 선별 프로그램을 통해 좀 더 사정과 중재가 필요한 장애 위험 유아로 판별되었다. 로린다는 표현언어 기술과 사회적 능력 측정 검사에서 낮은 수행 능력을 보였다. 검사시 로린다는 3세 9개월이었다.

학교는 로린다 어머니와 면담하여 추가적인 정보를 얻었다. 로린다는 출산 예정일보다 6주 빨리 태어났으며, 체중은 2.2kg 정도였고, 호흡 곤란이 있었다. 생후 2년 동안 감기 때문에 고생을 많이 하였고, 2세에서 3세 동안 적어도 8번의 심각한 귀 염증을 앓았다. 로린다의 언니와 유사한 시기에 앉기, 걷기, 그리고 기기를 한 것으로 보아 운동발달은 정상적인 것 같았다. 그렇지만 로린다의 언어발달은 언니보다 늦었다. 로린다는 말을 이해하는 것 같았지만 자기가 원하는 것을 언어로 표현하지는 못하였다. 2세까지 전혀 말을 하지 못했고, 지금도 오직 '나를 과자 주', '철이를 컵 깼어'와 같은 아주 짧은 문장으로 말한다. 로린다는 틀린 단어로 말하기도 하고, 자기가 원하는 것을 손으로 가리키기도 한다. 로린다는 자신의 요구가 받아들여지지 않을 때 어린아이처럼 여전히 생떼를 부리곤 한다.

로린다 엄마는 다른 유아들과 비교해 볼 때 로린다가 '과잉행동아'라고 여겼다. 로린다는 "집 안을 여기저기 뒤져서 어지럽히고, 장난감을 부수거나 마구 집어던지곤 한다. 텔레비전을 볼 때 외에는 의자에 앉지 않고 언제나 오직 몇 분 동안만 활동할 뿐이다. 로린다가 3세가 되었을 때, 엄마는 로린다를 놀이방에 보냈으나 며칠 후 원장은 로린다의 지나친 과잉행동 때문에 데려오지 말라고 하였다. 누가 건드리지 않아도 로린다는 다른 친구의 놀잇감을 빼앗거나 다른 친구를 때리거나 할퀴기도 한다.
로린다의 엄마는 로린다에게 어떤 문제가 있다고 생각했으나 다른 사람들은 로린다의 공격적 행동이 크면 없어지니 걱정하지 말라고 하곤 했다. 로린다의 어머니는 로린다가 유아특수교실에 있을 때는 안심한다고 하였다. 마침내 사람들은 로린다의 문제를 인식하고 로린다를 돕기 위해 함께 일할 것이다. 로린다가 학교에 있는 시간이 아마 로린다 엄마가 로린다가 태어난 후 가질 수 있는 첫 번째 휴식시간일 것이다. 그리고 로린다의 어머니는 학교로부터 로린다의 집에서의 행동문제에 대해 도움받기를 기대하고 있다.

출처: Lerner, J. & Kline, F.(2006), Learning Disabilities and related disorders(10th), Boston MA: Houghton Mifflin Company, p. 222.

(2) 출현율과 원인

미 교육부는 유아의 0.02%가 학습장애유아라고 하였는데 이 수치는 정신지체유아와 같다(The U.S. Department of Education, 2002). 원인으로는 생물학적으로 중추신경체제의 기능 이상은 학습장애의 원인이 되며, 유전적 요인으로는 학습장애가 가계를 따라 유전된다는 증거들이 쌍생아 연구를 통해 지지되고 있다. 환경적 요인은 부적절한 학습 환경을 들기도 한다.

(3) 학습장애의 특성

학습장애를 지닌 유아들은 매우 다양한 특성을 보인다. 그러나 개별 학습장애아동들이 모두 학습장애의 모든 특성을 동일하게 보이는 것은 아니다. 어떤 유아는 여러 가지 특성을 동시에 보이는 반면에, 또 어떤 아동은 한두 가지의 특성만을 보이기도 한다. 뿐만 아니라 학습장애유아들이 보이는 많은 특성을 일반유아들도 보이곤 한다.

주의집중: 학습장애유아들은 주의집중 문제를 보이는 경우가 많으며(Kotkin, Forness & Kavale, 2001), 경우에 따라서는 그 정도가 심해서 주의력결핍과잉행동장애(ADHD)로 진단되기도 한다. 일반적

으로 학습장애와 주의력결핍과잉행동장애는 약 10－25% 정도가 중복되는 것으로 보고되고 있다(Forness & Kavale, 2002).

운동발달: 학습장애유아들은 방향, 좌우성, 운동 협응, 균형, 리듬, 신체상, 공간 인식, 운동 계획하기에 결함이 있다. 그러므로 이들은 자신의 신체와 동작을 잘 인식하지 못하여 다양한 동작과 기술 수행에 어려움을 경험할 수 있다. 이러한 유아들은 던지기, 잡기, 치기, 발로 차기 같은 대근육 운동기술과 가위질하기, 글쓰기, 옷 입기, 도구 사용하기 같은 소근육 운동기술이 서투르다. 또한 운동 계획을 하고 수행하는 데 어려움이 있다. 그들은 공을 잡을 수 있으나 눈에 띄게 서툰 모습으로 수행한다. 이러한 어려움은 아마 불완전한 운동기제이거나 불완전한 감각적 지각과 과정에 원인이 있을 것이다. 예를 들어 어떤 유아는 균형을 잡는 근육조절기체가 열등하므로 운동 행동을 배우는 데 방해받을 수 있다.

인지발달: 사고하고 전략을 사용하고 문제를 해결하는 능력이 부족하므로 기억력에서 결함을 보이고, 조직적으로 사고하는 능력이 결핍되어 있는 경우가 자주 있다. 그리기와 쓰기에도 어려움이 많아 도형을 거꾸로 그리고 글씨도 틀리게 읽는 경우가 많다(Graham, Harris & Sawyer, 1987). 기본적인 수세기를 익히는 데도 어려움이 많고, 과제를 효과적으로 수행하는 데 필요한 기술이나 전략을 사용하는 능력이 부족하다.

언어발달: 학습장애를 지닌 연령이 높은 아동의 내력을 조사해 보면 학령전 시기에 언어 문제를 나타냈음이 밝혀졌다(Lyytinen, Poikkeus, Laaks, Eklund & Lyytinen, 2001). 학습장애아동이 정상적인 청력을 가지고 있다 하더라도 그들의 뇌는 그들이 들은 것을 해석하는 데 어려움을 느낄 수 있다. 이러한 과정상의 결함은 청각적 순서화, 청각적 변별, 그리고 청각적 기억과 관련된 문제의 결과이다. 그러므로 학습장애유아의 대부분은 유아기에 기본적인 구어를

습득하는 데 더 많은 시간을 필요로 하며 대화하기 위하여 유아는 필요에 적절하게 자신의 기억은행에서 단어를 인출하는 단어 회상에 어려움을 겪는다(Wiig & Semel, 1984). 학습장애유아의 이러한 문제는 다른 유아와의 의사소통적 상호작용을 방해한다. 많은 학습장애유아는 언어에 근거한 문제는 교실에서 비슷한 소리를 식별하지 못하거나 언어 지시를 따르는 데 어려움을 보이기도 하고, 읽기, 산수, 쓰기, 그리고 사회적·행동적 기능의 문제를 초래하기도 한다. 특히 의미론적·화용론적 문제를 보인다.

사회·정서발달: 그들은 비약한 듣기 기술, 과다행동이나 과소행동, 산만함, 고집, 억제 못함, 그리고 다른 특성을 보일 수 있고, 이러한 것들은 나중에 또래와의 문제로 발전할 수 있다. Long(1988)은 학습장애유아는 다른 사람의 몸짓과 표현을 파악하거나 사회적 상황을 판단할 때 다른 사람의 감정과 관련하여, 그리고 다른 사람의 편에 서서 생각하고 행동하는 데 어려움이 있다고 하였다. 그리하여 학습장애유아들은 상호 관계를 형성하는 사회적 이해와 기술이 부족하기도 하다(Shapiro & Margolis, 1988). 사회인지능력에서 결함을 보이므로 상대방과의 사회적 상호작용 중에 사회적 단서를 잘 해석하지 못하고, 다른 사람들의 감정이나 느낌 상태를 잘못 해석할 가능성이 있기 때문에 성공적인 사회적 상호작용을 유지하기 어렵다. 그러나 대부분의 학습장애유아들은 또래들에게 거부당하는 경향이 있으며, 이로 인해서 일반유아들에 비해서 빈약한 자아개념을 형성하고 성장하여 사회-정서적인 문제를 보일 가능성이 큰 것이 사실이다.

(4) 교실에서 특정학습장애유아 발견하기

어떤 유아의 특별한 행동이 나중의 학문적 과제의 어려움을 예측해 주는 변수인가? 아동발달 전문가, 부모, 그리고 의학과 심리학 같은 다른 학문의 전문가들은 조기 판별과 중재가 제공되면 많은 학습장애아의 학습, 사회－정서, 그리고 교육적 문제는 예방되고 교정될 수 있다고 하였다.

다음과 같은 특성은 유아교사와 보육교사들이 교실에서 발견할 수 있는 학습장애유아가 보일 수 있는 문제들이다(www.focusonlearning.org; Klein, Cook & Richardson-Gibbs, 2006; Paasche, Gorrill & Strom, 2004; Gould & Sullivan, 2005).

－과제나 활동에 잘 집중하지 못한다.
－효과적인 학습자가 되기 위한 도구(예: 듣고 이해하기, 분명하게 말하고 이해시키기, 생각 전달하기) 등을 포함하는 인지적 기술 결여되어 있다.
－읽기와 수학에 관한 전학문적 기술이 결여되어 있다.
－숫자, 요일, 색깔, 모양 등의 전학문적 활동에 어려움이 있다.
－지시나 학습 일과를 따르기 어려워한다.
－발음에 문제를 보인다.
－대화할 때 적절한 단어를 찾아 사용하기 어려워한다.
－교실에서 물건에 자주 부딪힌다.
－공을 잘 잡지 못한다.
－연필, 크레용, 가위 등을 잘 다루지 못한다.
－단추 잠그기, 지퍼 올리기를 어려워한다.
－자신이 무엇을 만졌는지 잘 모른다.
－풀로 조작물을 서로 붙이는 데 어려움이 있다.
－좌절을 견디는 수준이 낮다.
－또래와 상호작용을 잘 하지 못한다.
－집단 상황에서 기능할 수 있도록 해 주는 사회적 기술이 결여되어 있다(예: 나누기, 돕기, 협력하기, 목적을 달성하기 위해서 놀이 활동 조직하기).

제 3 장

장애유아 통합교육의 이해

1. 장애유아 통합교육의 발전 과정
2. 통합교육의 정의
3. 유아특수교육의 서비스 전달 모델
4. 장애유아 통합교육의 근거
5. 장애유아 통합교육의 영향
6. 장애유아 통합교육의 바람직한 관점

제 3 장 장애유아 통합교육의 이해

본 장에서는 장애유아 통합교육의 발전 과정과 통합교육의 정의에 대하여 살펴보고, 장애유아 통합교육이 실시되는 다양한 서비스 모델을 제시하고자 한다. 장애유아 통합교육의 시대적 당위성을 제공하는 근거와 통합교육이 장애유아, 일반유아, 부모에게 미치는 영향을 살펴본 뒤 마지막으로 장애유아 통합교육의 바람직한 관점을 제시하고자 한다.

1. 장애유아 통합교육의 발전 과정

유아교육의 역사를 살펴볼 때, 유아를 위한 교육은 정상적으로 발달하는 유아뿐만 아니라 학교생활에서 실패할 환경적 위험에 있는 유아와 장애유아를 포함하여 모든 유아를 대상으로 교육하는데 관심을 가져왔다. Owen의 신성격 학원과 Oberlin의 편물학교, 그리고 몬테소리의 어린이의 집(Casa dei Bambini)이 그 예이다. 그러나 정부와 교육자가 장애유아의 교육을 일반 유아교육기관에서 적극적으로 제공하는 현재의 추세는 특수교육이 발달한 미국에서도 1970년대부터 시작되었다. 지금 세계 여러 나라의 정부와 교육자들은 장애유아의 교육을 통합 환경에서 실시해야 하는가에 대한 논쟁을 끝

마치고 통합교육을 어떻게 효과적으로 계획하여 실시하는가에 중점을 두고 있다. 이는 부모, 교육자 모두 통합교육이 장애유아와 가족에게 최선의 실제라고 생각하기 때문이다(Cook, Tessier & Klein, 2000; Gargiulo & Kilgo, 2000).

1970년대 중반 이전에 많은 교육자들은 장애아동과 일반아동의 차이점 발견에 대해 관심을 많이 가졌다. 두 집단의 차이점에 대한 강조는 장애아동과 일반아동을 분리하여 교육하는 데는 합리적인 근거가 되었다. 장애아동은 특수성을 가지고 있으므로 특별한 분리된 서비스가 필요하다는 가정에 기초하여 특수교육이 시작되었다. 장애아동만을 위해 특별히 설계되고 계획된 학교와 교실에서 특별한 교수 전략과 특별한 관련 서비스를 제공하는 분리교육체제는 표면적으로는 매우 당연하고 합리적인 것 같아 보인다. 이러한 분리교육체제는 1970년대에 이르러 도전을 받았다. 1960년대 말과 1970년대 초의 '정상화 원칙(principle of normalization)'의 대두는 특수교육뿐 아니라 장애인 서비스 분야 전체에서 장애인을 격리 수용, 격리보호, 분리교육해 오던 방식에서 사회에서 사회 주류의 정상인의 삶의 양식이나 경험과 가장 흡사한 것을 장애인에게 제공하는 것으로 변화되고 있다. 1970년대 특수교육의 역사는 분리교육 체제에서 점진적으로 어떻게 일반교육 환경에서 일반아동과 함께 장애아동을 교육하는가의 문제로 집약되는 시기이다. 분리된 특수학교와 기숙시설은 장애아동을 사회의 사람들로부터 배제하기 때문이다(Brciker, 1978).

미국에서 최초의 장애유아 통합교육 프로그램은 1970년대에 Diane Bricker와 William Bricker(Bricker, 2000; Bricker & Bricker, 1971)의 '조기 중재 프로젝트(Early Intervention Project)'와 Eileen Allen (Allen, Benning & Drummond, 1972)에 의해 시작된 대학 중심 프로그램에서 시작되었다. 또 다른 원동력으로는 1972년 제정된 경제

기회균등법 공포이다. 이 법에서는 헤드스타트 프로그램에 10%의 장애유아를 적극적으로 통합함으로써 장애유아 통합교육을 전국적으로 확산하는 데 크게 기여하였다. 그 후 1975년 제정된 「전장애아교육법: 공법 94-142」의 장애아동의 교육이 '최소한의 제한된 환경'에서 이루어져야 한다는 규정을 통하여 공립유치원에서의 장애유아 통합교육이 시작되었고, 10여 년 후인 1986년에 개정된 공법 94-142의 개정안인 공법 99-457에서는 3세에서 5세까지의 장애유아에게 '무상의 적절한 공교육'과 0-2세까지의 장애 혹은 발달지체 영유아와 가족을 위한 개별화된 가족 서비스 계획(IFSP: Individualized Family Service Program)의 수립을 규정하였다. 1990년 IDEA(Individual with Disabilities Education Act: 공법 105-17)에서는 영아기부터 자연스러운 환경에서 교육 서비스가 제공되어야 함을 명시함으로써 장애영유아 배치시 통합 교실이 우선적으로 고려되어야 하고, 통합 환경에서 장애영유아의 학습 요구가 충족되지 않을 경우에만 비통합적 환경 배치를 고려해야 한다는 것을 명시하였다. 살펴볼 때 미국에서 1990년대는 장애가 있는 영아, 걸음마기 장애유아, 학령 전의 장애유아에게 분리교실이 아닌 자연스러운 환경에서 서비스를 제공할 수 있는 프로그램 개발에 박차를 가한 시기라고 볼 수 있다(Carta et al., 1991).

우리나라의 경우, 1994년 개정된 「특수교육진흥법」 공포 전까지는 분리교육 체제였으나 개정을 통해 통합교육에 대한 지지가 이루어져 분리교육에서 통합교육으로 이동하였다. 1994년 이전에는 판별 기준에 따라 특수학교나 특수학급에 배치하는 분리교육 체제였으나 특수교육진흥법 개정 후부터는 특수아동 배치시 일반 학급→특수학급→특수학교 순으로 검토·심의하는 통합교육 체제로 변화하였다. 2007년 5월 25일 공포된 「장애인 등에 관한 특수교육법」에서는 영아로부터 성인장애인까지 통합현장에 참여시키기 위해 교육적·물리적·정책적 지원을 명시하고 있다. 이러한 통합교육에 대한 정책적 지원으로 현재 특수교육 대상 학생은 일반학교에 전체 특수아동의 65.2%(일반학급 11.7%, 특수학급 53.5%)가, 특수학교에 34.8%가 배치되어 있는 것을 볼 때(교육인적자원부, 2007), 우리나라에서도 분리교육보다 통합교육이 우세한 교육체제로 자리 잡아가고 있다.

우리나라에서 학령 전의 장애유아의 교육 서비스는 1994년 전면 개정된 「특수교육진흥법」 제8조에 유아특수교육(조기특수교육 용어 사용)시책을 명시함으로써 정책적인 지원을 받기 시작하였으므로 그 역사가 매우 짧다고 할 수 있다. 분리교육 체제인 특수학교 유치부는 1980년대부터 설립되기 시작하였고, 통합교육 체제인 유치원의 특수학급은 1998년부터 설치되기 시작하여 지속적으로 증설되고 있다(국립특수교육원, 2003). 제1차 특수교육 5개년 발전계획(1998-2002)에서 조기 통합을 목적으로 한 후 제2차 특수교육 5개년 발전계획(2003-2007)에서는 모든 장애자의 일반 교육 현장에서의 교육적 접근을 추진하였다. 그리하여 현재 전국에 174개의 유치원 특수학급이 설치되어 있고, 장애유아가 통합된 유치원 교실은 현재 전국에 1,188개이다(교육인적자원부, 2007). 우리나라에서도 학령의 장애아동뿐만 아니라 학령 전의 장애유아에게도 통합 유치원 현장에서 적합한 교육을 제공하고자 정책적으로 추진하고 있는 것을 볼 수 있다. 현재 준비 중인 3차 「특수교육 발전 5개년(2008-2013)」 종합대책에서는 유치원에 통합된 장애유아에게 적합하게 교육과정 수정이 이루어질 것과 유아교사와 유아특수교사의 협력을 요구하고 있다(교육인적자원부, 2007).

또한 여성가족부에서는 1996년 장애아 보육 서비스를 시작한 이후 통합보육이라는 용어를 사용하여 교사와 치료교사 등 많은 지원을 하고 있으며 현재 전국에 625개소의 통합 보육시설이 있다(여성가족부, 2006). 이러한 정책적 흐름이 이루어진 것은 일반 유치원과 어린이집에서의 통합교육이 이제 장애유아와 가족에게 가장 적합한 서비스 전달 체계라고 인식하기 때문이다.

2. 통합교육의 정의

통합교육은 많은 전문가와 시대에 따라 다르게 정의되어 왔으나 모든 정의의 공통점은 일반교육과정에 장애아동을 포함시키는 것을 핵심 내용으로 하고 있다. Kauffman 외(1975)의 정의에 의하면, 통합은 장애아동을 일정 시간 동안 비장애 또래들과 같은 교육환경에 배치하는 것을 의미하는 물리적 통합(시간적 통합) 외에, 장애아동이 일반학급의 학업 활동에 의미있게 참여하는 교수 활동적 통합과 통합학급의 교사와 또래들에게 학급의 구성원으로 수용되는 사회적 통합을 의미한다. 진정한 의미에서의 통합이 이루어지기 위해서는 사회적 통합까지 이루어져야 한다고 하였다. Richey와 Wheeler(2000)는 통합교육을 분리와 반대개념으로서 장애아동과 일반아동을 같은 학급에 함께 있게 하기 위한 체계적이고도 주의 깊은 노력을 의미한다고 정의하고 있다.

위의 일반적인 통합교육의 정의 외에 학령 전 시기의 장애유아 통합교육의 정의를 살펴보면 다음과 같다. Abraham, Morris, 그리고 Wald(1993)는 장애유아와 일반유아가 함께 배우고 노는 것이라고 정의하고 있고, Bowe(1995)는 중도 장애유아를 포함하여 모든 장애유아가 같은 교실에서 서비스를 제공받는 것이라고 정의하고 있다. 그리고 미국 특수아동협회(CEC: Council of Exceptional Children)의 유아교육 분과(DEC: Division for Early Childhood)에서는 통합교육을 유아들이 자신이 가지고 있는 다양한 능력에 관계없이 이들이 장애를 가지지 않았을 때 배치되었을 자신의 지역사회 내의 가정과 가족, 놀이 친구들, 탁아시설, 헤드스타트, 그리고 공사립 유치원과 같은 자연스러운 환경에 적극적으로 참여하도록 모든 유아의 권리를 지원하는 하나의 가치로서 표명하였다(DEC, 2000).

통합의 의미를 갖는 용어들에는 주류화(Mainstreaming), 통합(Integration), 최소한의 제한된 환경(The Least Restrictive Environment), 그리고 완전 통합(Full Inclusion)이 있다. 이러한 용어들은 또한 통합교육의 발전과정에서 우세하였던 통합교육 실제의 변화를 나타내고 있다. 이와 같은 시대에 따른 용어의 변화는 부모와 교육자의 장애유아의 일반교실 배치에 대한 생각과 교육방법에서의 변화를 나타낸다. 이들 각각의 정의와 통합교실의 예를 함께 살펴보고자 한다.

1) 주류화

일반적으로 주류화(mainstreaming)는 경도의 장애유아가 일반교실에 배치되는 것을 의미한다(Bricker, 1995). Turnbull과 Turnbull(1990)은 주류화는 장애유아를 가능한 한 정상적으로 발달하는 일반 유아의 생활 흐름에 포함하는 것을 의미한다고 하였으며 Hallahan과 Kauffman(2003)은 일반교실에 하루 전체나 일정 시간 동안 학습활동에 장애유아를 배치하는 것을 의미한다고 하였다. 장애유아들은 주류화 교실에서 특수교육 지원이나 서비스를 받지 못할 수도 있다. 장애유아는 교실의 손님으로 간주되기도 하고 실제로 특수학급에 적을 두기도 한다(Schnorr, 1990). 주류화에서 장애유아에 대한 주된 책임은 특수교사에게 있다.

주류화는 다음 면과 같은 형태의 교실이다.

인철이는 4세의 중도 정신지체유아이다. 지난 2년 동안 인철이는 유아특수 교실에서 분리교육을 받았다. 인철이의 선생님과 부모는 인철이가 장애유아들하고만 놀기보다는 일반유아와 좀 더 많은 상호작용을 하면서 발달적 이익을 얻을 수 있다고 생각하였다. 그래서 인철이는 하루에 한 시간씩 어린이집의 대집단활동 시간에 참여하였다. 첫 달에는 유아특수교실의 특수교육보조원이 어린이집 교실에 와서 도와주었다. 그러나 인철이가 유치원 일과를 어느 정도 파악한 후에는 다른 지원 없이 대집단활동 시간에 참여하였다.

주류화 프로그램의 다른 형태로 역주류화 프로그램(Reversed mainstreaming program)이 있다. 이 프로그램은 일반유아가 하루의 일부나 하루 종일 장애유아를 위한 교실에 통합되는 프로그램이다. 장애유아를 위한 유아특수교실이 일반유아원과 같은 건물에 있으면서 하루 중 일정 시간의 계획된 활동에 일반유아가 장애유아를 위해 유아특수교육 프로그램에 참여하는 것이다. 때로는 유아특수교실에 장애유아의 형제가 초대되어 참여하기도 하고, 지역사회의 다른 유치원이나 보육시설의 유아들이 정기적으로 참여하기도 한다.

역주류화 프로그램에서는 특별한 요구를 가지고 있다고 판별된 장애유아들이 대다수이므로 주교사는 유아특수교육 훈련을 받은 교사이다. 주류화 프로그램과 역주류화 프로그램 사이에는 일반유아 대 장애유아의 비율, 교사 경력과 훈련, 유아 대 교사 비율, 프로그램 방향, 그리고 학습의 유아수 등에서 차이가 많다. 일반적으로 장애유아가 유치원 원아의 50% 이상을 차지할 때 역주류화 프로그램이라고 한다(Odom & Speltz, 1983). 다음과 같은 형태의 교실이다.

우석 학교에는 3-4세의 장애유아를 위한 유아특수교실은 있으나 일반유아를 위한 유아교실은 없다. 역주류화 프로그램을 제공하기 위해 이웃에 있는 가족들에게 부탁하였다. 수업료를 내지 않으며, 때때로 이웃에 사는 유아의 가족은 프로그램의 자원봉사자로 일하기도 한다. 이 학교의 역주류화 교실에는 10명의 장애유아와 4명의 일반유아가 있다. 이 교실의 선생님은 대학에서 유아특수교육을 전공하였다.

2) 최소한의 제한된 환경

최소한의 제한된 환경(The Least Restrictive Environment)은 일반교실의 친구, 가정, 그리고 지역사회에서 최소한으로 분리된 환경을 의미한다. 최소한의 제한된 환경에서 장애유아에게 교육을 제공한다는 것은 장애유아를 일반교실에 통합하고, 장애유아의 특별한 요구에 적합한 도움을 주면서, 일반교실의 또래들과 가능한 한 많이 접촉하게 하고, 학교에 가지 않는 날, 학교에 가기 전과 학교에서 돌아온 후에도 가족 및 이웃과 더불어 생활하게 한다는 것을 의미한다. 미국의 공법 94－142에서는 통합이나 주류화라는 용어 대신 최소한의 제한된 환경이라고 명시하고 있다.

3) 통 합

통합(Integration)은 최소한의 제한된 환경보다 좀 더 포괄적인 의미를 가지고 있다. 통합은 장애유아와 일반유아가 한 프로그램에서 적극적으로 상호작용하도록 하는 것을 의미한다. Odom & McEvoy (1995)는 통합이란 서로 다른 장애유아와 일반유아 두 집단을 적극적으로 혼합하는 과정이라고 정의하였다.

다음과 같은 형태의 교실이다.

종철이는 4세의 다운증후군 남자아이다. 종철이는 3명의 다른 장애유아와 함께 공립 병설 유치원의 유아특수학급에 다니고 있다. 월요일부터 금요일까지, 아침 8:30부터 오전 11:30분까지 일반 학급의 유아와 유치원에서 만난다. 장애유아들은 유치원의 다른 반 일반유아와 매일 실외 놀이 시간(45분) 동안 통합놀이를 함께한다. 그리고 일주일에 2번은 교사가 미리 계획한 미술 활동을 함께한다.

4) 완전 통합

많은 부모와 교육자는 주류화와 통합은 장애유아가 일반 교실에 속하지 않으므로 바람직하지 않다고 믿는다. 완전 통합(Full inclusion)은 장애유아가 자연스럽게 일반 교실의 구성원이 되고 하루 종일 같은 교실에 있으므로 더 바람직하다고 믿는다. 완전 통합은 중도 장애를 포함하는 모든 장애유아가 자신들의 거주 지역 학교와 연령에 적합한 일반 학급에서 교육받으면서 필요한 적절한 서비스 및 지원을 받는 것을 말한다(Kerzner-Lipsky & Gartner, 1994). 즉 그들이 장애를 지니지 않았을 경우 다녔을 학교와 교실에 다니는 것이다. 완전 통합은 유아교사나 보육교사와 유아특수교사와의 협력과 전문가들 간의 팀 협력을 통해 교육과정, 자료, 혹은 교수 실제의 광범위한 수정을 필요로 한다(Stainback & Stainback, 1992). 또한 특수교육 보조원 배치, 상담이나 현직교사의 특별 연수를 포함하기도 한다.

완전 통합에서 장애유아는 가능한 한 최대로 일반학급에서 생활하게 된다. 필요로 하는 언어치료와 물리치료와 같은 지원 서비스도 수업 도중 교실에서 나와 지원교실이나 치료실에서 받는 것(pull-out 서비스)이 아니고 또래들이 있는 교실, 체육관, 운동장을 포함한 모든 학교 환경 안에서 자연스럽게 받게 된다(pull-in 서비스). 완전통합의 용어는 1990년대에 들어와서 통합의 의미로 사용되고 있다.

다음과 같은 형태의 교실이다.

> 미리는 3세의 자폐유아이다. 미리는 다른 사람과 의사소통하고 상호작용하는 데 어려움이 있지만 다른 유아를 관찰하면서 많은 것을 배운다. 미리는 집 가까이에 있는 사립유치원에 다닌다. 미리는 15명의 일반유아가 있는 교실에 통합되어 있다. 미리의 주임교사는 교육청에서 파견된 유아특수교사와 함께 협력하여 미리에게 적합하게 활동을 수정하고 이를 실시한다. 또한 교육청에서 파견하는 말–언어 치료사는 미리가 교실 내에서 목적에 적합한 의사소통 능력을 가지도록 지도하기 위해 매주 2번씩 교실을 방문한다.

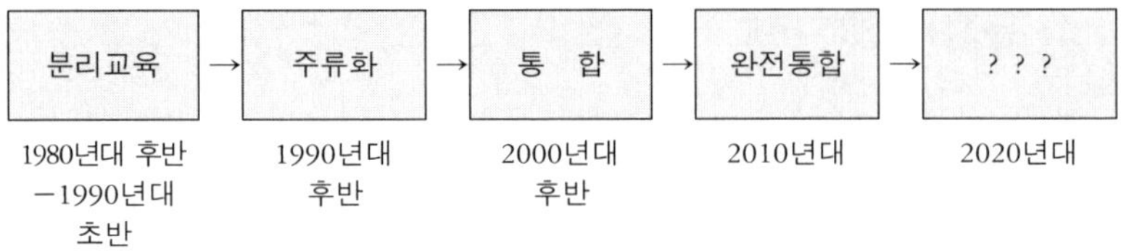

<그림 3-1> 우리나라 통합교육의 변화

살펴본 바와 같이 장애유아의 교육체제는 분리교육 후에 일반유아를 위한 교실에 배치하는 주류화, 통합, 그리고 완전 통합으로 변화해 왔다. 미국과 우리나라의 통합교육의 변화를 연대별로 정리하면 나타내면 〈그림 3-1〉과 같다.

우리나라에서 장애유아의 교육 서비스는 1998년 유치원에 특수학급이 설립되기 전까지는 분리교육체제였다. 1990년대부터 주류화가 시작되었으며 최근에는 다양한 프로그램 개발과 교육과정 수정을 통해 장애유아를 일반 유치원과 어린이집에 적극적으로 참여시키려는 시도들을 함으로써 통합교육이 전개되기 시작하였다. 장애유아 통합교육의 완전 통합은 3차 「특수교육발전 5개년(2008−2013)」 전개와 함께 이루어질 것이라고 여겨진다. 그 후의 교육패러다임의 변화에 따라 또 다른 바람직한 통합교육 체제가 등장할 것이라고 생각한다.

3. 유아특수교육의 서비스 전달 모델

장애유아에게 교육 서비스를 전달하는 체제는 다양하다. 〈그림 3-1〉과 같이 장애유아는 일반 유치원이나 어린이집에서부터 병원/시설에 이르기까지 다양한 교육환경에 배치될 수 있다. 배치에 대한 결정은 유아의 장애 정도와 교육적 여건을 고려하되 가능한 한 자연스러운 통합환경에 배치하고 제한적 환경이 최소화되도록 해야 한다.

1) 일반 유치원

이 단계에서는 장애유아를 지원 서비스가 없거나 최소한의 서비스만 제공되는 일반 유치원 교실에 배치하는 것을 말한다. 장애유아는 일반교실에서 일반유아들과 같은 교육과정과 일상적 일과를 수행한다. 유아교사가 통합된 장애유아의 요구에 적합한 교육 프로그램을 계획하고, 적절한 학습 자료와 학습 전략을 사용한다.

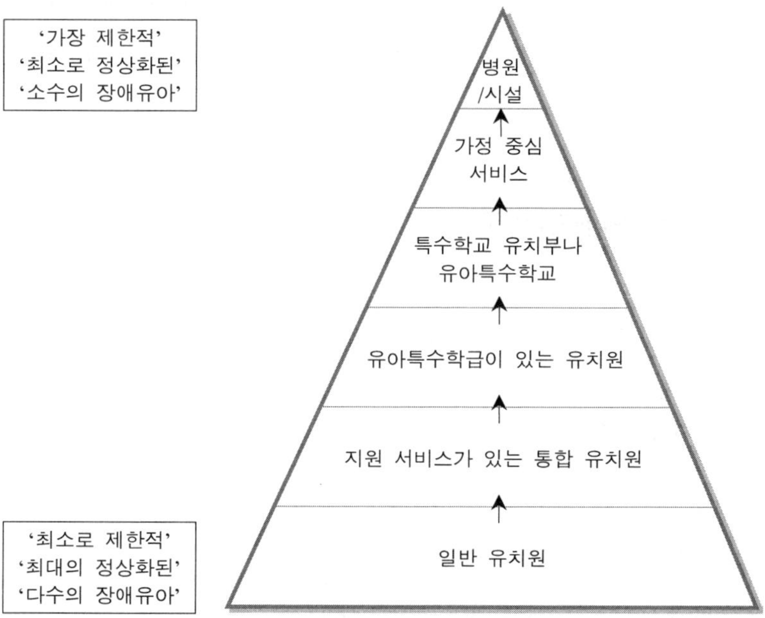

발췌 수정: Gargiulo, R. & Kilgo, J.(2005), Young children with special needs, Delmar Learning, Clifton Park: N.Y.

<그림 3-2> 유아특수교육의 서비스 전달 모델

2) 지원 서비스가 있는 일반 유치원

장애유아는 일반 유아교육 현장에 배치되어 일반 유아교육 프로그램을 제공받으면서 매주 방문하는 순회교사의 서비스를 받는다. 말·언어치료사들과 순회교사들은 교실 내에서 서비스를 제공하며, 유아교사들과 서비스 전문가 사이에 장애유아 지도 기술과 서비스 지원 연계가 가능할 수 있다.

3) 유아특수학급이 있는 유치원

장애유아들은 일반유아들이 있는 같은 유치원 건물 내의 유아특수학급에 배치된다. 이 경우 유아특수교사가 장애유아의 교육을 담당한다. 그러나 장애유아들은 하루의 일부분을 일반교실의 유아들과 함께 활동한다.

4) 분리 유아특수학교

일반적으로 일반교실보다 좀 더 구조화되고 더 집중적인 교수 프로그램과 행동관리 프로그램을 요구하는 중도의 장애유아들에게 적절하다. 집중적인 교수, 개별화된 교수, 소그룹 교수의 기회가 있다. 장애유아들은 일반유아와 접촉 기회가 없다.

5) 가 정

연령이 어리거나 수술 후 회복단계에 있는 경우 혹은 건강 문제로 유치원을 다닐 수 없는 유아들은 가정에서의 교육이 필요하다. 이 단계에서는 순회교사가 그 가정을 방문하여 그곳에서 교육활동을 한다.

6) 병원 또는 시설

탈 시설화로 중도 장애학생이 병원이나 시설에 배치되는 일이 감소하기는 하였지만 여전히 이루어지고 있다. 모든 단계에서 병원이나 시설교육 프로그램이 일부 포함된다. 이 단계는 단기간이어야 하며 중요한 것은 가급적 빨리 유아들이 덜 제한적인 환경으로 이동되어야 한다는 것이다.

4. 장애유아 통합교육의 근거

앞에서 살펴본 바와 같이 일반 유치원 환경에서의 통합교육은 다양한 유아특수교육의 서비스 전달 체계 중 하나이다. 지금 많은 장애유아의 교사, 부모, 그리고 연구자들은 장애유아와 가족에게 가장 최선의 서비스 전달 체계는 일반유아들이 있는 교실에서 이루어지는 통합교육이라는 신념을 가지고 있다. 많은 사람들이 장애유아가 일반유아 교실에서 교육을 받아야 한다고 믿고 있는 신념 및 정당화되거나 연구에 의해 지지되고 있는 세 가지 근거, 즉 사회－윤리적 근거, 법적 근거, 그리고 교육－심리학적 근거에 대하여 살펴보고자 한다.

1) 사회－윤리적 근거

교육이란 사회적 가치를 대대로 전할 수 있고 사회의 가치를 반영하는 기본적인 메커니즘 가운데 하나이다. 그러므로 사회－윤리적 고려가 장애유아와 일반유아의 통합교육의 근거를 제시하는 데 첫 번째로 논의되어야 할 것이다. 사회－윤리적 근거에서 볼 때, 장애유아는 사회와 교실의 한 구성원으로 수용되어야 할 권리가 있다. 유아들이 인종이나 종교 때문에 분리되어서는 안 되는 것과 마찬가지로 장애유아도 장애로 인해 정상적으로 발달하는 다른 유아들로부터 분리되어서는 안 되는 것이다(Allen & Cowdery, 2005). 통합은 선택된 사람들에게 주는 특전이 아니라 모든 사람이 가지고 있는 권리이기 때문이다(Stainback & Stainback, 1990).

1970년대에 포스트모더니즘의 등장으로 인간의 차이점과 다양성을 중요시하게 됨으로써(김성기, 1994; 이광규, 1998; 이경우, 이은화, 1999) 다양한 개인과 집단의 독특성을 긍정적인 특성으로 이해하고 수용하는 흐름이 시작되었다(Dimidjian, 1989; Deman-Sparks & A. B. C. Task Force, 1989; Hohensee와 Deman-Sparks, 1992). Derman-Sparks와 그의 동료들(1989)은 유아기에 인종, 성, 장애, 연령, 문화 같은 다양한 특성을 지닌 집단과 직접적 경험을 하지 못하면 이들에 대해 고정관념과 편견을 가지기 쉬우므로, 이러한 주제에 대한 반편견교육을 실시하여야 한다고 주장하였다. 우리 사회가 다양해짐에 따라 사회와 학교에서 우리와 문화적으로 다를 뿐만 아니라 신체적·지적·정서적으로 다른 사람들을 포함하는 것이 점점 더 중요한 목적으로 대두되고 있다. 그러므로 반편견교육이 유아교육현장에서 성취되지 않을 때 분리와 관련된 윤리적 문제가 해결되지 않고 남아 있게 된다. 이러한 이유로 유아교육에서 장애유아 통합교육은 다문화 접근과 평행적으로 발달해 왔다. 장애유아를 통합함으로써 일반유아들이 다양한 개인의 차이점을 이해하고 수용하는 것이 크게 강화될 수 있다.

장애유아를 일반유아와 함께 배치하여 교육하는 것은 장애유아가 일반유아와 같은 사회적 위치라는 점을 내포하므로 통합교육은 일반유아뿐만 아니라 지역사회 사람들에게 장애 인식과 수용을 증진하게 한다. 그리고 지역사회 구성원들은 장애유아에게 좀 더 익숙하게 된다. 이렇게 됨으로써 장애유아는 자연스럽게 사회에 수용된다. 우리 주변의 장애인들을 위한 보편적 설계 및 접근을 가능하게 하는 엘리베이터, 경사로, 점자표시판, 장애인용 화장실 같은 장애인 편의시설은 장애인이 우리와 함께 살아가는 존재라는 우리 생각을 나타낸다. 또한 우리는 이와 같은 다양한 장애인을 위한 건축학적 설계와 편의시설을 보면서 장애인을 좀 더 자신과 사회에 수용하게 된다.

장애이해 모델이 사회적 모델로 변화함에 따라 앞으로 장애인은 사회에서 우리와 함께 살아가게 된다. 장애유아들을 분리교육으로 실제 일반사람들이 살아가는 세계에서 분리하는 것은 이들이 언젠가 우리 사회에서 다시 들어와서 살아갈 때 필요하고 필수적인 기술들을 습득하지 못하게 할 수 있다. 자신과 유사한 장애유아하고만 놀이를 하거나 상호작용하는 장애유아는 정상적인 사회적 기술을 배울 수 있는 기회가 없다. 어렸을 때부터 정상적인 환경에서 이들을 배제하지 않음으로써 이러한 문제를 피할 수 있다. 어렸을 때부터 사회로부터 분리한다는 것은 사회에 다시 적응시켜야 한다는 사회적 문제를 초래한다. 이와 같은 사회 재적응 문제는 처음부터 분리하지 않음으로써 문제 발생 자체를 방지할 수 있다. 또한 장애유아를 정상적인 경험에서 분리하는 것은 일반유아들이 장애유아에 대해 거리감, 오해, 그리고 거부감을 불러올 수 있으므로(Haring & McCormick, 1990), 어린 시기부터 함께 통합하여 교육함으로써 이러한 부정적 영향을 줄일 수 있다.

2) 법적 근거

장애아동을 일반아동과 함께 교육하는 통합교육을 제도화하기 위한 법률 제정과 전문가들의 압력은 1960년대 후반에 미국에서 시작되었다. 1970년대에는 통합교육 운동으로 인하여 특수교육이 커다란 변화와 발전을 하게 된 시기이다. 1975년에 미국에서 공포된 「전장애아교육법: 공법 94-142」는 (기숙학교와 같은 분리된 수용시설에서 교육 서비스를 받고 있는 아동을 포함하여) 3-21세의 모든 장애아동에게 장애 정도나 유형에 관계없이 미국의 공교육 시스템 안에서 가능한 한 '최소한의 제한된 환경'에서 개별학생에게 적합한 무상의 교육을 제공한다는 것을 표명한 법이다. 이 법은 모든 장애아동이 '최소한의 제한된 환경'에서 교육되어야 함을 명시함으로써 장애아동에게 일반교육 현장에서 통합교육을 받을 권리를 주었다. 또한 공법 94-142는 개개인의 특별한 요구를 충족하도록 개별화된 교육을 제공해야 한다는 것을 제시하였다. 1983년에 수정된 공법 99-457은 공법 94-142에서 누락되었던 0-3세까지의 유아를 포함시켜 영아도 최소한의 제한된 환경에서 교육 서비스를 제공받을 수 있다고 보장하였다. 1997년의 IDEA에서는 개별화된 교육 프로그램(IEP: Individualized Education Program)에 유아교육현장에서 장애유아가 참여하지 않는 범위를 제시하라고 요구하였다. 즉 장애유아는 일반유아가 있는 통합교실에 배치되어야만 하며 장애유아가 통합교실에 배치될 수 없다면 그 이유를 설명해야만 하였다. 통합을 지원하는 또 다른 법은 1990년 제정된 「미국 장애인법: 공법 101-336」으로 이 법은 장애인의 모든 공공시설에 접근성을 가져야 한다는 것을 표명하였다.

우리나라에서는 1994년에 「특수교육진흥법」이 개정되어 통합교육의 법적인 지지가 이루어진 후 통합교육이 시작되었다. 그 이전에는 특수학급 형태로서 부분적 통합이 실시되고 있었다. 그 후 교육부의 제1차 특수교육 발전방안(1997－2002)에서 조기통합(3－14세)을 기본 방향으로 삼았고(교육부, 1996), 제2차 특수교육 지원계획에서는 전 장애인의 통합교육 환경에서의 교육기회 보장을 추진하였다(교육인적자원부, 2002). 우리나라의 통합교육이 초등, 중등 교육에 이어 유아교육까지 확산되기 시작하였다. 2007년 5월 25일에는 1994년 개정된 기존의 「특수교육진흥법」의 한계를 보완하고, 최근의 세계적 특수교육의 흐름에 부합하며, 장애인의 교육권을 실질적으로 보장해 줄 수 있는 「장애인 등에 관한 특수교육법」이 제정되었다. 여기에는 유아를 포함한 학령의 장애아동뿐만 아니라 영아와 장애성인도 통합 환경에서 생활하도록 지원하고 있다. 1994년과 2007년의 법에 나타난 통합교육의 정의를 각각 살펴봄으로써 한국의 통합교육의 법적 근거의 변화를 볼 수 있다.

변화된 정의를 살펴볼 때, 우리나라의 통합교육은 주류화나 통합을 넘어 완전 통합을 지향하고 있는 것을 볼 수 있다. 2007년에 공포된 「장애인 등에 관한 특수교육법」에서는 장애 유형과 장애정도에 따라 차별을 받지 않고 통합교육 현장에서 또래와 함께 개인의 교

1994년의 「특수교육진흥법」의 통합교육 정의

'통합교육'이라 함은 특수교육대상자의 정상적인 사회적응능력의 발달을 위하여 일반학교에서 특수교육대상자를 교육하거나, 특수교육기관의 재학생을 일반학교의 교육과정에 일시적으로 참여시켜 교육하는 것을 말한다.

⇩

2007년 「장애인 등에 관한 특수교육법」의 통합교육의 정의

'통합교육'이라 함은 특수교육대상자가 일반학교에서 장애 유형 · 장애정도에 따라 차별을 받지 아니하고 또래와 함께 개개인의 교육적 요구에 적합한 교육을 받는 것을 말한다.

육적 요구에 적합한 교육을 받기 위해 필요한 각종 학습보조기기 및 보조공학기기 등의 물적 지원, 교육보조인력 배치 등의 인적 지원, 취학편의 지원, 그리고 정보접근 지원을 법으로 규정하고 있다.

3) 심리－교육적 근거

어느 정도까지 심리－교육적 근거는 실제적으로 법적 근거와 사회－윤리적 근거의 기초가 된다. 만약 장애유아가 통합된 배치에서 손해를 본다면, 법적인 근거뿐만 아니라 사회－윤리적 근거도 지지받을 수 없다. 심리－교육적 근거는 통합 환경은 모든 장애유아에게 교육적 환경으로서 가장 도움이 된다고 주장하는 많은 연구 결과에 근거를 두고 있다.

통합을 위한 심리－교육적 근거는 장애유아가 일반 교실 활동에 참여하고 일반유아 또래와의 상호작용을 통해 교육적으로 이익을 얻을 수 있다는 것이다. Piaget(1952)는 인지발달은 환경과 상호작용을 통하여 발달해 나아간다고 하였다. 유아가 가지고 있는 현재의 단순한 활동 도식이나 활동 패턴은 환경적 요구와 상호작용을 통해 좀 더 정교하고 복잡한 반응 형태로 수정되고 발달되어 나아간다. 장애유아를 일반유아와 함께 통합하는 것은 장애유아에게 좀 더 요구하는 환경을 만들어 줄 가능성을 가지고 있으며, 장애유아는 이러한 환경에서 좀 더 복잡한 활동 도식과 행동 패턴을 발달시켜 나아갈 것이다. 요구하는 복잡한 환경과 상호작용이 정상적으로 발달하는 유아에게 중요하다면 이러한 환경은 장애유아에게도 필수적이다. 통합 교실은 좀 더 흥미 있는 사물과 또래들로 가득 차고, 장애유아는 매일 다양한 도전을 주는 자료, 도구, 그리고 활동들을 접할 수 있다. 이러한 환경은 분리 유아특수교실에서는 만나기 어렵다.

일반유아는 장애유아보다 좀 더 진보된 언어, 사회, 인지, 운동 기술을 가지고 있다. 좀 더 진보된 사회적 놀이기술을 가진 일반유아는 장애유아가 분리된 유아특수교육 교실에서 경험할 수 없고 경험해 보지 않았던 사회적 상호작용을 할 수 있는 기회를 만들어 낸다. 일반 교실의 활동은 분리교육 교실에서보다 장애유아에게 좀 더 도전을 주고 자극할 것이고, 일반유아 또래는 장애유아의 행동 레퍼토리가 의미 있게 변화하도록 기대하고 요구할 것이다. 또한 일반 유아교사도 단지 장애유아만을 가르치는 교사보다는 좀 더 높은 기대를 할 것이다. 높은 기대는 증진된 학습의 결과를 가져올 것이다.

또 다른 중요한 통합교육의 이론적 근거는 모방이다. 모방은 학습이론과 사회 학습이론에서 인간의 행동학습 현상을 설명하는 주된 개념이다. 다른 사람을 모방하는 것은 모든 사람에게 학습의 중요한 매개이다. 장애유아는 정상적으로 발달하는 유아의 좀 더 진보된 기술들을 관찰하고 모방한다(Goldstein, 1993). 유아들은 또래를 관찰하고 모방함으로써 적절한 행동이 증가하고 부적절한 반응이 감소된다. 장애유아가 적절한 방법으로 놀이하는 것을 배우고자 한다면 놀이를 함께 하고 적절한 방법으로 놀이하는 것을 모방할 유아가 있어야만 한다. 심각한 의사소통 문제가 있는 유아가 대화를 시작하는 법을 배우고자 한다면, 적절한 대화 상대자인 또래가 있어야만 한다. 자폐유아만 있는 분리교실에서는 유아들이 거의 말하지 않으므로 적절한 언어 기술을 시범 보이지 않을 것이다. 모방학습은 통합교육의 강력한 변수이다.

5. 장애유아 통합교육의 영향

1) 장애유아에게 미치는 영향

통합교육이 장애유아에게 주는 이점은 많은 연구에 의하여 입증되었다. Fewell과 Oelwein(1990)의 연구에서 통합교실의 장애유아는 분리교실의 장애유아보다 언어, 인지, 운동기술 발달에서 진보를 보였고, Guralnick과 Groom(1987)의 연구에서 통합교실과 분리교실에서 경도의 정신지체유아의 행동을 비교하였을 때, 통합교실의 장애유아는 분리교실의 장애유아보다 사회적 상호작용에 2배 이상 참여하였고, 좀 더 자주 진보된 사회적 행동과 놀이 행동을 나타냈다. 통합교실은 장애유아의 사회적 능력 발달에 아주 지지적인 것으로 나타났다. 통합교실에서 장애유아와 일반유아의 상호작용은 높은 수준의 놀이를 배우고 유지하는 데 매우 중요하다(Guralnick, 1990). Lamorey와 Bricker(1993)의 연구에서도 분리교실의 장애유아와 비교해 볼 때 통합교실의 장애유아는 특별히 사회적 능력과 사회적 놀이에서 진보가 있어났고 다른 발달 영역에서도 진보가 나타났다.

Guralnick(1994)은 이러한 발달적 이익 외에 통합교육의 효과를 다음과 같이 보고하였다.

> 장애유아가 얻을 수 있는 특별한 이익은 지역사회에서 장애유아의 수용이 증진되고, 장애유아가 실제 삶을 경험하고, 좀 더 배우도록 격려하고 넓고 다양하고 흥미롭고 창의적인 활동에 참여할 기회를 제공하는 데 있다.

장애를 지녔다는 이유로 정상적인 환경에서 분리되어 교육받을 때 장애유아들은 일반인들로부터 거리감을 느끼게 되며 잘못 이해되거나 거부되는 경우가 많으나 분리되지 않음으로써 일반유아와 장애유아는 우정을 발달시킬 수 있는 기회를 제공받는다(Wolery와 Wibers, 1994). 또한 일반유아 또래들과 놀이하고 상호작용하는 경험이 없으므로 정상적인 사회적 기술들을 학습하기 어려우나 통합교육은 장애유아들이 성장 후 지역사회에서 살아가는 데 준비해야 할 실제 생활 경험을 제공한다. 이는 한정된 기술을 가지고 있는 유아들로만 이루어진 분리된 유아특수 교실보다 자극적이고 다양한 활동을 경험할 수 있기 때문이다. 그리고 좀 더 반응적이고 상호작용할 수 있는 능력 있는 일반유아 또래들로 인하여 그들이 현재 가지고 있는 기술을 사용하는 방법과 새로운 사회적 · 의사소통적 기술들을 배울 수 있다. 일반유아들이 부족한 기술 수준의 유아에게 향상된 행동을 기대하고 '좀 더 잘하라'고 암시적 동기화를 제공해 격려하기 때문이다.

2) 일반유아에게 미치는 영향

일반유아도 통합교육을 통해 이익을 얻을 수 있다는 것을 입증한 여러 연구들이 있다. 장애유아가 통합된 프로그램의 일반유아는 일반유아만으로 이루어진 프로그램의 유아들과 비교해 보았을 때 유사한 발달적 진보를 보였으며(Odom, DeKlyen & Jenkis, 1984), Thurman과 Widerstrom(1990)도 일반유아는 통합교육을 통하여 일반유아들이 통합교육을 받지 않았을 때 기대되는 것과 유사하거나 오히려 발달적 이익을 얻기도 한다고 하였다. 즉 일반유아는 장애유아와 함께 통합교실에서 교육받음으로써 발달적 진보를 방해받지 않는 것으로 나타났다. 이러한 발견점은 유치원과 초등학교 연령을 대상으로 한 다른 연구에서도 증명되었다(Buysee & Bailey, 1993; Sharp, York, & Knight, 1994). 그리고 통합교실에서는 개별화 교수를 실시하므로 오히려 일반유아가 개별화된 교수 전략으로부터 이익을 얻기도 한다(Odom & McEvoy, 1988). 이러한 결과는 교사들이 장애유아를 위해 개별화된 계획을 실시할 때 일반유아에게도 좀 더 개별화된 실제를 실시하기 때문이다. 장애유아를 지도한 경험이 있는 교사는 장애유아를 포함한 모든 유아의 개인적 차이점에 근거하여 좀 더 효과적으로 교육 프로그램을 계획하고 실시하기 때문이다.

일반유아는 장애유아를 가르치는 또래교수를 통해 자신이 알고 있는 것을 견고히 할 수 있다. 우리가 이미 알고 있는 어떤 것을 다른 사람에게 가르쳐 줄 때 우리의 기술과 이해가 증진된다. 일반유아도 마찬가지로 다른 장애유아를 가르치는 또래 교수를 통해 자신의 창조력과 독창력의 신장을 가져왔다. 가르치는 유아와 가르침을 받는 유아 모두 이점이 많은 것으로 나타났다. 또래 교수는 일반유아에게 주는 통합교육의 이점이다(Spodek, Saracho & Lee, 1984).

또한 부모와 교사들은 통합교실의 일반유아들이 다른 사람의 다른 점에 좀 더 민감하고, 좀 더 수용하고, 다른 사람의 요구를 잘 파악하고, 장애인과 함께 있을 때 편안해 한다고 하였다(Bailey & Winston, 1987; Green & Stoneman, 1989; Peck, Carlson, & Helmstetter, 1992). 그리고 통합교육에 참여한 유아들은 성인이 되어 사회 구성원이 되었을 때 장애인에 대하여 좀 더 큰 이해와 존중의 태도를 지니게 되고, 좀 더 인내력이 있는 것으로 나타났다. 그들은 사회에서 덜 능력이 있는 사람들에 대해 좀 더 이해하고 존중하려고 하는 성숙된 모습을 보이는 하는 경향이 있었다(Kishi & Meyer, 1994). Rafferty, Boettcher, 그리고 Griffin(2001)의 연구에서도 많은 부모들은 통합은 일반유아들이 다른 사람들의 차이점을 이해하는 것을 도와준다고 나타났다. 일반유아들은 장애에 대하여 좀 더 현실적이고 정확한 시각을 가지게 되고, 이타적인 행동을 배우고 언제 어떻게 이러한 행동을 사용하는지 배울 수 있다고 하였다.

3) 부모에게 미치는 영향

통합교실에서 부모들은 자신의 자녀의 경험에 근거하여 통합에 대해 좀 더 긍정적으로 생각할 것이다. 통합 환경을 선택한 장애유아의 부모는 정상적으로 발달하는 유아와 접촉할 수 있고 일반적인 생활을 경험할 수 있다는 것을 강조한다(Turnbull & Winton, 1983). 일반유아 부모를 대상으로 한 Peck, Carlson, 그리고 Helms-tetter(1992)의 연구에서 부모들은 통합교실에서 자녀의 경험을 일반적으로 긍정적인 것으로 지각하고 있었으며 통합교육의 지원자였다. 부모들은 자녀들이 인간의 차이점을 좀 더 잘 받아들이며 장애인이 자신과 좀 다른 모습을 하였거나 다르게 행동하는 사람들에 대해 덜 불편해 한다고 보고하였다. 일반적으로 정상적으로 발달하는 유아나 장애유아의 부모 모두 통합교육은 단점보다는 이익이 있다고 하였다(Bailey & Winston, 1987). 부모들은 정상적으로 발달하는 유아에게 통합교육은 다양한 이익이 있다고 지각하고 있었다.

통합교육을 통해 장애유아와 일반유아 부모들이 얻을 수 있는 혜택은 다음과 같다(Bailey & Winton, 1987; Ehlers, 1993; Wolery & Wibers, 1994).

① 장애유아 부모의 경우

첫째, 장애자녀가 일반유아들과 함께 교육받음으로써 장애자녀에 대해 좀 더 긍정적인 태도를 갖게 된다. 자기 자녀가 통합교육을 받게 된 후 생일잔치나 친구 집에서의 놀이에 초대를 받았다고 하였다.

둘째, 장애자녀를 일반유아 속에서 봄으로써 현실적으로 바라보게 되고, 정상발달과정에 대한 정보를 얻을 수 있으므로 자녀의 발달 수준에 적합한 행동발달을 촉진할 수 있다.

셋째, 일반유아의 부모들과 접촉함으로써 자신들이 사회적으로 고립되었다는 고립감을 피할 수 있으므로 긍정적인 자아인식에 도움이 된다.

② 일반유아 부모의 경우

첫째, 장애유아와 장애유아 가족의 요구에 대한 이해와 관심이 증가된다.

둘째, 장애유아 부모들과 접촉함으로써 자녀 양육과 관련된 문제 해결의 가능성에 대해 긍정적인 자극을 얻게 된다.

셋째, 자녀에게 개인 차이와 서로 다른 타인을 수용하는 것에 대하여 가르칠 기회를 얻을 수 있다.

결론적으로, 통합교육 경험을 통해 장애유아 부모는 자녀가 일반학교에 다니고 있기 때문에 자녀뿐만 아니라 자신들도 좀 더 지역사회의 구성원이라는 소속감을 느끼게 되어 고립감을 덜 느끼고, 일반유아 부모는 자녀들이 인간의 차이점을 좀 더 잘 받아들이며 장애인이 자신과 좀 다른 모습을 하였거나 다르게 행동하는 사람들에 대해 덜 불편해 하는 것을 혜택이라고 인식하고 있다.

6. 장애유아 통합교육의 바람직한 관점

통합교육이란 일반적으로 장애유아들이 일반유아들과 함께 유치원, 어린이집, 그리고 레크리에이션 프로그램에 다니는 것을 의미한다. 그러나 통합을 배치장소나 교수 전략이나 혹은 교육과정으로만 보아서는 안 된다. 통합교육을 좀 더 확장되고 바람직한 관점으로 바라보아야 한다.

다음에 제시하는 Stainback & Stainback(1990), Allen & Schwartz (2004), 그리고 DEC의 주장은 통합교육이 단지 배치장소나 교수전략이 아닌 그 이상이 되어야 함을 나타내고 있다.

> "통합교육은 장애유아의 잠재능력을 증진할 수 있는 질적으로 우수한 유아교육 프로그램에 장애유아를 배치할 뿐만 아니라 장애유아와 교사들이 일반 교육현장에서 성공하는 데 필요할 수 있는 지원과 보조를 제공하는 것이다. 그러나 통합교육은 이러한 것 이상을 의미한다. 통합교육은 장애유아의 특별한 교육적 요구들이 충족되는 과정에서 또래와 다른 학교, 지역사회 구성원들에 의해 모든 사람이 소속되고, 수용되고, 지원하고 지원받는 장소이다(Stainback & Stainback, 1990)."

> "통합은 일련의 전략이나 배치에 관한 문제가 아니다. 통합은 친구집단이나 학교나 이웃과 같은 지역사회에 소속되는 것이다(Allen & Schwartz, 2004)."

> "가치로서의 통합은 능력과 관계없이 모든 유아들이 자신들이 사는 지역사회 안에 있는 자연스러운 환경에서 활동에 참여할 권리를 지원한다. …DEC는 장애유아와 가족들이 가족생활과 지역사회생활에 참여하도록 건강, 사회, 교육, 그리고 다른 지원 서비스에 충분히 그리고 성공적으로 접근하도록 지원하고 장려한다. DEC는 가족의 문화적·경제적·교육적 다양성에 가치를 두고 가족 스스로가 서비스 프로그램 구성과 선택을 결정하는 과정에 참여하도록 지원한다.…(DEC, 2000)."

살펴본 바와 같이, 장애유아는 사회와 교실의 한 구성원으로 수용되어야 할 권리가 있으므로 통합교육이란 또래집단과 유치원 및 어린이집에 소속되고, 존중되는 존재이고, 선택의 기회가 있는 것으로 보아야 한다. 통합은 친구집단과 학교 지역사회 혹은 이웃에 소속되는 것이다. 통합교육은 인간의 다양성을 수용하고, 높이 평가하고, 장애유아와 그들의 가족들이 프로그램에 성공적으로 참여하는 데 필요한 지원을 제공하는 것으로 보아야 한다.

Billingsley 외 그의 동료들(1996)도 통합교육의 성과를 구성원 되기, 관계, 그리고 발달의 세 개념으로 보아야 한다고 하였다. 통합교육의 성과를 논할 때 단지 장애유아와 일반유아의 상호작용이나 교실의 일과 참여와 발달적 변화에만 근거하여 통합교육의 성과를 논하여서는 안 된다고 주장하였다. 더 나아가 교실과 교실 내의 소집단의 구성원이 되고, 유치원이나 어린이집이 아닌 지역사회의 다른 곳에서의 구성원이 되는 것(교회의 어린이 합창단, 친구 생일에 초대받기)에 가장 주요점을 두어야 한다는 것이다. 우리는 이 세 개념에 근거하여 통합교육에서 얻어지는 특별한 성과를 설명하고, 통합교육 프로그램 계획을 세워야 한다. 또한 세 가지 개념은 통합교육 프로그램 개발 목적과 목표를 안내하는 데도 사용할 수 있다.

장애유아들이 교실에서 거부당하는 경우, 장애유아는 교실의 한 구성원이 되지 못하기 때문이다(Odom, Schwartz, & ECRII Investigators(2002). 구성원이 되는 것은 활동에 동등하게 참여하는 것뿐만 아니라 다른 구성원으로부터 수용되는 것까지를 말한다. 그러므로 통합교육은 유아가 속해 있는 다양한 환경에 소속과 참여를 전제로 해야 한다. 동등한 구성원으로서 자격이 주어질 때 진정한 의미에서의 통합교육이 이루어진다고 할 수 있다. 장애유아들이 교실의 한 구성원이 되도록 하기 위해서 교사들은,

① 모든 유아들이 교실의 구성원임을 지원하는 교실활동 프로그램을 계획하여야 한다.

② 장애유아를 통합 유치원 교실에서 다양한 특성을 지닌 많은 유아 중 하나로 인식하여야 한다. 그러므로 모든 유아의 다양한 요구

를 지원하는 교실 환경을 계획하는 것이 중요하다.

③ 가족들이 지역사회의 여러 활동에 참여하고자 하는 생각을 인정하고 지역사회의 적극적인 한 구성원이 되도록 지원해야 한다 (Odom, Schwartz, & ECRII Investigators, 2002).

다음은 통합교실에 배치된 세 명의 장애유아와 가족에 관한 스크립트이다. 이 세 명의 장애유아와 가족은 교실과 지역사회에서 진정한 구성원으로 참여하여 살아가고 있다. 장애유아와 가족이 진정한 교실과 지역사회의 구성원으로 소속되고 참여하도록 지원하기 위해 다양한 활동이 계획되어야 한다. 이 책 3부의 장애 이해 및 태도 발달을 위한 교육적 실제의 일반적인 교실중재와 직접적인 태도 중재 활동은 장애유아와 가족을 교실과 지역사회에서 진정한 구성원으로 수용하는 데 크게 기여할 수 있다.

> 다운증후군인 지윤이는 부모님이 직장에 있는 동안 집 근처 어린이집에 다닌다. 말-언어 치료사와 물리치료사는 지윤이와 지윤이 선생님과 함께 일하기 위해 매주 어린이집을 방문한다. 교실에는 6명의 일반유아와 6명의 장애유아가 있다. 어린이집이 끝난 후에 자폐유아인 대현이는 수영을 배우러 수영장에 간다. 심각한 의사소통장애가 있는 영희는 교회 어린이 합창단 일원이다. 모든 장애유아는 통합 프로그램에 다니고 있다. 지윤이는 다음 주에 같은 교실 친구인 명희의 생일 파티에 가지고 갈 생일 선물을 고르기 위해 엄마와 함께 백화점에 가려고 한다. 지윤 엄마도 명희 엄마를 만나 다음 휴가를 함께 떠나는 것에 대해 의논하고자 한다.

제 4 장

장애유아 통합교육 준비

1. 프로그램 준비
2. 교사 준비
3. 일반유아 준비
4. 장애유아 준비
5. 부모 준비
6. 물리적 환경 준비

제 4 장 장애유아 통합교육 준비

장애유아 통합교육을 성공적으로 실시하기 위해서 주의 깊은 사전 준비와 계획을 통해 장애유아와 일반유아 모두 적합한 교육의 수혜자가 되도록 해야 한다. 본 장에서는 성공적인 장애유아 통합교육 실천을 위해 준비해야 하는 과제들을 ① 프로그램, ② 교사, ③ 일반유아, ④ 장애유아, ⑤ 부모, ⑥ 교실 환경으로 나누어 살펴보고자 한다.

1. 프로그램 준비

유치원이나 어린이집에서 장애유아를 통합교육할 때 장애유아의 발달적 진보와 사회적 능력에서의 신장을 가져올 수 있는 중요한 프로그램 요소로 Cavallo와 Haney(1999)는 높은 질의 유아교육 프로그램, 주의 깊게 계획된 개별화된 중재, 그리고 정상적으로 발달하는 유아들로 구성된 교실 환경 세 가지를 주장하였다.

통합교육 프로그램에서 장애유아와 일반유아가 모두 교육적 혜택을 받기 위해서는 일반유아와 장애유아의 다양한 요구를 충족시킬 수 있는 매우 질적인 프로그램이 우선적으로 요구된다. 유아교육자들은 발달에 적절한 실제(DAP: Developmentally Appropriate Practice)를 개발함으로써(Bredekamp & Copple, 1997) 높은 질의 유아교육 서비스에 대한 지침을 제공하였다. Brown, Odom, 그리고 Conroy(2001)도 일반유아와 장애유아를 통합하는 통합교실은 반드시 발달에 적절한 실제(DAP)를 실시하여야 한다고 주장하였다.

그러나 질적으로 우수한 유아교육 프로그램에 장애유아를 배치하는 것만으로는 장애유아의 특별한 요구를 충족시키는 데 충분하지 않을 수 있다. 많은 유아특수교육자들은 발달에 적절한 실제가 개인의 적절성, 연령의 적절성, 그리고 문화의 적절성에 기초하기 때문에 개별화의 요소가 있으므로 일반유아와 장애유아에게 개별화된 서비스를 제공할 수 있는 환경으로서의 DAP의 중요성을 인정하였다(Atwater, Carta, Schwartz & McConnell, 1994; Brown, 1995; Brown & Conroy, 1997; Cavallaro, Haney, & Cabello, 1993; Wolery et al., 1992). 그러나 발달에 적절한 실제는 개별화 교육의 필요조건이지 충분조건은 되지 못한다. 장애유아의 교수목표를 성취하기 위해 프로그램 내에서 개별적인 특별한 교육적 요구가 충족되려면 개별화된 교수가 적용되어야만 한다(Odom과 그의 동료들, 2002).

전통적인 유치원 프로그램은 집단 수업과 사회화를 강조하므로 개인차에 따른 접근을 제공하지 못해 특별한 요구를 가진 장애유아에게 적합한 프로그램이 아니라고 Allen(1981)은 주장하였다. 그러나 피아제 이론에 기초를 둔 인지발달 프로그램은 장애유아가 자신의 느리거나 빠른 진도에 따라 적합한 활동을 선택하여 경험할 수 있는 개별화된 활동 기회를 가질 수 있으므로 장애유아와 일반유아 모두에게 적합한 프로그램이라고 하였다(Ispa & Matz, 1978). 우리나라의 유아교사는 물론 유치원 원장, 그리고 특수교육 전문가들은 현재의 유아교육 프로그램에 장애유아 치료교육 서비스와 개별화 요소가 포함되어야 한다고 주장하고 있다(유수옥, 2002). 개별화 교육은 일반 유아교육과정 수정으로부터 개별적인 분리지도에 이르기까지 다양할 수 있다.

마지막으로 일반유아와 장애유아의 비율은 통합 프로그램의 성과에 영향을 미친다. Streifel, Killoran, 그리고 Quintero(1987)의 연구에서 일반유아가 유아교실의 50% 이상을 차지할 때 일반유아가 50% 미만일 때보다 더 발달적 · 사회적 성과가 나타났으며 Guralnick와 Groom(1988)의 연구에서는 정상적으로 발달하는 유아가 80% 이상일 때 분리교실의 장애유아보다 사회적 상호작용이 두 배 이상 나타났다. 이러한 연구 결과들에 근거하여 많은 교육자들은 일반 유아교실에서의 완전 통합은 주류화 같은 부분 통합보다 더 효과적이라고 결론을 내렸다. 부분통합이나 역주류화 통합 프로그램에 관한 연구는 자유 놀이나 실외 놀이, 그리고 유아의 또래 관계에 적은 효과가 있으나(Guralnick & Groom, 1988), 일반유아가 대부분인 완전 통합교실의 장애유아는 또래 관계에서 아주 많은 발달을 나타냈다. 완전 통합교실에서 환경과 친숙하고 또래와 지속적인 접촉으로 친숙해질 때 사회적 통합이 촉진되는 것으로 여겨진다. Bronson, Hausercram 그리고 Wartield(1997)의 연구는 기본적으로 일반유아를 위해 계획된 유아교육 환경과 가장 유사한 교실에 통합되었을 때 또래 사회적 상호작용의 질에서 눈에 띄는 진보를 보였다고 하였다. 좀 더 많은 선택을 할 수 있는 교실에 통합된 장애유아는 좀 더 높은 수준의 또래 상호작용에 참여하였다.

2. 교사 준비

통합교육에 적합한 유아교사와 보육교사의 자질 향상은 성공적인 통합교육에 꼭 필요한 전제조건이다. Fleming과 Wolery(1991)는 통합 환경에서 요구되는 교사의 역할로 교사, 점검자, 공동 연구자, 즐겁게 해 주는 사람, 관찰자, 행동 수정가, 자료 관리자, 그리고 양육자라고 제시하였다(〈표 4-1〉 참고). 살펴볼 때, 통합 현장에서 유아교사와 보육교사는 일반 유아교육 현장의 교사보다 환경, 교육자료, 그리고 유아의 경험을 좀 더 직접적이고 적극적으로 통합하고 조정하는 역할이 필요함을 볼 수 있다.

유아교사와 보육교사가 위의 다양한 역할을 잘 수행하기 위해서는 장애유아에 대한 긍정적 태도, 장애유아교육에 관한 전문적 지식,

〈표 4-1〉 통합 환경에서 요구되는 교사의 역할

역 할	정 의	예
교 사	특별한 내용을 가르치고 집단활동을 주도하고 이끈다.	유아의 관심을 지속시키고, 자료들을 보여 주고, 결과를 제시한다
점검자	유아와 직접적으로 상호작용하거나 하지 않으면서 유아의 진보를 지속적으로 점검하고, 인내력을 격려한다.	유아의 주도에 반응하고 필요할 때는 상호작용하거나 개입한다.
공동놀이자	유아의 활동에 함께 참여한다. 유아가 활동을 결정하고 언제 활동을 변화시키는지도 유아가 결정한다.	유아 주도 활동에서 유아와 함께 놀이를 하면서 유아의 지시를 따른다.
즐겁게 해 주는 사람	유아의 관심을 끌고 지속시키는 기능을 한다.	활기를 불어 넣고, 구경거리를 보여 주고, 동물 흉내를 낸다.
관찰자	목적을 가지고 유아를 주시한다. 유아에게 반응은 보이나 상호작용을 주도하지는 않는다.	교실과 활동들을 자세히 조사한다. 유아의 활동에 참여하지는 않는다.
행동 수정가	교실 규칙을 알리고, 활동 규칙을 지키도록 지도하고, 부적절한 행동을 수정한다.	유아-유아 갈등을 중재하고 적절한 행동 모델을 보이고 강화한다.
자료 관리자	자료들을 준비하고, 분배하고, 수집한다. 정리 정돈을 도와주고, 유아 작품에 이름표를 붙이거나 전시한다.	물감 섞기한 유아의 작품을 게시판에 건다.
양육자	손 씻기, 밥 먹기, 옷 입기 같은 자기 관리 습관을 지원한다. 아프거나 다친 유아를 돌본다. 애정과 관련된 신체적 접촉을 제공한다.	껴안아 주기, 배변 훈련, 코트 걸기, 신발 신기 등 도와주기, 응급처치하기

출처: Fleming, L. A. & Wolery, M.(1991), Model for assessing and adapting teachers' roles in mainstreamed preschool settings, *Topics In Early Childhood Special Education*, 11(1), 90.

그리고 장애유아 교육방법과 협력에 관한 기술을 습득해야 한다. 장애유아에 대한 긍정적인 태도는 장애유아의 발달 가능성에 대한 신념, 그리고 통합교육의 효과에 대한 확신과 집념이며, 지식은 장애유아의 발달과 특성과 프로그램 수정 능력을 포함한 유아특수교육에 관한 지식이 될 것이다. 기술은 통합교육의 중재전략과 교수 기술 그리고 유아특수교육에 필요한 설비 및 자료의 활용 능력, 유아특수교사나 치료 전문가들과의 협력을 의미한다(Center & Ward, 1987). 통합유치원이나 어린이집 환경에서 교사의 역할은 중요하므로 위의 다양한 역할을 수행할 수 있도록 적절하게 준비하거나 유아특수교사나 다른 치료전문가의 지원과 협력을 통하여 수행하여야 한다.

유아교사나 보육교사들이 장애유아 통합교육의 필요성과 당위성에 대해 모두 인식하고 있어도 장애유아를 지도할 준비가 되어 있지 않아 매우 부담스러워하거나 심지어는 거부하기도 한다. 그러므로 통합교육에 적절한 교사준비가 필요하다. 교사교육은 직전 교육과 현직교육으로 크게 구분되는데, 유아교사 직전교육에서 특수교육 관련 교과목과 장애인 복지 관련 이수 숫자가 증가할수록 교사의 장애아동의 능력과 교육에 대한 이해가 증가됨으로써 통합에 대한 찬성률이 증가하였다(Stephens & Braun, 1980; Leyer & Abrams. 1984). 대학에서 관련과목 이수뿐만 아니라 교사재교육 등을 통하여 장애아의 행동관리와 교수방법에 대한 훈련을 받은 교사들도 장애아의 통합에 대해 보다 긍정적인 태도를 보였다(Baker & Gottlieb, 1980; Stephans & Braun, 1980). 유은연(2007)의 연구에서 장애유아 통합 관련 교사 교육을 받은 유아교사 집단은 통제 집단보다 개인적 교수 효능감과 교수 수행에 대한 자기평가가 높게 나타났다. 교사 교육을 통해 교수 기술을 습득함에 따라 교수에 대한 자신감과 교육 가능성과 신념이 증가한 것이라 볼 수 있다. 이와 같이 교사 교육을 통하여 장애아에 대한 지식과 기술을 획득했을 때 통합교육에 대한 긍정적 태도가 향상되고, 장애유아를 지도하는 데 개인적 교수 효능감과 자신감이 증가하는 것으로 나타났다. 이러한 긍정적 태도와 교수 효능감은 통합교육 현장에서 통합교육에 대한 적극적 실천으로 나타날 것이다.

장애아동의 교육 장소가 일반 교육 현장으로 보편화되어 가는 최근의 세계적인 변화 추세에 따라 정부도 일반교육 교원을 대상으로 특수교육 교사자격증을 부여하는 교육대학원 및 특수교육 대학원을 설치하여 장애아동 교육에 적합한 일반교사를 양성하고 있으며, 현재 제3차 특수교육발전 종합계획에서는 유·초·중등 교원 양성대학 및 현직연수 교육과정에 특수교육개론의 이수를 필수과목으로 개설하여 특수교육에 대한 책무성 및 소양을 제고하고 있다(김병하, 2004). 그러나 통합교육이 좀 더 성공적으로 이루어지기 위해서는 단지 1-2과목의 이수로는 변화하는 시대에 적합한 교사 양성을 하기에 무리가 있다고 여겨진다. 특히 유아들은 초등이나 중등과 달리 일반유아들이 장애유아들을 비교적 잘 수용하고, 학문적 통합이 아닌 사회적 통합에 목적을 두고 있으므로(유수옥, 2005) 앞으로 장애유아는 분리교육이 아닌 통합교육 현장에 배치되어 교육을 받게 될 가능성이 점차로 높아지고 있다. 그러므로 유아교사 양성과정에서 통합교육에 적합한 교사양성을 위한 교육과정 운영이 필요하다. 또한 경력이 있는 유아교사들을 대상으로 대학원 과정에서 통합교육 지원교사 양성도 바람직하다. 여기에는 이론뿐만 아니라 일정 학점을 취득한 후에 현장 실습을 하는 체제로 운영되어야 할 것이며, 특히 통합 현장에서는 유아특수교사와 다른 전문가의 협력이 필수적이므로 협력 방법에 대해서도 교육을 받아야 할 것이다.

3. 일반유아 준비

통합교육의 흐름으로 인해 장애유아에게 적합한 교육장소가 일반 유치원과 어린이집으로 변화함에 따라 일반유아는 장애유아와 함께 배우고 상호작용하게 되었다. 통합교육이란 장애유아가 일반 유치원이나 어린이집 교실에 적응한다는 의미가 아니라, 장애유아와 일반유아 모두 서로 다양성을 인정하고 개별적인 상대의 존재를 받아들이고 함께하는 것이기 때문에 일반유아의 준비가 필요하다.

아무런 준비 없이 일반유아가 장애유아를 자신의 친구로 수용하는 데는 어려움이 있을 수 있다. 일반유아들에게 적절한 오리엔테이션을 제공함으로써 일반유아들이 장애유아를 받아들일 수 있는 준비를 시키는 것이 바람직하다. 이때 장애유아가 가지고 있는 차이점뿐만 아니라 장애유아의 장점과 일반유아의 유사점을 인식시켜 장애를 가지고 있더라도 나와 같은 인간이며 장애를 단지 개인별 능력 차이의 연속선상에서 볼 수 있도록 하는 관점을 가르치는 것이 매우 중요하다. 유아는 '나와 다르다'로 인식하면 부정적 태도를 갖고 차별하거나 경계하지만(Krater & Nelson, 1990; 강희연, 2005) '우리는 모두 다르다'라고 서로의 유사점과 차이점을 인식하게 되면 자신과 다른 장애유아의 차이를 '다양성'으로 받아들이기 때문이다(강희연, 2005). 유아기의 통합은 학습뿐만 아니라 일반유아와의 긍정적인 사회적 관계를 향상시키는 데 목적이 있는 만큼 장애유아가 통합된 환경에서 사회적으로 소외된다면 통합 목적을 이룰 수 없다. 서로 다른 점이 있다 하더라도 그것은 정도의 차이지 본질의 차이가 아니라는 것을 일반 유아들이 이해할 필요가 있다.

다음은 교사가 장애유아와 다른 유아의 유사점과 차이점을 이해하도록 설명해 주는 예이다.

“벤자민은 아기처럼 굴어요. 말도 잘 못하고 글씨도 알아볼 수 없어요. 벤자민은 자기 이름도 쓸 줄 몰라요.” 다섯 살짜리 브랜든이 선생님에게 불평했다.
“벤자민은 아기가 아니야. 벤자민도 너처럼 다섯 살인걸. 벤자민은 네가 할 수 있는 많은 것들을 할 수가 있어. 벤자민은 자전거를 타고, 뛰고, 공을 가지고 놀고, 기어오를 수도 있거든. 그렇지만 벤자민도 유치원에 다니는 많은 다른 친구처럼 아직 못하는 일들도 있어. 그리고 벤자민도 언젠가는 자신의 이름을 쓰는 법도 배우게 될 거야. 그렇지만 좀 더 시간이 걸려. 그러나 언젠가는 분명히 더 잘할 수 있고, 네가 두발 자전거를 타기까지 얼마나 오랜 시간이 걸렸는지 생각해봐. 그때 너는 다른 아이들이 놀리는 것을 싫어했지? 나는 네가 벤자민의 좋은 친구가 되어 벤자민이 배우는 데 많은 시간이 걸린다는 것을 이해해 줄 수 있을 거라고 생각해.”

출처: Derman-Sparks, L. & the A. B. C. Task Force(1998), 반편견 교육과정(이경우, 이은화 역), 서울: 창지사(원본 발간 1989), p. 98.

일반유아가 장애유아와 단지 같은 교실에서 상호작용하는 것만으로는 일반유아가 갖는 장애에 대한 잘못된 생각이나 두려움은 감소되지 않는다. 일반유아는 장애에 대한 느낌을 나타내고, 질문하고, 정보를 얻을 필요가 있다. 서로에 대해 알 수 있도록 적극적으로 돕는 교사의 도움 없이는 일반유아의 장애에 대한 오해나 두려움은 감소되지 않고 강화될지도 모른다(Derman-Sparks, L., & the A. B. C. Task Force, 1998). 유아들은 참을성 부족, 두려움, 고정관념, 그리고 상호작용 기술 부족 때문에 장애유아를 거부할 수도 있다. 그러므로 교실에서 자기와 다른 유아를 거부하는 것은 지지받지 못하여 수용되지 않는다는 것을 알려준다. 거부하는 유아가 있으면 왜 거부하는지 이유를 물어봄으로써 교사가 모든 유아들이 교실에서 인정받고 존중받아야 한다는 기대를 실천하고 있다는 것을 인지하여야만 한다. 교사는 다음과 같이 일반유아들의 질문에 대해 솔직하고, 정확하게 객관적인 대답을 해 주어야만 한다.

유아들이 장애에 관한 두려움을 나타내고 걱정하는 표현을 가볍게 지나쳐서는 안 된다. 해결되지 않은 두려움은 장애가 있는 사람에 대해 정확하게 아는 것을 방해하기 때문이다. 오히려 숨겨온 두

“말콤은 왜 손으로 그림을 안 그려요.” 한 유아가 물었다(말콤은 팔 근육이 굳어진 유아이며 머리 보호를 위해 헬멧을 쓰고 있다. 그림을 그릴 때는 헬멧 위에 있는 붓으로 그림을 그린다).
“말콤은 손 근육이 움직이지 않기 때문에 우리와는 다른 방법으로 그림을 그린단다. 말콤은 아기였을 때 뇌성마비에 걸렸어. 그래서 말콤의 뇌는 손이 언제나 마비되어 있도록 메시지를 보내. 다시 말해서 말콤의 손이 어떻게 움직이는지를 알려주는 뇌가 바르게 작동하지 않고 있단다. 그래서 어떻게 하면 말콤이 그림을 그릴 수 있을지 생각하다가 지금처럼 붓을 헬멧 위에 붙여서 말콤이 그림을 그릴 수 있다는 것을 알게 되었단다.”

출처: Derman-Sparks, L. & the A. B. C. Task Force(1998), 반편견 교육과정(이경우, 이은화 편역), 서울: 창지사(원본 발간 1989), p. 97.

려움이 제멋대로 커져서 편견과 차별의 초석이 된다. 만약 유아들이 특정한 질문을 할 때 잘 모르면 정직하게 말하며 함께 도서관에 가거나 장애인복지관 같은 곳에서 정보를 구한다. 또 장애유아를 소개하는 책이나 TV, 비디오를 통해 장애에 대한 지식을 제공함으로써 이들을 이해하게 한다. 이와 함께 모의 장애 체험이나 장애인 초청 강연을 통해 장애를 간접적으로 경험하게 할 수 있다.

유아의 나이가 어릴수록 또래의 개인차와 차이점을 자연스럽게 받아들이고 적용할 수 있으므로 일반유아가 장애유아에 대하여 긍정적인 태도를 가지도록 다양한 활동과 매체를 통해 준비시킨다면 성공적인 통합교육에 커다란 도움이 될 것이다. 좀 더 적극적인 중재방법에 관한 것은 장애 이해 및 태도 발달을 위한 교육적 중재와 실제를 다룬 제3부 6장, 7장, 8장, 9장이 도움이 될 것이다.

4. 장애유아 준비

장애 이해 모델이 의료적 모델에서 사회적 모델로 변화함에 따라 앞으로 점점 장애인은 일반사람들과 분리되지 않고 우리와 함께 지역사회에서 더불어 살아가게 된다. 장애유아가 우리와 같은 지역사회에서 함께 살아갈 수 있게 준비하는 시기는 빠를수록 좋다. 장애유아가 유치원과 어린이집에서 잘 적응하여 일반유아와 함께 생활하고 상호작용하기 위해서는 기능적 기술과 사회적 기술이 필요하다.

Sarah, Barbara, 그리고 Mark(1990)는 장애유아가 독립생활 기술, 집단 활동에 대한 참여, 다양한 지시에 대한 적절한 반응, 교실 내 물건의 사용 등의 기술을 습득하였을 때 유치원과 어린이집에서 좀 더 기능적으로 활동할 수 있다고 하였다. 이러한 기술들은 장애유아가 교실환경 내에서 좀 더 독립적으로 참여하고 기능할 수 있도록 돕는다. 일반 유치원이나 어린이집 현장에서 일반유아들이 매일매일 수행하는 많은 과제들을 할 수 있게 장애유아들을 준비시킨다면 이들이 성공적으로 통합될 수 있는 기회가 많아질 것이다. 이러한 이유로 통합교육 현장에서 장애유아가 성공적으로 기능할 수 있도록 지원하기 위해서는 학문적 접근이나 발달적 접근보다는 기능적 교육과정으로 접근하는 것이 많은 도움이 된다고 Rainforth, York, 그리고 MacDonald(1992)는 주장하였다. 통합 환경에서 요구하는 기능적 기술의 습득이 필요한 것이다.

기능적 기술 외에 장애유아가 일반 유치원, 어린이집에서 또래에게 수용되기 위해서는 사회적 기술이 필요하다. 통합 유치원 현장에서 어떤 장애유아들은 다른 친구들과 긍정적으로 놀이하지만 어떤 유아들은 놀이를 하지 못한다. 그리고 어떤 장애유아는 일반유아에게 잘 수용되나 어떤 장애유아는 잘 수용되지 못한다. Odom 외(2001)의 연구에서 또래에게 수용되는 장애유아들은 공통적인 특성이 있는 것으로 나타났다. 사회적으로 수용되는 유아들은 효과적인 사회적 기술이 있고, 친한 우정관계를 유지하고, 다른 사람에게 자신의 생각을 이야기할 수 있는 능력이 있고, 또래에게 애정을 표시하고, 가상놀이에 참여하고, 교실 규칙을 이해하고, 또래와의 상호작용에 흥미 있어 하고, 다른 또래의 행동을 정확하게 이해하고 반응하는 유아들이었다(〈표 4-2〉 참고). 그러나 또래들에게 수용되지 않는 유아들은 친구 사귀기 기술이 부족하고, 또래와의 의사소통 기술, 긍정적 상호작용 기술, 그리고 가상놀이 기술이 부족하여 또래로부터 사회적으로 거부되었다. 또한 방해하는 행동, 또래와 싸움하기, 신체적 공격 행동을 하는 유아도 사회적으로 거부되었다(〈표 4-3〉 참고).

이러한 기술들을 준비시킨다면 장애유아는 통합현장에서 더욱 잘 기능할 것이다. 이러한 기술 습득이 충분히 이루어지지 않고 유치원

〈표 4-2〉 또래에게 수용되는 장애유아의 사회적 기술 순위

순위	사회적 기술의 종류	행동 특성
1	사회적 기술	자신의 사회적 목적을 달성하는 데 효과적인 상황에서 적절하고 또래와 상호작용을 유지할 수 있는 행동을 사용한다.
2	친한 우정관계	적어도 한 명의 또래와 관계를 가지고 둘이서 서로서로 놀이나 교우관계를 유지한다.
3	애정표현	유아는 또래와 상호작용할 때 자주 미소 짓거나 소리 내어 웃는다.
4	의사소통 기술	또래집단이 이해할 수 있는 언어(말이나 사인)로 효과적으로 자신의 생각, 원하는 것, 그리고 요구를 다른 유아에게 전한다.
5	가상놀이 기술	유아는 어떤 것을 나타내기 위하여 사물을 사용하여 표상하거나 놀이 중에 물건을 의인화하거나 역할 가장을 할 수 있다.
6	또래 행동 이해와 반응	유아는 다른 유아의 행동의 의도를 이해하고 적절하게 반응한다.
7	교실 규칙 이해	유아는 교실 규칙을 따른다.

수정 발췌: Odom, S. L., Zercher, C., Marquart, J., Li. S., Sandall, S. R., & Wolberg, P.(2002), Social relationships of children with disabilities and their peers in inclusive preschool classroom, In S. L. Odom(Ed.), *Widening the circle; Including children with disabilities in preschool programs*(pp. 65, 67), NY: Teachers College Press.

<표 4-3> 또래에게 수용되지 않는 장애유아의 사회적 기술 순위

순위	사회적 기술의 종류	행동 특성
1	말/언어/의사소통 어려움	자신의 생각이나 의도를 다른 사람에게 효과적으로 전하지 못한다.
2	또래와의 갈등	다른 친구들이 싫어하는 행동을 자꾸 한다.
3	사회적 기술 부족	다른 유아와 긍정적인 사회적 상호작용에 참여하는 데 필요한 사회적 기술을 가지고 있지 않거나 사용하지 않는다.
4	교실 방해 행동	교사 지시에 따르지 않고 불복하거나 교실의 일과에 참여하지 않고 자주 생떼를 부린다.
5	사회적으로 위축	다른 또래와의 상호작용을 적극적으로 회피한다.
6	신체적인 공격 행동	또래를 밀고, 소리 지르고, 부정적으로 말한다.

수정 발췌: Odom, S. L., Zercher, C., Marquart, J., Li. S., Sandall, S. R., & Wolberg, P.(2002), Social relationships of children with disabilities and their peers in inclusive preschool classroom, In S. L. Odom(Ed.), *Widening the circle; Including children with disabilities in preschool programs*(pp. 65, 67), NY: Teachers College Press.

에 통합되었을 때 유아교사는 장애유아의 행동을 지속적으로 관찰해 필요한 기술 습득을 모델링과 연습을 통해 일과 속에서 습득하도록 지도해야 한다. 또한 수업시간 이외에 별도의 상담시간을 마련하여 상담을 통해 장애유아의 자신감을 격려하고, 또래에 대한 사회적 시도를 동기화해야 한다.

또한 장애유아는 다른 유아들이 자신의 장애에 대해 질문할 때 적절하게 대답할 수 있도록 준비되어야 한다. 장애유아에게 자신의 장애에 대한 다른 사람의 질문과 사회의 그릇된 인식, 고정관념을 어떻게 해결하는지 가르친다. 교사는 장애유아가 일반유아에게 말하고 싶어 하는 것이 무엇인지를 미리 알아보는 것도 좋다. 어떤 유아는 미리 연습이 필요할지도 모른다. 교사는 장애유아에게 질문에 답하고 싶지 않거나 교사에게 물어보라고 할 수 있는 선택 권리가 있다는 것도 알려준다. 즉 원하지 않으면 굳이 대답할 필요가 없다는 것을 알려준다. 그리고 다른 유아들이 장애에 대해 질문할 때 대답하기 싫고 어색한 장애유아의 느낌을 지지해 준다.

5. 부모 준비

1980년대부터 부모는 서비스 전달을 제공하는 전문가에게 예속되는 위치에서 자녀를 위해 어떠한 서비스가, 어떻게 전달되어야 하는지 결정하는 의사결정자와 프로그램 계획시 협력자의 위치로 이동하였다. 교육 현장에서 장애유아를 적극적으로 지원하기 위해 교사는 장애유아 부모와 긴밀한 협력 관계를 유지해야 하고 장애유아 부모의 정서적 상태에 대해 전반적으로 파악하고 있어야 하며, 부모가 누구보다도 자녀에 대하여 가장 잘 알고 있으므로 부모의 의견과 정보에 대해 존중해야 한다. 부모와 편안하게 긍정적으로 의사소통하면서 가족과 유아에게 최적의 서비스를 제공하도록 노력해야 한다.

장애유아의 부모들은 장애자녀를 키워오면서 불편(?)하거나 부정적인 경험이 있을 수 있으므로 교사와 새로운 관계를 형성하는 데 부정적이거나 의심을 가지기도 한다. 통합 환경에 처음 왔을 때 일반 유아교사로부터 적절한 도움을 받을 수 있는지에 대해서 크게 염려하기도 한다(Bailey & Winston, 1987). 장애자녀의 출생은 부모에게 커다란 슬픔과 혼란을 가져다준다. 가장 심한 반응은 처음 장애라고 진단받을 당시에 나타나지만 통합 환경으로 전이했을 때 다시 나타나기도 한다. 통합 환경으로의 전이는 장애유아와 장애유아 부모에게는 매우 어려운 경험일 수 있다.

다음은 자녀가 통합되었을 때 장애 부모의 느낌의 한 예이다.

나는 장애유아가 한 명도 배치되어 있지 않은 이웃에 있는 어린이집에 내 딸을 반일제로 보내기로 결심했다. 내 딸은 사회성에 어려움이 없으며 적응도 잘하는 편이지만, 나는 좀 우울한 성격으로 경우에 따라서는 쉽게 당황하고 외로움을 많이 느끼는 사람이다. 처음 몇 주간은 내 딸의 분리불안 때문에 어린이집에 계속 있었다. 때로는 눈물이 나서 교실에서 빠져나오기도 하였다. 세 살짜리 일반유아들이 어떻게 그렇게 말을 잘할 수 있는지, 어떻게 그렇게 잘 적응할 수 있는지를 지켜보다 보면 내 딸은 정말이지 많이 뒤처져 있음을 끊임없이 느꼈기 때문이다.

출처: Klein, M. D., Cook, R. E., Richardson-Gibbs(2006), 『영유아교육기관 통합교육 전략』(유수옥 외 역), 서울: 창지사(원본 발간 2001), p. 369.

이러한 시기에 놓인 교사들은 부모들이 자녀를 좀 더 잘 수용하도록 정서적 지원을 제공해야 한다. 교사는 부모의 자녀에 대한 현실적 기대와 적절한 도움이 자녀의 진전에 기여할 수 있음을 알게 해 주고, 자녀의 진전과 부모의 참여에 대해 격려를 잊지 말아야 한다. 교사는 부모에게 구체적이고 실질적인 지원을 제공할 수도 있다. 지역의 '특수교육지원 센터'나 '다운증후군아동부모협의회'와 '자폐아동부모협의회'와 같은 정보를 알려준다. 이러한 부모회의 역할은 장애자녀 교육 방법에 관한 정보를 제공하는 것뿐만 아니라 비슷한 경험을 한 부모들과 부모 본인이 가지고 있는 경험이나 정보를 교환할 수도 있다. 그리고 장애유아 부모에게 관심있는 자료나 서적들을 교실에 비치해 놓음으로써 부모를 지원할 수 있다. 여기에는 아동발달 단계에 관한 정보를 포함한 각종 자료와 성공한 장애인의 삶이나 성공적으로 장애자녀를 키운 경험에 관한 책도 포함된다. 그리고 전문가를 초빙하여 부모들이 알고 있으면 도움이 될 수 있는 장애 관련법, 부모의 권리, 세금이나 상속에 관한 법률, 국가적 책임, 교실에서의 다양한 교수 전략 및 개별화 교육 가족 서비스 계획(IFSP: Individualized Family Service Plan)이나 개별화된 교육 계획(IEP: Individualized Education Plan)에 관해 알려주는 것도 바람직하다. 이때는 전문용어가 아닌 일반적이면서 쉬운 용어로 알려주어야 의사소통하는 데 효과적이다.

불과 5-6년 전만 해도 장애유아가 일반유아의 교실에 있으면 유치원 원장과 장애유아 부모는 일반유아의 부모로부터 많은 항의를 받기도 하였다. 그러나 최근에 들어서 일반유아 부모의 통합에 대한 태도는 많이 변화하였다. 적극적으로 찬성하지 않더라도 드러내놓고 예전과 같이 반대하는 부모는 드물다. 이는 장애인과 통합교육에 대한 인식이 많이 변화하였기 때문이다. 그동안 TV 프로그램에서 자주 다루거나 주변의 장애인 편의시설 설치로 이제는 장애인이 우리와 분리되어 살아가야 하는 존재라기보다는 한 지역사회에서 더불어 살아가는 존재라는 인식이 증진되었기 때문이라고 생각한다. 일반유아가 교실에서 장애유아를 이해하고 수용하는 데는 부모의 태도가 영향을 미친다. 박은영(2006)의 연구에서 일반유아의 장애 수용 정도는 일반유아 부모의 애정적 양육태도가 높은 집단에서 높게 나타났고 낮은 집단에서 낮게 나타났다. 이러한 결과는 강희연(2005)의 연구 결과에서도 나타났다. 일반유아의 부모가 자녀에게 단지 말로써 장애에 대해 편견을 갖지 말고 '장애유아를 도와주라'고 말하는 것은 일반유아의 장애 인식변화와는 관련이 없는 것으로 나타났다. 부모가 자녀를 대하는 상호작용 방식이나 자녀 양육 태도와 같은 '실천'을 통해 보여 주는 부모의 자녀들은 장애유아를 배려하는 유형과 관련이 있었다.

이러한 결과를 볼 때 통합교육에 대하여 일반유아 부모를 대상으로 부모교육이 필요하다. 장애유아의 존재로 인해 자녀의 발달이 저해되지 않았고, 일반유아의 놀이의 구성성이나 적절성에서도 해로운 영향이 나타나지 않았으며(Guralnick, 1976b; Ispa & Matz, 1978), 또한 교사의 강화가 주어지지 않는 한 일반유아가 장애유아의 바람직하지 않은 행동을 모방하지 않았다는 결과들(Guralnick, 1978)을 일반유아들의 부모에게 알려준다면 일반유아 부모들의 걱정이 감소되어 통합교육에 좀 더 긍정적인 인식을 가지고 적극적으로 참여할 것이다. 또한 일반유아 부모의 이러한 태도는 장애유아에 대한 일반유아의 긍정적인 태도에 영향을 미칠 것이다. 이미진(2006)의 연구에서 장애 주제 동화 읽어주기에 일반유아의 부모가 참여했을 때 자녀의 장애수용 태도가 증진된 것으로 나타났다.

유치원에서 학부모를 대상으로 초청 강연을 마련하여 통합교육의 이익을 인식하게 함으로써 장애유아에 대한 이해를 돕는 방법도 있지만 최근에는 좋은 비디오나 TV 프로그램, 그리고 많은 장애인에 관한 책들이 출판되어 있으므로 이러한 책을 부모들에게 추천하는 것도 좋을 것이다. 일반유아의 부모는 이러한 책을 읽음으로써 장애자녀를 둔 부모의 어려움을 좀 더 이해할 수 있을 것이다(9장 참고). 또 장애유아와 일반유아 부모가 모임을 통하여 서로 이해하게 하는 것도 하나의 방법이 될 것이다.

6. 물리적 환경 준비

물리적 환경 배치는 유아의 학습과 행동에 긍정적 또는 부정적 영향을 미칠 수 있으므로 통합 유치원과 어린이집의 환경배치는 심리적 안정감과 신체적 안전성, 그리고 독립적 접근성을 고려하여야 한다.

일반적으로 통합 유치원과 어린이집의 물리적 환경은 장애유아의 신체적 안전에는 많은 관심을 기울이나 심리적 안정감에 대해서는 비교적 주의를 덜 기울일 수 있다. 그러나 공간과 자료의 배치에서 심리적 안정성을 줄 수 있는 질서와 안정성을 고려해야 한다. 예를 들어 매일 같은 장소에 물건들이 놓여 있다면, 장애유아는 어디에서 자료들을 찾아 사용할 수 있고, 다시 어느 장소에 가져다 놓을지 예측할 수 있으므로 안정감을 느낀다. 그리고 장애유아들은 소란스럽거나 분주한 환경을 견디는 인내력이 약하므로 긴장감과 불안감을 느낄 때 장애유아가 혼자 있을 수 있는 안전하고 편안한 공간이 필요하다. 또한 소리가 매우 높게 울리거나 시끄러운 환경은 장애유아들뿐만 아니라 성인들에게도 스트레스가 될 수 있다. 이러한 환경은 장애유아의 주의집중을 방해하며, 자극에 대한 과민성과 문제 행동, 공격성을 증가시킬 수 있으므로 방음타일, 양탄자, 천장자료를 사용하여야 한다. 특히 청각장애유아나 쉽게 산만해지는 유아(특히 자폐유아)가 있을 때에는 더욱 신경을 써야만 한다. 따라서 유아들이 편안하게 작업할 수 있도록 최소한으로 소음이 차단된 조용한 공간을 이용할 수 있게 해야 한다(Winter, 2007; Klein, Cook, Richardson-Gibbs, 2006).

<그림 4-1> 그림으로 순서를 알려주는 일과표

신체적 안전성을 위해서는 날카로운 모서리들은 고무나 스펀지로 감싸야 하고, 실외놀이 영역들 중 일부에는 고무매트가 필요하며, 걷기가 불안정한 유아들과 저시력 유아를 위해서는 손으로 잡고 이동할 수 있는 난간을 설치해야 한다. 그리고 저시력 유아들을 위해 주요 통행로를 검은색과 흰색 바둑판 패턴으로 분명하게 표시한다면 도움이 된다. 지체장애유아가 건물이나 교실, 놀이터에 독립적으로 접근하게 하기 위해서는 휠체어와 같은 보조 또는 지원 장비가 다닐 수 있도록 물리적 공간을 신중히 배치해야 한다. 출입문 열기와 닫기가 쉬워야 하고, 출입문은 휠체어가 통과할 수 있도록 표준 기준의 문보다 넓어야 하며, 경사로는 성인을 위한 경사로보다 경사가 완만해야 한다. 저시력 유아를 위해 밝은 곳으로 이동하거나 책상에 붙이는 램프를 사용하는 것도 도움이 된다(Winter, 2007; Klein, Cook, Richardson-Gibbs, 2006).

<그림 4-2> 놀이터의 완만한 경사로

<그림 4-3> 휠체어로 이동 가능한 난간이 있는 실외 놀이터 이동로

흥미영역의 자료들은 다양한 유아들의 발달 수준, 기술과 흥미에 적절하게 균형을 이루어야 한다. 발달적으로 좀 더 낮은 수준의 유아들은 감각 운동적으로 탐색하는 단순한 활동들을 즐기며, 저시력 유아들에게 미술과 물놀이는 촉감이라는 대안적인 감각 통로에 대한 중요한 정보를 제공한다. 그리고 교사는 상호작용 기회를 제공하는 놀잇감과 상호의존적인 활동을 마련해 줌으로써 장애유아와 일반유아의 사회적 상호작용을 증진시킬 수 있다(Stoneman, Cantrell & Hoover-Dempsey, 1983: Quillitch & Risley, 1973). 실외 놀이터의 미끄럼틀과 같은 협동적인 또래상호작용을 발생하게 하는 상호의존적 활동의 기회가 있는 놀이기구는 결과적으로 사회적 상호작용을 증가시킨다. 미끄럼을 타기 위해서는 줄을 서야 하고 기다려야 하므로 이러한 과정에서 사회적 상호작용이 자연적으로 발생하기 때문이다.

<그림 4-4> 세 명이 함께 탈 수 있는 미끄럼틀

그리고 일단 교실 배치가 설정되었으면 가능한 한 예고 없이 변화시키지 않는 것이 좋다. 갑작스러운 변화는 행동장애가 있는 유아들을 당혹케 하거나 시각장애유아들의 움직임을 더욱 어렵게 만들 수 있기 때문이다(이윤경, 최석란, 신은수, 1997).

물리적 환경에 대한 신중한 계획과 배치는 장애유아들이 얼마만큼 통합 환경에 적응하여 즐기는지에 의미 있는 차이를 가져올 수 있다. 이러한 자원들은 모든 유아에게 유익하며, 물리적 환경이 학습을 방해하기보다 지원하도록 보장하는 데 도움을 준다.

위에서 살펴본 여섯 가지 요소가 적절하게 준비되지 않았을 때, 실제 현장에서 통합교육을 실시하는 데 어려움이 있다. 이러한 요소 외에 Yanito, Quintero, Kiloran과 Striefel(1987)은 관련법규에 대한 이해 부족, 특수교육에 따르는 교사의 혜택 미비, 통합교사를 위한 지원 서비스와 기술적인 보조의 부족이 방해요인이 된다고 하였다. Odom과 McEvoy(1990)는 유아교육 현장에서 유아교육과 유아특수교육의 철학적·이론적 차이, 두 분야의 교사 준비의 차이, 교사와 전문가의 태도, 각 주의 규정, 점검하기, 관련된 서비스와 관련된 문제가 장벽이라고 하였다. 유수옥 외(2003)의 유아교사들을 대상으로 한 연구에서는 프로그램의 미비, 준비되지 않은 교사, 일반유아와 일반유아 부모의 부정적 태도, 그리고 원아수가 많은 것이 통합교육 실시에 가장 큰 방해요인이라고 하였다. 여러 전문적·제도적 요인에 내포되어 있는 방해요인은 장애유아 통합교육을 확산하는 데 장벽이 되므로 앞으로 이러한 방해요인을 제거하도록 많이 노력해야 한다.

제 2 부

장애 이해 및 태도 발달

제 5 장

유아의 장애 이해 및 태도 발달

1. 유아의 장애에 대한 태도의 중요성
2. 장애 이해 및 태도 발달 단계
3. 장애에 대한 태도 구성 요소
4. 장애에 대한 태도 발달에 영향을 미치는 요인
5. 유아의 장애에 대한 태도 발달

제 5 장 유아의 장애 이해 및 태도 발달

본 장에서는 장애에 대한 일반유아의 태도의 중요성을 살펴본 후 장애 이해 및 태도 발달 단계, 태도의 구성요소를 살펴본 다음 유아의 장애 이해 및 태도 발달에 영향을 미치는 요인과 일반유아의 장애에 대한 태도 발달을 여러 연구들을 통하여 살펴보고자 한다.

1. 유아의 장애에 대한 태도의 중요성

건물에 들어갈 때 신체가 불편한 장애인들을 가로막는 '건축학적 장벽'과 마찬가지로 우리가 장애인에게 가지고 있는 '태도의 장벽'은 장애인이 학교와 지역사회에 참여하고 충분히 적응하는 것을 막는다. 장애인이 사회생활에 완전히 참여할 수 있도록 하기 위한 건축학적 설계와 장애인 편의시설 설치 같은 환경적 개선도 필수적이지만 장애인이 직면하고 있는 편견과 차별이 없는 사회를 이루는 것이 시대적 변화와 현재의 통합교육의 흐름에 비추어 볼 때 무엇보다도 중요하다. 최근 들어서 장애에 대한 태도의 장벽을 없애려는 시도가 증가하고 있다. 행정가, 교육자, 연구자, 그리고 대중매체가 장애에 대한 긍정적 태도 증진에 많은 관심을 가지게 되었다. 이러한 변화는 우리 사회의 장애 이해 모델이 의료적 모델에서 사회적 모델로 변화함에 따라 일반인들이 장애인을 어떻게 이해하고, 어떻게 수용해야 하는가에도 영향을 미쳤기 때문이다. 장애인과 같은 소수 집단의 사람들을 어떻게 대우하고 어떠한 정책을 펴나가느냐는 것은 그 사회의 사람들이 가지고 있는 인간의 가치에 대한 생각을 반영하기 때문이다.

2007년 「장애인 등에 관한 특수교육법」이 제정됨으로써 이제 장애유아는 물론 장애영아도 일반 유치원과 어린이집에서의 통합교육이 보편화될 것이다. 이제 일반유아는 장애유아와 같은 교실에서 교육을 받아야 한다. 그러므로 통합교실에서 장애유아와 상호작용을 가장 많이 하는 일반유아의 긍정적 태도가 매우 중요하다. 편견이란 사람들이 어떤 사람에 대하여 편애하거나 싫어하거나 두려워하는 경향으로서(Hall & Rhomberg, 1995), 일반유아가 장애에 대해 편견을 가지고 있다면 부정적인 선입견과 고정관념을 형성하여 교실에서 장애유아 친구를 배척하고, 차별하는 행동으로 이어질 수 있다. 그리고 이는 성인기까지도 연결될 수 있다(Blumenfeld & Raymond, 2000). 장애유아에 대한 태도가 유치원 시기부터 뚜렷이 나타나서 성장하면서도 크게 변화하지 않는 것을 볼 때 유아기는 장애에 대한 긍정적 태도 형성에 중요한 시기이므로 일반유아의 장애에 대한 긍정적 태도는 매우 중요하다.

그리고 통합교실에서 일반유아와 장애유아의 상호작용은 장애유아의 전반적인 발달을 강화하는 데 중요한 교육적 통로이다. 통합교실에서 장애유아의 30%는 일반유아로부터 사회적으로 거부되고(Odom et al., 2001). 일반유아가 장애유아보다 일반유아 또래를 더 선호하여 상호작용을 많이 하는 것으로 나타났다(Faugt, Balleueg & Craw, 1983). 이러한 장애유아와 일반유아의 적은 상호작용은 장애유아의 전반적 발달을 강화하는 교육적 통로의 차단을 가져온다. 일반유아가 장애유아를 수용하고 긍정적 태도를 보일 때 장애유아와 좀 더 활발하고 적극적인 상호작용이 이루어지므로 장애유아의 전반적 발달이 증진될 수 있다. 그러므로 일반유아의 장애유아에 대한 긍정적 태도가 기본적으로 형성되어야 한다. 이러한 이유로 Brown, Odom & Conroy(2001)는 또래상호작용을 증진시키기 위해서는 질적으로 우수한 유아교육 프로그램에서 제일 우선적으로 일반유아의 태도 증진을 위한 정서 중재를 사용해야 한다고 주장하였다. 장애유아는 교실과 사회의 한 구성원으로 존중되어야 하고 수용되어야 하는 존재여야 한다. 유아의 장애에 대한 태도는 성장 후 성인이 되었을 때에 장애와 관련된 모든 정책과 제도, 교육, 서비스의 전달방식과 내용에도 영향을 줄 것이다.

2. 장애 이해 및 태도 발달 단계

장애유아가 통합교육 환경에서 더욱 편안하게 한 구성원으로 소속되고, 참여하고, 상호작용하며, 교육적 효과를 극대화하기 위해서는 무엇보다도 유치원과 어린이집에서 장애유아와 하루 생활을 함께하는 일반유아의 긍정적 태도가 매우 중요하다. 그러나 일반유아들의 장애 또래에 대한 긍정적 태도는 즉각적으로 형성되지 않는다. 그것은 자신을 포함한 다른 사람들의 차이점을 인정한 후 갈등과정과 상호작용을 통해 나와 다른 사람의 유사점과 차이점을 받아들임으로써 이루어진다. 즉 장애에 대해 객관적이고 과학적인 인식을 형성하는 장애 이해 단계를 거쳐야 태도가 형성되며, 이러한 태도는 장애인에 대한 다양하고 구체적인 행동으로 나타난다.

德田克已(정수균, 조홍중, 1995 재인용), York(1992)의 이론을 참고하여 정리한 장애 이해 및 태도 형성의 5단계는 다음과 같다.

제1단계는 인식의 단계이다

일반적으로 사람들의 차이점에 관해 인식하기 시작하는 단계로, 이 세상에 장애인이 존재하고 있다는 것을 인식하는 단계이다. 유아기와 아동기에 다른 사람과의 차이를 인식하고 차이점에 흥미를 갖는 것은 당연한 일이므로 부모와 교사는 유아의 장애에 대한 관심을 무시하지 말고, 장애인에 대해 부정적 이미지를 가지지 않도록 배려해야 한다. 이 단계에서 유아의 장애나 장애인에 대한 친근감 형성이 중요하다.

제2단계는 지식화의 단계이다

'차이'의 의미를 아는 단계로, 유아는 제1단계에서 인식하기 시작한 차이점에 근거해서 자신과 다른 사람들을 분류하기 시작한다. 이 단계는 자신이 인식한 세계에 대한 이해를 돕기 위한 과정이므로 장애 원인, 장애 증상, 장애인의 생활, 장애인을 대하는 방법 등에 대한 광범위한 지식이 필요하다. 이러한 지식은 일반유아들이 교실이나 지역사회에서 장애 또래나 장애인과 함께 생활해 나아가는 데 필수적이다. 이 단계에서 교사와 부모는 유아에게 사람들은 차이점과 함께 유사점도 있다는 것을 지도해야 한다.

제3단계는 정서적 이해의 단계이다

제2단계의 지식화 단계와 병행되는 단계로, 정서적 이해의 단계이다. 이 단계에서는 다른 사람과 그들이 살아가는 방법에 대한 자신의 생각이나 느낌 등을 형성한다. 장애인과의 직접적 접촉(통합교육, 통합보육, 지역 행사, 우연히 동네에서 만나기)이나 간접적 접촉(동화책, TV, 영화, 주변의 이야기 등)을 통해 장애인을 '마음으로 느끼는 단계'이다. 여기에는 연민이나 동정, 염려, 죄악감, 불안 등의 부정적인 이미지의 감정도 포함된다. 이러한 감정을 가졌다 해도 특별히 문제될 것은 없다. 만약 그렇다면 더욱더 다양한 체험을 통해 갈등 과정에 있는 이들에게 장애인을 보다 가깝게 느낄 수 있도록 중재를 제공할 필요가 있다.

제4단계는 태도 형성의 단계이다

충분한 제2단계의 학습과 제3단계의 직접적·간접적 체험을 통해 장애인과 자신의 유사점이나 차이점에 근거해서 적절한 인식(장애인에 대한 지식 및 장애인관)이 형성되어 장애인에 대한 적절한 태도가 형성되는 단계이다.

제5단계는 수용적 행동의 단계이다

형성된 태도에 근거하여 교실과 지역사회의 실제 생활에서 장애인을 수용하고, 친사회적 행동이 나타나는 단계이다. 즉 자신들이 생활하는 사회적 집단(학교, 이웃, 회사, 지역 등)에 장애인이 참여하는 것을 당연하게 받아들이며, 장애인에 대한 지원 행동이 자연스럽게 나타나는 단계이다.

장애 이해 및 태도 발달의 5단계를 살펴볼 때, 장애에 대한 태도 발달은 장애에 대한 인식, 지식화, 정서적 이해 단계를 거쳐 태도 형성이 이루어진다. 그 후에 형성된 태도에 근거하여 장애인에 대한 수용과 지원 행동이 발현되는 것을 볼 수 있다.

3. 장애에 대한 태도 구성 요소

태도는 특정 사람, 집단, 이념, 사건 또는 어떤 대상에 대하여 반응을 보이는 경향으로, 태도 대상에 대한 행동에 영향을 미치며, 태도 대상을 수용하고 행동하는 데 영향을 준다(Smith, Price & March, 1986). 이러한 태도는 일차원이 아닌 다차원적 요소로 구성되어 있다. 태도는 인지적 요소, 감정적 또는 정서적 요소, 그리고 행동적 요소와 같이 세 가지 요소가 서로 연결되어 구성되어 있는 복잡한 구성체이다(Triandis, 1971; Johns, 1984; Siperstein & Bak, 1986).

1) 인지적 요소

인지적 요소(Cognitive component)는 태도 대상에 대해 개인들이 가지는 생각이나 지식이다. 장애가 있는 사람의 특별한 특징이나 특성 그리고 행동의 범주에 대한 지식이다. 장애인을 다양한 사람들 중에서 한 집단으로 범주화하고, 이 집단의 공통적인 특성에 대해 신념을 가지며, 이러한 신념이 고정관념을 형성하는 것이다. 태도 형성에 대상에 대한 완벽한 인지적 표상은 최소한의 조건이다. 만약 유아가 교실에 장애가 있는 또래의 장애를 인지적으로 인식하지 못한다면 또래에 대한 태도는 장애와 관련된 것이 아닐 것이다.

인지적 요소의 전형적인 예는 사람들이 어떤 태도 대상 집단에 대하여 가지고 있는 고정관념과 같은 것이다. 우리가 어떤 장애인을 평가할 때 사용하는 여러 가지 형용사들이 태도의 인지적 요소를 나타낸다. 태도 대상에 대한 개인들의 지각상태를 말하는 것으로, '빠른－느린', '능동적－수동적', '민첩한－굼뜬', '강하다－약하다', '부지런하다－게으르다' 등의 형용사들로 대표될 수 있다.

2) 감정적 요소

태도의 감정적 요소(Affective component)는 정서적 요소라고도 불리는데, 태도 대상에 대한 좋고 나쁜 느낌이나 감정의 이끌림과 같은 정서적 반응을 말한다(McGuire, 1968). Himmelfarb와 Eagly(1974)는 방향과 강도가 다양하게 변하는 이 감정적 요소가 태도의 핵심적 요소라고 하였다. 감정적 요소는 태도 대상에 대한 평가를 나타낼 뿐만 아니라 감정적 요소가 결여되면 태도의 인지적 요소도 더 이상 태도보다는 신념이나 판단이 되기 때문이다. 그러므로 우리가 태도라고 말할 때는 대체로 태도의 감정적 요소를 가리키는 경우가 많다고 할 수 있다. '가치있는－무가치한', '깨끗한－더러운', '유쾌한－불쾌한', '좋은－나쁜' 등의 형용사들로 표현될 수 있다.

감정적인 요소는 범주화된 집단과의 긍정적 혹은 부정적 경험과 관련해 그 집단에 감정을 갖는 것이다. 신체적인 장애가 있는 유아의 경우 어떤 유아에게는 불편함과 불안함과 심지어 혐오감을 가지게 하는 반면, 다른 유아에게는 동정을 유발하기도 한다. 어떤 감정적인 반응은 유아로 하여금 특정 유아를 도와주려고 하거나 좀 더 알려고 할 것이다. 일반 유치원 환경에 장애유아를 통합하는 것이 어떤 교사나 부모에게 두려움을 갖게 할 수 있으나 다른 교사나 부모에게는 열의를 가지게 할 수도 있다(Triandis, Adamopoulos & Brinberg, 1984).

3) 행동적 요소

마지막으로 태도의 행동적 요소(Behavioral component)는 태도 대상에 대한 개인의 전반적인 행동적 경향을 말한다. 즉 대상에 대하여 어떠한 행동을 하고자 하는 경향을 말한다. 태도의 행동적 요소는 개인들의 행동 자체가 아니고, 어떠한 행동을 하려는 경향으로서의 한 태도적 측면을 말한다. 만약 태도 대상에 대한 신념이 좋은 것이라면 그 대상에게 접근하려 할 것이고 좋지 않은 것이라면 회피하거나 거리감을 둘 것이고, 심지어 대립하려고 할 것이다. 어떤 대상에 대한 좋아함과 싫어함이 사회적 행동으로 드러나는 것이다(Triandis et als., 1984). 태도의 행동적 요소는 세 가지 구성요소 중에서 가장 직접적으로 측정하거나 알아볼 수 있는 것으로서, 태도 대상과 관계된 상황에서 한 개인이 어떻게 행동하겠느냐를 물어본다든지 또는 실제로 그 사람이 어떻게 행동하는지 관찰함으로써 알 수 있다. '같이 협력하여 블록으로 다리를 만들겠다', '짝 활동을 같이하겠다' 등과 같은 태도가 곧 태도의 행동적 요소에 해당된다.

이처럼 태도는 세 요소로 이루어져 있고, 이 세 요소가 서로 깊이 관련되어 행동의 근거가 된다. 태도가 인간 행동의 한 중요 결정요인으로서 인간의 행동에 직접적이고 역동적인 영향력을 미치므로 일반유아들이 장애에 대해 긍정적인 태도를 가지고 있다면 이러한 태도는 교실과 지역사회에서 만나는 장애 또래와 장애인에게 친사회적 행동과 지원행동으로 나타날 것이고, 성장하여 성인이 되었을 때 장애인 정책의 바람직한 정책결정자가 될 것이다.

4. 장애에 대한 태도 발달에 영향을 미치는 요인

태도는 개인들이 선천적으로 타고나는 것이 아니라, 생후에 여러 가지 경험을 통해서 획득 또는 형성해 나아가므로(Alport, 1935), 태도는 경험의 소산이라고 할 수 있다. 유아들은 자신이 접촉하는 모든 사물이나 사람들과 의사소통과 상호작용을 통하여 태도를 형성하고, 새로운 태도로 변화하거나 이미 형성된 기존의 태도를 강화하기도 한다(김재복, 1992). 일반유아들이 장애에 대한 긍정적이거나 부정적인 어떤 태도를 형성하고 있다면, 유아의 태도 발달은 유아 개인이 경험하는 다음 다섯 가지 요인에 의하여 형성되었다고 볼 수 있다. 또한 이러한 요인에 의하여 새로운 태도로 변화하기도 하고 이미 형성된 태도를 확고히 하기도 할 것이다.

1) 인지발달

유아의 장애에 대한 이해는 유아의 인지발달과 관련되어 있다고 많은 연구에서 제시하고 있다. 유아기는 피아제의 발달 단계에서 전조작기에 속하므로 유아의 사고는 지각적 경험에 기초한 표상에 더 많이 의존하는데 지식과 정보가 부족한 유아기에는 사용할 수 있는 정보인 지각적 유사성에 크게 의존한다. 그렇지만 연령이 증가함에 따라 지각적 지식보다 범주적 지식이 증가하면서 지각에 의한 판단은 감소하고 지식을 기초로 한 범주에 의한 판단이 증가한다(Kosslyn, 1980; Brown, 1989). 이러한 유아기의 인지발달 특성은 일반유아의 장애유아 이해에도 적용된다.

18개월경부터 영아는 주변 사람이나 사물과 상호작용을 통해 자신과 타인을 구별하기 시작하여(Bertenthal & Fischer, 1978; Hater, 1983; Lewis & Brooks-Gunn, 1979), 2세가 지나면서부터 성별이나 인종에 대해 인식하기 시작한다(Derman-Sparks & A, B, C, Task Force, 1989). 그리하여 유아기에는 같은 인종끼리 놀이를 하며, 이러한 경향은 초등학교 시기까지 나타난다(Fenkelstein, Haskins, 1983; Ramsey와 Myers, 1990). 유아의 장애에 대한 인식은 성이나 인종보다 이후에 나타난다. 지각적 경험에 기초한 표상에 더 많이 의존하는 유아기의 인지발달 특성 때문에 유아의 장애 이해는 장애의 구체적인 특성에 크게 지배된다. Conant와 Budoff(1983)의 연구에서 3-5세 유아들은 시각장애인, 청각장애인은 자발적으로 인식하여 표현하였으나 정신지체인(다운증후군)은 인식하지 못하고 있는 것으로 나타났다. Conant와 Budoff(1983)와 유사한 연구를 한 Diamond와 Hestenes(1996)의 사진을 이용한 연구에서도 유아들은 감각장애, 지체장애에 대하여 인식하고 있었으나 정신지체(다운증후군)는 쉽게 인식하지 못했다. 정신지체처럼 눈으로 식별할 수 없고, 신체적 차이점이 나타나지 않는 장애 유형은 유아가 이해하기가 어려운 것으로 나타났다. 특별한 장치나 기구를 사용하는 장애인은 유아가 장애를 인식하는 데 중요한 부분이 되기 때문이다. 2-6세 유아를 대상으로 한 Jones와 Sick(1970)의 연구에서도 4세의 유아는 보장구를 인식함으로써 또래에게 신체적 장애가 있음을 아는 것으로 나타났다. 그러나 신체장애인일지라도 경도의 시각장애인일 경우에 정신지체와 같이 구체적이고 외형적인 차이가 적으므로 유아들은 잘 인식하지 못하였다. 이러한 연구들을 통해 볼 때, 유아들은 눈에 띄는 단서가 있는, 신체적 특징을 지닌 장애에 대해 더 잘 인식하는 것을 볼 수 있다. 이러한 것은 유아의 인지발달 특성에 기인한다. 그러므로 장애의 추상적 개념을 이해하는 것은 이 시기의 유아에게 특히 어렵다. 그리고 장애에 관련된 지식과 태도에 대한 언어적 표현의 부족도 장애에 대한 이해와 생각을 명확하게 표현하는 데 어려움을 준다.

다음은 친구의 장애가 일반유아에게는 중요한 특징이 아닐 수도 있다는 것을 나타내는 예이다. 유아들은 자신들이 의미 있게 지각하는 외모, 소유물 같은 외현적인 특징에 의해 친구를 지각하기 때문이다.

한 부모는 다음과 같이 이야기하였다.

안드레는 유치원에서 돌아와서 다음 날 점심에 케티를 초대하고 싶다고 하였다. 나는 케티가 누구인지 잘 생각이 나지 않았다. 안드레는 케티의 머리를 설명하고는 그다음에는 옷, 그리고 케티의 그림에 대해 설명하였다. 나는 그때까지도 케티가 누구인지 생각나지 않았다. 마침내 안드레는 "케티는 언제나 머리에 반짝거리는 리본을 달고 오는 아이예요"라고 말하였다. 그때서야 나는 케티가 누구인지 알게 되었다. 케티는 언제나 머리에 커다란 색깔 있는 리본을 달고 있는 휠체어를 타는 아이였다. 내 아이에게 케티가 휠체어를 타는 것이 눈에 띄는 케티의 특징이 아니었다.

출처: Allen, K. E. & Cowdery, G. E.(2005), *The exceptional child; Inclusion in early childhood education*, NY: Thomson Delmar learning, pp. 8-9.

이처럼 유아들은 다른 사람을 판별하기 위해 시각적으로 관찰할 수 있는 신체적 단서에 초점을 두는 것을 볼 수 있다. Lewis(1993)도 7세의 유아는 신체적 특성에 주의를 기울이지만 11세의 유아는 생각이나 감정과 같은 심리학적 요인에 주의를 기울임을 관찰했다. Goodman(1989)의 연구에서 초등학교 3학년의 경우 정신지체인과 일반인을 구별하는 것을 볼 때 다운증후군과 같은 인상 특징에 대한 인식이 초등학교 시기에 이루어진다고 볼 수 있다. 그리고 유아기와 학령기 아동 127명의 연령에 따른 장애 이해 차이를 연구한 Cruz, Morera & Wilson(1987)에 따르면 학년이 올라갈수록 아동들은 청각장애, 시각장애, 지체장애의 특징을 좀 더 정확히 이해하고 있었다. 유아와 아동들은 청각장애, 시각장애, 지체장애의 특징을 좀 더 정확히 이해하였고, 학령기 아동은 장애의 특징에 대하여 훨씬 잘 알고 있었다. 정신지체와 정서장애에 대한 이해는 아동기 후기와 초기 청년기에 이르러 가능하다고 볼 수 있다. 따라서 규준에서 일탈된 장애유아의 행동에 대한 이해는 유아의 연령이 증가함에 따라 높아질 뿐 아니라(Coie & Pennington, 1976; Gerber, 1977), 일탈된 행동의 차이도 더욱더 정확하게 구별한다(Mass, Marecek & Travers, 1979). 이는 연령 증가에 따라 타인에 대한 지각적 · 인지적 · 의도적 조망수용 능력이 증가되기 때문이다.

2) 유아 경험

일반유아가 장애유아와 접촉한 경험은 일반유아의 장애에 대한 태도에 중요한 영향을 미칠 수 있다. Diamond, Carpenter와 Innes(1997)는 통합 유치원의 일반유아 31명과 일반 유치원의 유아 29명을 대상으로 장애 이해와 사회적 수용에 대해 연구하였다. 두 교실의 일반유아들은 장애에 대한 기본적 지식에는 차이가 없었지만, 장애유아 또래와 접촉한 경험이 있는 통합교실의 유아는 일반교실의 유아보다 장애에 대한 사회적 수용이 의미 있게 높게 나타났다. 이현숙, 유수옥(2000)의 연구에서도 통합교실에서 장애유아를 매일 접촉한 일반유아는 중재 프로그램을 제공받지 않더라도 학기 말에 장애유아에 대한 태도가 어느 정도 증진되었으며, 최은영(1999)의 연구에서도 통합교실의 일반유아의 경우 장애유아의 수용도가 높게 나타남을 알 수 있다. 이는 장애유아와 빈번하게 접촉한 경험은 장애유아에 대한 태도를 어느 정도 증진시킨다는 것을 나타낸다. 또한 유치원 입원 이전의 통합 경험도 장애수용 태도에 영향을 미쳤다.

또한 통합 유치원일지라도 일반유아의 장애유아에 대한 태도는 장애유아 또래와의 접촉 빈도 및 중재활동과 깊이 관련되어 있다. Okagoki 외(1998)의 연구에서 일반유아의 자유놀이 시간 동안의 장애유아와의 적극적인 접촉과 장애유아에 대한 긍정적 태도는 유의미한 관계가 있는 것으로 나타났다. 일반유아의 장애 또래와의 접촉 빈도와 유아의 장애수용은 유의미하게 긍정적인 관계가 있었으며, 긍정적인 태도를 보인 유아들은 유치원 환경에서 장애 또래와 좀 더 자주 상호작용하였다. Favazza와 Odom(1997)은 유아의 긍정적 태도를 증진하기 위하여 다양한 중재 활동이 있는 장애유아와접촉이 많은 집단, 중재 활동이 없는 장애유아와 접촉이 낮은 집단, 장애유아와 전혀 접촉이 없는 세 집단으로 나누어 연구하였다. 접촉이 높은 집단에게는 9주 동안 장애 주제 그림책 읽어주기, 구조적 놀이, 토론, 그리고 가정 읽기 활동을 포함한 중재 활동을 제공하였고, 접촉이 낮은 집단은 장애유아와 매일의 교실활동에서 접촉하기는 하였으나 중재 활동은 제공하지 않았다. 접촉이 없는 집단은 교실에서 장애유아와 접촉하지 않았다. 중재 활동과 함께 높은 접촉 집단의 유아는 중재 초에 비하여 중재 말에 낮은 접촉과 전혀 접촉이 없는 집단에 비해 매우 유의미하게 높은 긍정적 태도를 보였다. 이러한 결과는 장애유아와 접촉이 적거나 없을 때 일반유아의 장애에 대한 긍정적 태도는 증진되지 않는다는 것을 나타낸다. 이러한 연구 결과는 학령 아동을 대상으로 높은 접촉 집단, 낮은 접촉 집단(간식시간 휴식시간, 도서관 이용과 같은 일과적인 매일의 활동을 통한 접촉), 접촉이 없는 집단(전혀 접촉 기회가 없음)으로 나누어 연구한 Voeltz(1986)의 연구에서도 동일하게 나타났다. 높은 접촉을 한 집단의 태도는 다른 두 집단에 비하여 가장 많이 증진되었다.

질적 연구를 병행한 최근의 Tamm과 Prellwitz(2001)의 연구 결과는 유아들이 장애인에 대해 부정적인 태도를 보인다는 초기의 태도에 관한 연구 결과와는 달리 유아들이 장애인에 대해 긍정적인 태도를 보인다는 상반되는 결과를 제시하였다. 즉 미국에서 오래전에, 그리고 통합을 지원하는 법이 통과되기 전인 1974년 이전에 이루어진 조기연구 결과와 상반되는 결과를 보였다. 이 연구는 6−8세의 유아를 대상으로, 신체장애인에 대해서만 질문하였다는 제한점이 있지만 이러한 결과가 나타난 것은 미국에서 특수교육이 통합현장에서 이루어져야 함을 명시한 후 장애인을 위한 편의시설 설치 증가와 대중 매체에서 다루는 많은 장애인에 대한 간접적인 접촉을 통해 일반유아의 장애인에 대한 긍정적인 태도가 증진되었기 때문이라고 추론된다. 그러므로 우리나라의 유아들도 학교와 지역사회에서 장애인들을 위한 다양한 편의시설들이 설치되어 있는 것을 보고, 대중매체와 교실과 지역사회에서 장애인을 자주 만나면서 장애인에 대한 태도가 점차 긍정적으로 형성되어 갈 것이라고 여겨진다.

3) 교실 변인

물리적으로나 심리적으로 장애유아를 교실의 일반유아 집단에서 제외하는 프로그램 구조는 일반유아가 장애유아 또래를 다른 집단의 구성원으로 판단하게 하는 데 영향을 미친다. 교사나 부모는 장애유아의 발달 증진과 개별화된 교육목표 달성을 위해 장애유아를 일반유아로부터 분리하여 소집단으로 개별화된 학습 기회를 제공하는 것이 바람직하다고 생각한다. 그러나 이러한 교실 실제는 일반유아가 장애유아 또래에 대한 지각에 영향을 미칠 수 있다(Peck, 1993). Schnorr(1990)는 초등학교 1학년을 대상으로 하루의 일부분만을 일반교실에 통합되는 다운증후군인 피터에 대한 아이들의 지각을 연구하였다. 이 연구에서 교사와 부모는 피터에게 부분적 통합이 효과적이라고 생각하지만 피터의 교실 친구들은 피터가 많은 시간을 자신들과 분리되어 교육받는 것은 피터가 자신의 교실의 진정한 구성원이 아니라는 것을 나타내는 것이라고 해석하였다. 아이들은 피터가 특별한 서비스를 받기 위해 다른 교실로 가는 것, 자신들과 다른 공부를 하는 것, 다른 버스를 타는 것과 같이 자신들과는 다른 학교 일과를 수행하는 것을 보면서 다른 집단에 속한 아이로 인식하는 것이다. 장애유아가 특별한 서비스를 받기 위해 다른 교실로 이동하는 것과 같은 교실 집단 활동에서 장애유아를 분리하는 교육적 실제는 일반유아들이 장애유아를 자신들과 같은 집단이라고 판단하지 않는 데 크게 영향을 미치는 것을 볼 수 있다. Jank 외(1977)도 통합 프로그램의 여러 측면이 교실 친구로부터 장애유아를 분리하는 결과를 가져온다고 하였다. 예를 들어 장애유아들은 노란색 학교버스를 타고 학교에 오지만 일반유아들은 부모들이 학교에 데리고 오는 것을 보고 일반유아들은 '버스 유아'와 '승용차 유아'의 차이점에 대해 주의 깊게 관찰하고 질문하였다. '버스 타는 것'과 '버스 타지 않는 것'은 장애유아(버스 타는 친구)와 일반유아(승용차 타는 친구) 집단으로 나눠는 것이라고 일반유아는 분명하게 인식하고 있었다.

교사들이 장애유아를 위해 통합교실 환경을 계획하는 것도 일반유아들이 장애유아가 자신의 교실 소속이고 구성원이라고 지각하는데 영향을 미칠 수 있다. 장애유아의 참여를 격려하는 물리적 환경 속에서 장애유아가 가능한 한 일반학급에서 생활하고, 보조 서비스를 수업 도중에 교실에서 나와 치료실에서 받지 않고(pull-out) 교실 안에서(pull-in) 받는다면 일반유아의 장애유아에 대한 긍정적인 태도 발달에 커다란 영향을 미친다. 집단 사회화 이론에서 유아들은 자신들과 놀이하지 않는 집단에 부정적인 태도를 발달시킨다고 제시하고 있다(Harris, 1995; Sherifetal, 1961). 특별한 서비스를 받기 위해 다운증후군 유아가 다른 방으로 이동하여 교실의 놀이 활동에서 제외되는 것은 다운증후군 유아가 일반유아 친구와 다른 집단이라고 판별하는 초기 기준을 제공하는 것이다. 소집단 활동과 교육이나 치료를 받기 위해 다른 방으로 이동하는 것과 같은 교실 경험은 장애에 근거하여 교실 친구들을 범주화하게 하므로, 일반유아가 자신들과 다른 경험을 하는 집단의 친구에게 부정적인 태도를 형성하게 되는 근거를 제공한다.

교실 내에서 개별화 교육과 치료를 위하여 또래와 상호작용하는 장애유아들을 계속 분리한다면 장애유아는 교실의 일상적 활동에 참여할 기회가 점점 줄어든다(Janko 외 1997). 그러므로 교사와 치료사들은 장애유아에게 특별한 중재를 제공하는 방법에 아주 민감해야 한다. 활동 중심 중재, 환경적 교수, 그리고 반응적 교수는 일상적 일과와 놀이 활동 속에서 장애유아에게 특별한 교수나 치료를 실시하는 방법들이다. 이러한 교수나 치료는 일반유아 친구를 포함한 놀이집단이나 소집단 상황에서 실시하며 장애유아에게 치료를 제공할 때 교사나 치료사들은 친구 1, 2명을 참여하게 하여 모델을 보이거나 도움을 주게 한다. 이렇게 장애유아를 교실집단의 한 부분으로 계속 참여시키면서 장애유아의 특별한 요구를 충족시키는 치료적 중재는 일반유아가 장애 또래를 자신과 다르거나 자신의 집단에 속하지 않는 사람으로 보는 경향을 감소시킬 것이다.

장애유아가 교실 집단의 한 구성원으로 오랫동안 교실에 남아 있을 때 일반유아들은 장애유아를 자신들과 크게 다르게 보는 경향이 줄어드는 것 같다. 만약 완전 통합교실에서 모든 유아가 함께 상호작용하고, 놀이하는 기회를 증진한다면 일반유아들은 장애유아를 나와 같은 집단의 구성원으로 볼 기회를 경험할 것이다. 이러한 경험은 교실에서 다른 점이 있는 장애유아에 대해 좀 더 긍정적인 태도 발달을 증진할 것이다.

4) 교사의 행동과 태도

통합 현장에서 장애유아에게 보이는 교사의 행동은 일반유아의 장애에 대한 태도 형성에 영향을 미친다. 통합교실에서 1년 이상 참여관찰 연구를 한 강희연(2005)은 통합 과정에 교사는 매우 중요한 변인이라고 주장하면서 직접적이거나 간접적인 교사의 말, 행동, 그리고 태도는 점차 유아들에게 내면화된다고 하였다. 특히 일반유아는 장애인들을 주변에서 지속적으로 만날 기회가 많지 않으므로 일반유아가 장애유아와 함께 생활하는 통합교실은 장애 또래를 이해하고 수용할 수 있는 장이 된다. 그러므로 통합교실에서 교사는 장애유아의 발달 영역에서의 진보뿐만 아니라 일반유아에게 수용되는 교실과 지역사회의 진정한 구성원이 되도록 계획하는 것에도 초점을 두어야 한다. 교사는 유아의 다양한 요구를 지원하는 교실 환경을 계획하고, 유아가 교실의 구성원임을 지원하는 교실활동을 제공하여야 한다(Odom, Schwartz, & ECRII Investigators, 2002).

장애유아가 교실의 진정한 구성원이라는 인식을 증진하기 위해서 교사는 장애유아도 일반유아와 동일한 교실활동과 일상적 일과에 참여하도록 계획하여야 한다. 학령 전 유아의 또래문화는 무엇을 반복적으로 함께하는 일과와 행동에 전적으로 의존하기 때문이다(Corsaro, 1988). 유아에게는 매일의 일과 속에서 다양한 활동을 반복적으로 함께한다는 것이 '친구'라는 것을 의미하고 자신과 같은 집단의 구성원이라고 여긴다. 완전통합 교실에서 교사가 언제나 장애유아를 포함한 모든 유아가 함께 상호작용하고 놀이하도록 많은 기회를 제공할 때 일반유아들은 장애유아를 자신들과 다르지 않다고 여기며, 장애유아를 자신과 같은 집단의 구성원으로 볼 것이다. 또한 교사는 장애유아가 일반유아와 똑같이 수행할 수는 없더라도 장애라는 한계 때문에 일반유아가 하는 활동에서 배제되지 않도록 교육과정을 수정하여 지원해야 할 것이다. 운동 시간에 신체장애유아가 한쪽 구석에 앉아서 일반유아들만 뛰는 것을 바라보게 하는 것이 아니라 교사지원을 통해 부분적으로라도 언제나 활동에 참여하게 한다. 또한 유아가 음악시간이나 율동 시간에 참여하지 않는다면 장애유아가 좋아하는 곰 인형을 음악에 맞춰 흔들기를 하게 지원한다. 이렇듯 교육과정과 활동을 다양하게 수정하여 장애유아가 유치원 활동에 최대한 참여하게 하는 교사의 행동을 봄으로써 일반유아는 장애 친구가 교실의 진정한 구성원이라는 것을 인식하고, 교사가 장애유아를 배려하고 지원하는 구체적인 방법들을 봄으로써 일반유아의 본보기가 된다. 교사의 이러한 행동과 개입은 유아가 배우고 있다고 의식하지 않는 가운데 천천히 '스며들듯이' 학습될 수 있다(강희연, 2005). 이러한 실천 과정을 통해 교사, 장애유아, 일반유아는 더불어 함께 살아가기의 공동체감을 느끼면서 좀 더 정교화되고 복잡한 친사회적 배려 행동과 지원 행동을 발전시켜 나아갈 것이다.

또한 교사는 소집단 활동, 간식 집단뿐만 아니라 현장관찰이나 음악 활동에서 유아의 집단 구성을 결정할 기회를 얻는다. 집단화를 통해 장애유아와 일반유아 또래의 상호작용을 증진시킬 수 있다. 교사는 먼저 자유놀이와 같이 스스로 만들어지는 놀이집단을 관찰한 후, 놀이 파트너로 선택되지 않을 수 있는 유아들을 포함하는 계획된 놀이집단을 구성하여 일반유아들이 장애유아를 포함한 다른 교실 친구들에 대해 좀 더 알 수 있는 기회를 제공한다. 놀이 집단 외에도 교실 내에서의 모든 활동에 장애유아가 포함되도록 교실을 조직하고, 또래 앞에서 장애유아가 성공적인 경험을 할 수 있는 활동을 선택하여 수행하도록 함으로써 장애유아의 자신감을 신장시킬 수도 있다.

다음은 시각장애유아의 특별한 요구를 충족해 주기 위해 교재를 수정하고 일반유아의 과학 영역에 대한 흥미도를 높이는 데 크게 기여할 수 있는 교사의 역할에 대한 예이다. 좋은 교사는 유아의 장애를 가치 있는 것으로 변하게 할 수 있는 기회를 잘 이용해야 한다. 교사가 시각장애와 관련된 보조 기구에 일반 유아들이 흥미를 가지게 함으로써 과학영역에서 시각장애에 대한 부정적 태도를 긍정적 태도로 변화시킬 수 있는 기회를 제공함을 볼 수 있다. 유아들은 교사가 장애유아의 특별한 요구에 적합하게 계획한 교육과 활동을 보고, 이러한 열의를 가진 교사의 행동을 관찰함으로써 장애유아가 자신의 교실의 진정한 구성원이라는 생각과 장애유아에 대한 긍정적인 태도를 발달시킬 것이다.

다알리아가 좋아하는 책

다알리아는 수줍음 많은 4살 된 유아로, 두꺼운 안경을 쓰는 매우 시력이 좋지 않은 유아이다. 따라서 다알리아는 책이나 그림을 한 번도 본 적이 없으며 동화 듣기 시간을 좋아하지 않는 것처럼 보인다. 시각장애 전문가 스미스 씨는 책과 문자에 대한 그녀의 관심을 발달시키기 위해 촉각 자극이 있는 특별한 이야기책을 만들어서 다알리아를 돕고자 하였다. 책의 왼쪽 페이지에는 그림을, 오른쪽 페이지에는 촉각적 사물을 제공하였다. 즉 초록색 양말 그림의 오른쪽에는 실제 작은 초록색 양말을, 빨간 꽃 그림의 오른쪽 페이지에는 말린 빨간 꽃을 붙여 놓았다. 스폰지 그림 옆면에는 작은 스폰지 조각이 있다. 그리고 그 밑에다가 각 물건의 이름을 써 놓았다.
스미스 씨는 다알리아가 그림과 물건뿐 아니라 더 작은 책의 글씨를 유아가 볼 수 있도록 하기 위해 그녀의 시력에 맞춰 적절한 성능의 작은 확대경을 제공하였다. 왕 선생님은 확대경을 끈으로 매달았다. 다알리아는 이 책을 매우 좋아하게 되었다. 다일리아는 혼자 책을 읽고 친구들에게도 읽어 주며, 다른 친구들과 번갈아 가며 글씨와 그림을 확대경으로 들여다본다. 다알리아는 곧 확대경으로 다른 그림책의 글씨를 보기 시작하였다. 마침내 그 책은 다른 많은 아이들이 가장 좋아하는 책이 되었다. 여러 유아들이 흥미를 가지고 확대경을 사용하게 됨으로써 새로운 과학 활동이 전개되었다. 유아들은 확대경을 들고 흥미를 가지고 동식물의 변화를 관찰하기 시작하였다. 왕 선생님은 다알리아의 장애와 관련된 하나의 문제가 모든 유아가 멋지게 몰입할 수 있는 활동으로 변형되었음을 볼 수 있었다.

출처: Klein, M. D., Cook, R. E., Richardson-Gibbs(2006), 『영유아교육기관 통합 교육 전략』(유수옥 외 역), 서울: 창지사(원본 발간 2001), p. 212.

5) 부모의 태도와 행동

유아는 세상을 살아가는 데 필요한 대부분의 지식을 부모로부터 제공받는 정보 의존적 경향성 때문에 어려서부터 부모가 가지고 있는 여러 가지 태도, 가치관, 인생관을 그대로 모방하기 쉽다. 또한 부모로부터 칭찬을 받고 벌을 피하기 위해 부모가 가진 또는 바라는 태도를 학습하거나 모방한다(Jones & Gerard, 1967). 그러나 점차 성장하면서 부모의 영향력은 상대적으로 줄어들고 친구, 교사, 그리고 자신들이 좋아하는 대상의 영향력이 증가하게 된다. 유아는 최초의 사회적 집단인 부모에게 가장 많이 영향을 받지만 학령의 아동은 또래의 영향을 가장 많이 받는다. 이러한 이유 때문에 장애 친구에 대한 일반유아의 긍정적 태도를 증진시키기 위하여 Favazza와 Odom(1997)은 일반유아에게 중재 활동뿐만 아니라 부모에게도 장애에 관한 가정 학습을 제공하여 장애에 대한 긍정적 태도를 증진시켰다. Triandis와 그의 동료들(1984), Antonak과 Livneh(1988)은 태도형성에 근본적인 영향을 주는 세 가지 요소는 직접경험, 간접경험 외에 사회적 집단이라고 강조하면서 유아에게 가장 영향력 있는 집단은 부모라고 하였다.

Okagoki 외(1998)는 일반유아의 장애유아와의 사회적 상호작용, 일반유아의 장애 또래 수용, 그리고 장애유아 접촉 빈도와 부모의 생각의 관계에 대하여 조사하였다. 자유놀이 동안 일반유아의 장애유아 또래와의 접촉 빈도는 유아의 장애수용뿐만 아니라 자녀의 사회화에 대한 부모의 신념과 유의미한 긍정적인 관계가 있었다. 이것으로 볼 때 부모의 신념은 일반유아의 장애유아에 대한 태도에 커다란 영향을 미치는 것으로 나타났다. 장애인에 대한 자녀와의 이야기를 조사한 Innes와 Diamond(1999)는 통합교실에 다니는 일반유아의 부모에게 다운증후군과 신체장애인의 사진을 보여 주면서 자녀와 대화를 해 보라고 요청하였다. 유아 검사시, 부모와 자녀의 각 장애에 대한 언급은 서로 의미 있게 관련이 있었다. 즉 부모가 다운증후군에 대하여 많이 언급하였을 때 자녀도 다운증후군에 대하여 많이 언급하였고, 신체장애인에 대하여 언급을 한 많이 한 부모의 자녀는 신체장애인에 대하여 많이 언급하였다. 따라서 부모의 장애에 대한 설명은 유아의 장애에 대한 태도에 영향을 미치는 것으로 나타났다.

그러나 강희연(2005)은 통합교실에 다니는 일반유아의 부모들이 자녀에게 '장애유아를 도와주라'고 말하는 것은 일반유아의 장애유아에 대한 태도보다는 부모가 자녀를 대하는 상호방식이나 자녀 양육태도가 일반유아의 장애수용과 관련이 있다고 하였다. 부모가 자녀에게 말보다 '실천'으로 보여 주는 것이 자녀의 장애수용에 영향을 미치는 요인이라고 하였다. 부모의 장애인식보다는 일반적인 자녀 양육 태도와 관련이 있는 것으로 나타났다. 이러한 결과는 일반유아의 장애 수용 태도를 부모의 양육태도와의 관계를 살펴본 박은영(2006)의 연구에서도 나타났다. 일반유아 부모의 애정적 양육태도가 높은 집단에서 장애수용 태도가 높게 나타났고 낮은 집단에서 낮게 나타났다. 이러한 결과는 부모의 양육태도 중 애정－거부는 일반 학생의 장애학생 또래에 대한 수용태도와 관계가 있다는 박준학(2004)의 연구에서도 나타났다.

5. 유아의 장애에 대한 태도 발달

통합 유치원 환경에서 일반유아의 장애유아 또래에 대한 태도는 일반적으로 긍정적이지 않았으며, 때때로 거부적이기도 하였다(Horne, 1985; Jones et als., 1984). 우리나라에서 이루어진 장애유아에 대한 태도도 일반적으로 부정적이었다. 정은영(2001), 유수옥(2001), 강희연(2006)의 연구에서 중재 활동 전이나 통합 초기의 일반유아는 장애 또래나 장애인에 대한 부정적 태도와 능력에 대해서 부정확한 지식을 가지고 있었다. 정은영(2001)의 연구에서 유아의 장애인의 외모에 대한 불쾌감(예: 이상해요, 징그러워요, 보기 싫어요)과 장애로 인한 제한을 표현하였다(예: 소리도 못 들어요, 생각을 못하잖아요, 같이 놀지도 못해요). 유수옥(2001)의 연구에서도 초기에는 유치원 내에서의 활동(동화책 읽어주기, 장난감 정리 같이 하기 등)과 유치원 밖에서의 활동(동네 놀이터에서 만났을 때, 생일 초대하기)에서 장애유아에 대한 부정적인 태도를 나타내었다. 또한 장애유아의 능력에 대하여도 부정확한 지식을 가지고 있었다. 정은영(2001)의 연구에서 부정확한 지식을 드러내며 부정적 태도를 보였으며(예: 눈이 안 보이는 사람은 듣지도 못하고 말도 못하니까 싫어요), 유수옥(2001)의 연구에서도 유치원에서 병원놀이, 간식시간, 요리 활동에서 장애유아는 적합한 역할이 없거나 쉬운 역할을 할 수 있다고 인식하는 것으로 나타났다. 통합 유치원에서 일반유아의 태도 변화를 연구한 강희연(2006)의 연구에서도 일반유아의 통합 현장에서의 초기 태도는 '우리는 다르다'였다. 일반유아는 장애유아가 자신과 다르다는 것을 인식하고 '걔네는 못해'와 '걔네들은 몰라'라고 구별 짓는 부정적인 태도를 보였다. 이것으로 보아 일반적인 장애유아의 장애유아 또래와 장애인에 대한 태도는 부정적 태도를 가지고 있고, 능력도 낮다고 인식하는 것으로 나타났다.

장애유아와 장애인에 대해 부정적 태도와 부정확한 지식을 가지고 있는 일반유아들에게 정은영(2001)과 유수옥(2001)은 새로운 긍정적 태도 형성을 위해 중재 활동을 제공하였다. 중재 활동 제공 후 사후검사에서 일반유아는 장애유아와 장애인의 능력에 대한 정확하게 인식하였고, 긍정적 태도가 증진되었다. 정은영(2001)의 연구에서 언어장애인이 "말을 못하면 생각도 못할 것 같아서 싫어요"라고 부정적 반응을 보였던 유아가 사후검사에서 "손으로 얘기하면 되잖아요"라며 긍정적으로 변화된 반응을 보였다. 청각장애인에게 "안 들려서 인사도 못해요"라며 부정적 태도를 취했던 유아가 사후검사에서는 "뛰어가서 어깨를 두드려 줄 거예요"라며 긍정적 태도를 보이기도 하였다. 이러한 예에서 볼 수 있듯이 장애인의 능력에 대해 부정확하게 인식하여 사전 검사에서 부정적 태도를 보였던 유아들이 중재 활동 후에 장애로 인한 제한된 특징과 특성에 대처하는 방법을 알게 되면서 장애인에 대한 태도를 긍정적으로 바꾸었다. 유수옥(2001)의 연구에서는 동화를 활용한 중재 효과는 거의 모든 유아에게 유치원 내에서의 활동뿐만 아니라 중재 환경 밖에서도 나타났고, 중재를 통하여 실험 집단의 유아들은 통제 집단의 유아들에 비해 장애유아가 좀 더 중요한 사회적 역할(의사, 우유 나르기, 칼로 음식물 자르기)을 할 수 있다는 인식이 증가하였다.

통합 어린이집에서 장애유아와 일반유아를 관찰한 강희연(2006)의 연구에서 통합 초기에는 일반유아는 장애유아가 자신과 다르다는 것을 인식하고 '우리는 다르다'라고 단정 짓고 부정적인 태도를 보였으나 통합교실에서 1년 이상 일상생활을 함께 함으로써 '우리와 다르지만 같다'를 거쳐 장애유아의 차이를 차별이 아닌 다양성으로 받아들여 '우리는 모두 다르다'라고 장애를 인식하게 되었다. 이를 그림으로 제시하면 〈그림 5-1〉과 같다.

〈그림 5-1〉에서 보는 바와 같이, 유아의 장애인식이 변화함에 따라 장애유아를 대하는 태도도 달라졌다. '우리와 다르다' 단계의 '경계하는 유아'들은 장애유아에게 인상을 찡그리거나 무시하기도 하고, 좀 더 적극적으로 부정적 태도를 표현하기도 한다. 그러나 '우리는 다르지만 같다'고 인식하게 되면 경계하거나 무시하던 유아도 '손잡

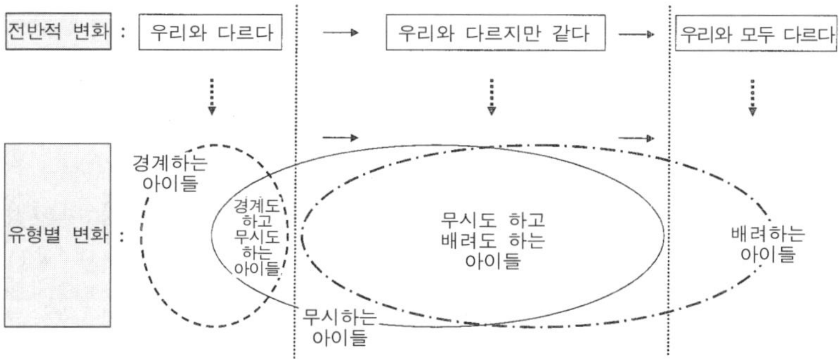

출처: 강희연(2006), 통합 학급 장애유아의 장애인식 변화과정에 대한 질적 연구, 『아동학회지』, 27(6), 123-141.

〈그림 5-1〉 통합학급 장애유아의 장애 인식 변화과정

고 그림도 그려주고는 색칠해 보라고 여러 번 말하는' 친절을 베풀기도 한다. 마지막으로 '우리는 모두 다르다'라고 인식하게 되면 어떻게 하는 것이 잘 돕는 것인지 알게 되어 도움을 받은 장애유아의 '해냄'을 보고 매우 기뻐하며 다른 유아들에게 자랑한다. 그러나 강희연(2006)은 모든 '유아가 배려하는 아이들'의 단계에 이르지는 않으며, 또한 개인차가 있다고 하였다. 그리고 '우리는 다르지만 같다'고 인식하면 상황에 따라 '무시도 하고 배려도 하는 아이들' 집단에 속하는 경우가 가장 많다고 하였다. 일반유아의 이러한 태도 변화는 여러 가지 요인에 기인하는 것으로 여겨진다. 제5장에서 제시한 태도 발달에 영향을 미치는 인지발달, 유아 경험, 교실 변인, 교사의 태도와 행동, 그리고 부모 행동의 다섯 가지 요인이 이러한 변화를 가져왔다고 추론된다.

살펴볼 때, 태도 대상에 대해 긍정적이거나 부정적인 평가를 내린 개인의 집단이나 생각을 나타내는 인지적 도식인(Eagly와 Chaiken, 1993) 태도는 경험에 의해 학습되고 변화하는 것을 볼 수 있다. 그러므로 일반유아가 장애에 대해 부정적인 수용태도를 가지고 있을 때, 새로운 경험과 정보를 제공함으로써 긍정적인 변화를 가져올 수 있다. 많은 연구에서도 장애에 대한 태도가 중재로 인하여 긍정적인 변화를 가져올 수 있다는 결과들을 제시하고 있다(Jones & Burler, 1981; McHale & Simeonsson, 1980; Salend & Moe, 1983; Voeltz, 1980, 1982; Westervelt, Branetley & Ware, 1983; Westervelt & Mckinney, 1980). 유아들은 장애인이 존재하고 있다는 것과 차이점을 인식한 후 중재를 통해 지식화의 단계에서 장애인에 대해 정확한 지식을 얻게 되고, 장애인에 대한 느낌이나 생각을 형성하는 정서적 이해 단계를 거쳐 장애인의 특성과 능력에 근거해서 장애에 대한 긍정적 태도가 형성된다고 볼 수 있다.

Weiss(1994)는 8년간의 종단적 연구를 통하여, 장애인에 대한 태도는 유치원 시기부터 뚜렷이 나타나서 이후 크게 변화하지 않는다고 하였으며, Diamond와 그의 동료들(1992)도 일반유아에 대한 선호는 4세 이후부터 생기기 시작하여 오랜 기간 이러한 태도가 지속된다고 하였다. 따라서 사람들의 차이에 대한 벽이 생기기 전에, 그리고 장애인에 대한 태도가 고정되기 전에 장애인에 대한 현실적인 인식과 태도를 형성하게 해 주는 것이 중요하다고 지적되고 있다(Esposito & Peach, 1983; Stainbak, Stainbak & Jaben, 1981). 유치원 시기와 초기 초등학교 시기는 유아들이 교실에서 장애유아 또래와 자주 만날 수 있는 기회가 있고, 변화에 덜 저항적인 시기이므로(Conant & Budoff, 1983), 유아기 초기는 긍정적인 태도를 형성하게 하는 데 결정적인 시기이다(Ladd, Price & Hart, 1990). 유아기에 따라서 장애인에 대한 정보 제공과 함께 현실적인 인식과 태도를 형성할 중재를 제공한다면 바람직한 인식과 태도의 변화를 기대할 수 있을 것이다.

가장 중요한 것은 장애인에 대한 긍정적인 태도 증진 전략은 일반 유치원과 어린이집에서 장애유아의 성공적인 통합을 지원해 줄 수 있다는 것이다(Brady 외, 1984). 장애에 대한 긍정적 태도는 교실과 지역사회에서 장애 또래와 장애인의 관계를 강화하기 때문이다(Hazzard, 1983). 김혜진, 천희영(2007)의 연구에서 장애유아에 대해 긍정적 태도를 보인 일반유아 집단은 부정적 태도를 보인 일반유아 집단보다 사회적 시도 행동과 호의적인 반응을 더 많이 하였다. 일반유아가 장애유아를 편견 없이 받아들이고 '다양성'의 개념으로 이해할 때, 장애유아에 대한 지원 행동뿐만 아니라 활발한 상호작용이 이루어지기 때문이다.

제6장과 제7장에서는 일반유아들의 긍정적 태도 변화를 위한 다양한 중재 방법을 소개하고자 한다. 제6장에서는 교사와 일반유아가 교실과 학교에서 만나는 장애유아와 상호작용할 때 기본적으로

알아두어야 하는 장애지식에 근거한 장애 유형에 따른 일반적인 접근법을 소개하고, 제7장에서는 긍정적 태도 발달을 위한 좀 더 적극적인 구조화된 접촉, 유아도서, 토론, 장애 체험, 영상 자료 등을 포함한 11가지의 다양한 중재 방법을 소개하고자 한다. 제6장에서 제시하는 장애 유형에 적합한 배려가 있는 상호작용 접근법 사용이 보편화된 교실에서 제7장에서 제시하는 다양한 중재 방법이 실시된다면 장애유아에 대한 긍정적 태도는 매우 증진될 것이다.

제 3 부

장애 이해 및 태도 발달을 위한 교육적 중재

제 6 장

일반적인 교실 중재

1. 바람직한 통합교실 조성
2. 장애 유형에 적합한 접근법

제 6 장 일반적인 교실 중재

본 장에서는 교실에 장애유아가 통합되었을 때 필요한 바람직한 통합교실 분위기 조성과 학교와 지역사회에서 장애유아 및 장애인과 상호작용하고 긍정적인 관계 형성에 도움이 되는 장애 지식에 근거한 각 장애 유형에 적합한 배려가 있는 접근법을 제시하였다.

1. 바람직한 통합교실 조성

교실에 장애유아가 통합되었을 때 교사는 다음과 같은 기본적인 네 가지 점을 강조할 필요가 있다(Sapiro, 2000).

1) 차이점 존중하기

유아교사와 보육교사 및 일반유아들은 장애유아를 이상하거나 부족하다고 생각하기보다는 장애 유형과 장애 정도에 관계없이 긍정적으로 수용하는 것이 중요하다. 교사는 장애유아들이 일반유아와 다른 방법으로 교실에서의 활동을 수행하지만 많은 활동에 참여할 수 있다는 것을 일반유아들이 이해하도록 도와주어야만 한다. 서로 다른 점이 있다 하더라도 그것은 정도의 차이지 본질의 차이가 아니라는 것을 일반유아들이 이해할 필요가 있다. 장애가 있다 해도 장애유아는 일반유아 또래와 다른 점보다는 같은 점이 더 많다는 것을 강조해야만 한다. 또한 장애유아는 가능한 한 교실의 많은 활동에 참여하도록 지원해야 한다.

2) 장애유아의 자아 존중감 증진시키기

일반유아들은 자신들이 장애유아 또래를 부정적으로 대할 때 장애유아도 자신을 열등하고 사회적으로 부적절한 존재라고 느낀다는 것을 알고 있어야만 한다. 일반유아들은 장애 또래의 자아개념 형성에 커다란 영향을 미치는 자신의 중요성에 대해서 깊이 생각해 보아야 한다. 장애유아가 자기 자신을 어떻게 지각하느냐는 장애유아의 자아개념에 영향을 미쳐 장애유아의 교실 내에서의 성공에 커다란 영향을 미칠 것이라는 점도 알아야 한다. 장애유아도 다른 또래들처럼 존중되고 수용되기를 원하지만 지나치게 애지중지하거나 동정이나 과잉보호가 없이 다른 유아들처럼 대해야 한다. 동정과 연민보다는 감정이입과 민감성을 가지고 대해야 한다. 또한 교사와 유아는 교실 내에서 장애유아 괴롭히기, 별명 부르기, 거부하기와 같은 해서는 안 될 행동의 기준을 정해야 한다.

장애유아는 빈약한 자아개념을 가질 수 있으므로 자신에 대해 실질적이고 긍정적인 기대를 하는 교실에서 긍정적인 자신의 이미지를 형성하도록 여러 가지로 지원해야 한다. 유아교사와 보육교사는 장애유아도 다른 유아들처럼 리더의 지위를 누리도록 격려할 수 있다. 마음에서 우러나오는 칭찬, 장애유아에게 성공과 진보를 가져다주는 활동을 통해 장애유아들이 자신감을 얻고 또래와의 교실 활동에 참여하여 성공적인 경험을 하게 해야 한다.

3) 편안하고 자연스러운 교실 분위기 조성하기

유아교사와 보육교사 및 일반유아들이 마음 편하고 자연스러운 교실 분위기를 조성한다면 장애유아도 자연스럽고 마음이 편한 분위기에서 성장·발달할 수 있다. 교실은 장애에 대한 긍정적 이미지를 반영해야만 한다. Derman-Sparks와 그의 동료(1989)는 "장애유아들은 그림 속에서, 장난감에서, 그림책 속에서, 역할 모델에서 긍정적으로 묘사되고 있는 자신의 모습을 보아야 할 필요가 있다"고 하였다. 장애인이 등장인물인 그림책과 시각장애유아를 위해 점자가 부착된 하루 일과표가 비치되고, 교실의 의자와 테이블도 장애유아와 일반유아가 쉽게 접촉할 수 있도록 배치해야만 한다.

유아교사와 보육교사가 다양한 장애유아의 행동들을 수용하는 모습의 모델을 보이는 것이 가장 중요하다. 교사는 모든 유아와 개별적으로 접촉하고, 모든 유아를 존중하고, 수행 가능한 분명한 기대와 유머감각을 보여 줌으로써 긍정적인 분위기를 만들 수 있다. 비웃거나 빈정대는 것이 아니라 즐겁고 진심에서 우러나오는 유머를 사용하여 문제를 해결해 긴장을 완화하면서 교사의 리더십을 계속 유지하는 것이 바람직하다. 장애유아에게는 가능한 한 긍정적 강화를 많이 제공하는 것도 편하고 자연스러운 교실 분위기 조성에 크게 기여한다.

4) 적절한 시기에 지원 행동 제공하기

일반유아들은 장애유아에게 도움을 제공할 때 언제나 적절해야 한다는 것을 알아야 한다. "내가 도와줄까?"라는 질문에 장애유아가 "그래"라고 한다면 두 번째 질문은 "어떻게 도와줄까?"이다. 장애유아는 이 상황에서 자신에게 무엇이 필요한지를 잘 아는 전문가들이므로 장애유아에게 직접 물어보아야 한다. 그리고 일반 유아들은 "내가 도와줄까?"라는 질문에 장애유아가 "아니"라고 자신의 도움을 거절하여도 장애유아 또래에게 강요하지 말아야 하며 만약 도움이 거절되었을 때 놀라거나 불쾌감을 느끼지 말아야만 한다. 장애유아가 도움이 필요하다면 자신들이 원할 때 요청할 것이라고 생각해야 한다. 장애유아가 가장 큰 좌절과 가장 무례함을 느끼는 것은 마치 자신들에게는 의견이 없는 것처럼 생각하는 일반유아들이 그들의 생각대로 행동하는 것이다.

2. 장애 유형에 적합한 접근법

유치원이나 어린이집에서 교사와 일반유아가 장애 지식에 근거하여 각 장애 유형에 적합하고 배려하는 접근법을 알고 있다면 장애유아는 자아존중감이 증진되고 좀 더 편안하고 자연스러운 분위기에서 생활할 것이다. 다음과 같은 장애 지식에 근거한 장애 유형에 따른 바람직한 접근법과 배려 정보는 일반유아가 교실과 지역사회에서 장애를 이해하고 장애유아 및 장애인에 대하여 감정이입 형성을 증진하는 데 도움을 주어 긍정적 관계를 형성하는 데 크게 기여할 것이다.

1) 시각장애

유아는 시각장애인에 대한 이미지를 검정 안경, 흰색 지팡이, 안내견, 그리고 영원한 암흑 속에서 살아가는 사람이라고 생각할 수 있다. 시각장애인에 대해 유아는 놀라기도 하면서 매력적으로 보기도 한다. 또한 시각장애가 있는 사람들이 전혀 보지 못하거나 모두 특별한 음악적 능력이나 악기 연주 실력을 가지고 있다고 생각할 수 있다. 그리고 우울한 삶을 살고, 무력하고, 개가 이끄는 대로 돌아다니고, 점자로 배워야만 한다고 생각할 수 있다. 유아들은 이러한 시각장애에 대한 잘못된 생각을 버려야 한다(Sapiro, 2000).

시각장애가 있는 대부분의 사람들은 잔존시력이 남아 있으므로 완전한 암흑 속에서 살아가지 않으며, 잔존시력을 사용하여 빛이나 어둠, 그림자, 움직이는 사물과 같은 시각적 자극에 어느 정도 반응하는 능력이 있다는 것을 알아야 한다(Klein, Cook & Richardson-Gibbs, 2006). 그리고 안내견이 시각장애인이 가려고 하는 목적지에 데려다 주는 것은 아니고 목적지를 결정하는 것은 시각장애인이고 시각장애인은 안전하지 않은 지역이나 장애물들에 대한 보호책으로 안내견을 데리고 다닌다는 것을 알아야만 한다(Sapiro, 2000). 유아기에는 시각장애의 발병률이 매우 낮으므로 시각장애유아는 고립되고 다른 사람들이 고정관념화된 오해를 할 수 있다. 한 시각장애인은 "나는 사람들이 시각장애인들을 볼 때 지나치게 행동하지 않고 다른 사람들처럼 똑같이 대해 주기를 원한다"고 하였다(Westridge young Writers, 1994).

시각장애유아는 보통 빛의 존재유무를 구별해 주변을 인식하지만 시력을 효과적으로 사용하지 못하므로 이동 능력과 윙크하기, 웃기, 그리고 다른 사람들이 보이는 몸짓언어를 통한 사회적 단서를 이해하는 데 어려움이 있다. 교실에서 긍정적이고 의미 있는 방법으로 시각장애 친구와 상호작용하기 위해서 일반유아들은 시각장애인에게 적합한 10가지 접근법을 알고 있어야만 한다(Aiello, 1984; Corn & Martinez, 1985; Maloff & Wood, 1988; Hunt & Marshall, 1994; Lessen, 1994; Sapiro & Margolis, 1988; Sapiro, 2000).

1. 일반유아는 시각장애 친구에게 "○○야, 악수하자"라는 말을 하

면서 손을 내밀어 악수하여야 한다. 일반유아가 시각장애에 대해 질문할 때, 교사는 시각장애유아 자신이 친구들에게 직접 대답하도록 한다. 물론, 교사는 적절한 선에서 도울 수는 있다.

2. 일반유아는 시각장애유아에게 인사할 때 "내 왼쪽에 철수가 있어"와 같은 말을 하여 자기 외에 다른 누군가가 있다는 것을 확인해 주는 것이 필요하다. 그리고 시각장애유아가 혼자 방에 있을 때는 자기가 들어가고 있다는 것을 소리 내어 알려줌으로써 시각장애유아가 놀라지 않도록 해야 한다. 또한 아무 말도 하지 않고 시각장애 친구 혼자 남겨두고 방을 나와서는 안 된다.
3. 교실이나 식당에서 시각장애유아의 의견이 필요할 때 시각장애 친구가 그 자리에 없는 것처럼 시각장애유아의 의견을 대신 말하여서는 안 된다. 교사나 옆에 있는 친구가 시각장애유아에게 직접 의견을 물어봐야 한다.
4. 시각장애유아에게 현관에서 어떻게 교실까지 가는지, 그리고 어떻게 교실 안을 걸어다니는지에 안내하여야 한다. 또한 교실 안의 어디에 유아 의자, 선생님 의자, 책장, 교구장, 사물함, 휴지통, 책꽂이, 출입구, 화장실, 일과표 등이 있는지를 알게 해야 하고, 가구 배치가 변화될 때는 미리 알려주어야만 한다.
5. 일반적으로 시각장애유아를 안내할 때는 팔꿈치를 잡고 안내하는데, 이는 시각장애인을 어디로 데리고 간다거나 어디로 가라고 촉구하는 것이 아니라 안내하는 것을 의미한다. 이때 시각장애유아들은 장애물로 인해 놀랄 수 있으므로 일반유아는 시각장애유아보다 반 보 앞에서 걷는 것이 좋다. 일반유아들이 시각장애유아에게 말할 때 '저 너머' 또는 '쭉 가서 왼쪽으로 가'보다는 '오른쪽으로 다섯 발자국' 또는 '지금부터 일곱 발자국 앞으로'처럼 특정 방향과 숫자를 사용하여 말하여야 한다. '저기, 저기'와 같이 손으로 가리키기는 도움이 되지 않는다. 시각장애

유아 친구에게 정보를 정확하게 제공해야 한다. 시각장애유아에게 자리를 제공할 때, 의자의 등쪽을 잡게 하고 의자가 어느 쪽으로 향해 있는지를 알려준다.

6. 유아들은 안내견이 주인의 안전을 책임지는 일하는 개라는 것을 인식해야 한다. 개는 주인의 허가 없이 응석부리고 귀여움을 받아서는 안 된다. 또한 안내견을 이용하는 시각장애인과 함께 걸을 때는 개의 반대편에서 걷는다.
7. 일반유아는 시각장애유아가 청각장애가 아니라 시각장애임을 기억해야 한다. 시각장애유아에게 지나치게 크게 소리치면서 말하지 않도록 한다.
8. 간식시간이나 점심시간에 시각장애유아가 가장 짧은 동선으로 테이블에 앉도록 안내하여야만 한다. 일반유아는 시각장애유아에게 오늘의 메뉴를 읽어줄 수 있다. 그리고 앉아서 음식을 먹을 때 탁자 위에 어떤 음식이 어디에 있는지를 시각장애 친구의 손을 잡고 만져보게 하면서 알려준다. 시계 보기를 배운 시각장애유아에게는 음식과 탁자 위에 있는 물건들에 대해 다음과 같이 알려준다. '크림빵은 너의 앞 6시 방향에 있고, 요구르트는 8시 방향으로 있다'라고 사물이 있는 곳을 '시계 방향'으로 설명한다.
9. 시각장애유아에게 화장실의 변기, 소변기, 세면대, 비누, 휴지의 위치를 안내해야만 한다.
10. 유치원 버스에서 '앞에서 두 번째 줄 뒤에 빈자리가 있어' 하고 말하는 것이 시각장애유아에게 매우 유용하다. 이렇게 말해준다면 시각장애유아는 어떤 자리가 비어 있는지를 알기 위해 이 자리, 저 자리를 만져보지 않아도 된다.

2) 청각장애

청각장애는 다른 사람과의 음성적 의사소통을 방해한다. 중도의 청각장애유아는 잘 듣지 못하므로 정보 처리하기, 사고 개념화하기와 특별히 언어 발달에 어려움을 가진다. 사람들은 환경 속에서 들은 소리를 모방함으로써 언어를 습득하기 때문에 중도 청각장애 유아는 모방하여야 할 소리를 들을 수 없으므로 의사소통 기술을 배우는 데 장애가 있다(Odom & Clark, 1982).

유아들은 청각장애 또래와 의사소통할 때, 사람들이 자신의 의사를 나타내기 위해 사용하는 방법이 많다는 것을 기억해야 한다. 교실에서 중요한 것은 판토마임하기, 손으로 지적하기, 쪽지 쓰기, 얼굴 표정과 몸짓 사용하기 같은 서로 의사소통할 수 있는 상황을 조성하는 것이다. 공공장소에서는 너무 과장된 제스처 사용은 다른 사람들의 지나친 관심을 받게 될 수 있으므로 적절하지 않다(Sapiro, 2000).

청각장애인들은 다른 사람과 의사소통하기 위해 수화, 구화, 지문자, 입술 읽기 같은 의사소통 방법을 사용한다. 구어로 의사소통을 하는 청각장애인은 의사소통하기 위해 말 읽기를 일차적 수단으로 사용한다. 이것은 소위 '입술읽기(Lip Reading)'라고 불린다. Kisor(1990)은 입술읽기의 가장 큰 문제점은 많은 소리가 비슷해 보인다는 것이다. 결과적으로 머, 먼, 버, 번, 퍼, 펀, 펌 등은 구별하기 매우 어려울 것이다. '칸'과 '한'도 구별하기 어렵다.

교실에 청각장애유아가 통합되었을 때, 일반유아는 다음의 11가지 원리를 유념해야 한다(Sapiro & Margolis, 1988; Sapiro, 2000; Klein, Cook & Richardson-Gibbs, 2006; Winter, 2007).

1. 교실에서 청각장애유아에게 어떤 물건을 쳐다보게 하기 위해서는 먼저 손가락으로 지적한 후에, 청각장애유아에게 쳐다보는 방

향이 맞는다고 고개를 끄덕여 주고, 청각장애유아가 물건을 쳐다보게 하고, 그 다음에 그곳에 가서 물건을 잡게 한다.

2. 청각장애유아를 적절한 자리에 배치하여야 한다. 교사가 빛이 들어오는 창문에 서서 말하면 밝은 빛 때문에 말하는 사람의 얼굴이 어둡게 보이고, 입모양이 불분명하기 때문에 삼가야 한다. 빛은 청각장애유아와 교사 뒤에 있어야만 한다.
3. 청각장애유아와 의사소통할 때는 서로 직접 얼굴을 마주보고 이야기하는 것이 바람직하다. 가능한 한 가까이에서, 유아 눈높이에서 서로 마주보며 말한다. 서 있는 위치는 60－150㎝ 정도 떨어진 거리가 적합하다. 거리가 더 멀어지면 입술 읽기가 어려워지며, 너무 가까이에서 말한다면 입을 쳐다보기가 힘들거나 각도가 맞지 않아 목에 통증이 있을 수 있다.
4. 일반유아는 청각장애유아가 잔존청력과 입술 읽기를 사용하여 교사와 또래의 말을 부분적으로 듣고 이해할 수 있다는 것을 기억해야만 한다. 그러므로 청각장애유아는 말하는 사람의 입을 쉽게 볼 수 있어야만 한다. 교사나 다른 유아들은 청각장애유아에게 말하면서 무엇을 먹거나, 껌을 씹거나, 책이나 종이, 그리고 손으로 자신의 입을 가리지 말아야 한다. 책을 읽어줄 때, 교사나 일반유아는 책을 내려놓고 읽는 것이 좋다.
5. 교사와 일반유아는 적절한 음성으로 분명하게 말해야 한다. 너무 크게 말하면 입모양이 변형되어 청각장애유아가 입술 읽기를 잘못할 것이다. 교사와 일반유아의 목소리가 문장의 마지막 부분에서 작아져서는 안 된다. 그리고 문장의 마지막 단어와 중요한 단어를 명확하게 발음하여 청각장애유아의 문장 이해를 도와주어야 한다.
6. 청각장애유아는 긴 문장을 이해하기 어려우므로, 짧은 문장으로 나누어 말하여야 한다. 그리고 청각장애유아가 이해하였는지 확

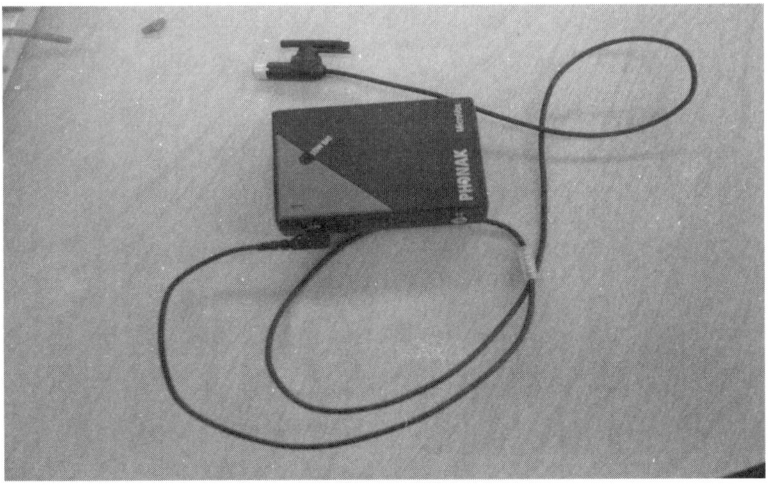

<그림 6-1> 교사가 사용하는 마이크

인하고 말하는 속도가 너무 빠르지 않게 한다.

7. 청각장애유아는 전화, 텔레비전, 그리고 소음이 나는 곳으로부터 떨어져 있을 때 잘 들으므로 교실의 소음을 줄인다. 청각장애유아는 방음장치가 된 조용한 방에서 잘 듣는다는 것을 알고 있어야 한다.
8. 교사는 청각장애유아가 보청기를 언제나 착용하도록 격려해야 한다. 그리고 교사와 일반유아는 청각장애유아의 보청기를 착용한 귀 쪽에서 말한다. 교사가 옷에 꽂는 마이크를 사용하여 말하는 것도 청각장애유아가 활동을 이해하는 데 큰 도움이 된다.
9. 걷거나 움직이면서 청각장애유아에게 말하면 이해하기가 어려우므로 청각장애유아에게 말할 때에는 정지한 상태에서 말하도록 한다.
10. 교사는 청각장애유아와 부모에게 다음 주나 다음 달에 할 주제나 활동을 미리 알려주어야 한다.

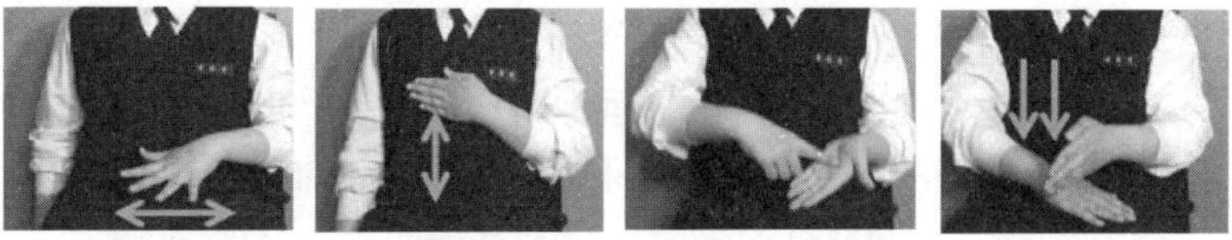

그저 그래요 알아요 가르쳐 주세요 고마워요

출처: 파라다이스 복지재단(2007), 『장애아동과 테크놀로지』, 7, p. 35.

<그림 6-2> 손짓 기호의 예

11. 청각장애유아가 교실에 있을 때 유아들이 기본적인 수화를 배운다면 서로 감정이입하는 데 도움이 되어 우호적인 교실이 될 것이다. 청각장애유아는 이러한 교실 친구들에게 감사할 것이다.

3) 정신지체

최근의 정신지체에 관한 정의는 지적 능력만이 아니고 주변의 사회적·환경적 요구에 효과적으로 반응하는 개인의 적응능력을 포함한다. 적응 행동은 개인이 연령과 문화에 의해 기대하게 되는 개인적 독립성과 사회적 책임을 충족시키는 행동이다(Grossman, 1983). 단지 지적 능력만을 대상으로 한 임상적 관점에서 사회의 적응 능력을 포함하는 사회적 체제 관점으로 변화하였다(Mercer, 1973). 단순히 지능뿐만이 아니라 적응행동 발달도 정신지체의 개념에서 중요하게 여겨지는 개념이다. 학령전기에는 신변처리 기술, 학령기에는 학습행동, 성인기에는 직업이나 주거에 관련된 행동들을 올바르게 수행하는지도 지능지수 못지않게 중요하다.

정신지체유아는 신체적으로 건강하고 경도일 경우 일반유아와 외견상 차이가 없으므로 인식하지 못하는 경우가 많다. 그러므로 유아교사와 보육교사는 장애유아와 일반유아가 상호 적합한 관계를 증진시킬 수 있는 다음 10가지를 고려하여 일반유아를 지도하여야 한다(Sapiro & Margolis, 1988; Sapiro, 2000).

1. 정신지체유아가 통합되어 있는 교실의 일반유아들은 사람의 가치가 지능지수에 의해 평가되어서는 안 된다는 것을 알아야 한다.
2. 일반유아들은 정신지체 친구도 적절한 교육과 훈련을 받으면 지역사회 안에서 성공적인 삶을 살 수 있다는 것을 알아야 한다.
3. 일반유아들은 정신지체 또래가 위험하고, 의욕이 없고, 무턱대고 즐거워하고, 사회적으로 무능력하고, 충동적이고, 계속적으로 보호가 필요한 존재라는 피상적인 생각을 해서는 안 된다.
4. 일반유아들은 정신지체는 현재 상태이며 교육이나 훈련에 의해서 좀 더 바람직한 적응 행동을 습득할 수 있다는 것을 인식해야만 한다.
5. 일반유아들은 정신지체 또래가 무엇을 배우기 위해서는 반복, 연습, 강화, 그리고 인내가 필요하다는 것을 알고 있어야만 한다.
6. 일반유아들은 정신지체유아가 기억력이 낮고 주의 집중력이 짧고, 실패를 잘한다는 것을 알아야 한다. 정신지체 또래가 어떤 활동을 잘하기 위해서는 활동을 몇 단계로 나누어 실시하면 더 성공할 수 있다는 것을 알고 있어야 한다.
7. 일반유아는 정신지체 또래에게는 사물을 구체적으로 보여 주고 설명하면서 말하는 것이 도움이 된다는 것을 알아야 한다. 그리고 충분히 이해하고 있는지 확실시하기 위해 이미 설명한 말을 여러 번 반복하는 것이 좋다는 것을 알고 있어야 한다.
8. 일반유아들은 정신지체유아가 발음이 불분명하거나 어린아이처럼 말하는 것을 이해하여야 한다. 그리고 잘 알아듣지 못하면 분명한 발음으로 천천히 말해준다.
9. 장애유아에게는 출입문이 어디 있는지, 어느 것이 유아용 변기인지, 급식대가 어디 있는지, 사물함이 어디 있는지, 내일의 준비물이 무엇인지, 어떤 유치원 버스를 타고 집에 가는지에 대

하여 여러 번 이야기해 주어야 한다. 짝을 정해 주어 짝이 이러한 것을 도와주도록 할 수 있다.

10. 일반유아들이 정신지체유아를 자꾸 놀리거나 건드리면 정신지체유아는 열등감을 느끼고 자신을 사회적으로 무능력하다고 느낀다. 일반유아들은 정신지체 또래에 대한 자신들의 태도를 한번 생각해 보아야 한다. 정신지체 유아는 교실에서 다른 누구보다 애정과 수용을 필요로 한다. 모든 유아는 존중받아야만 하고, 똑같이 대해져야 하는 권리가 있다.

4) 지체장애

신체적 장애가 있는 학생들은 물론 신체적 제한이나 건강문제로 학교 출석과 학습이 어렵고 심각한 의료적 문제를 가지고 있기 때문에 때로는 물리치료, 언어・말 치료, 재활 치료, 특별한 수송 수단, 적응적 특수체육 등과 같은 관련된 서비스를 필요로 한다(Hallahan & kauffman, 1994).

지체장애유아의 요구를 충족시키고, 이러한 장애에 대한 질문들이 발생할 때 답하기 위해서 교사는 장애에 대해 충분히 이해하고 장애 결과 나타나는 것에 대하여 기본적인 지식을 습득해야만 한다(Hanna & Graff, 1977). 지체장애유아의 자신의 신체장애에 대한 반응은 다른 사람들이 자신들을 어떻게 대하였는가에 크게 영향을 받으므로 장애 지식에 근거한 적합한 접근을 통해 이들과 긍정적인 관계를 형성하도록 해야 한다.

지체장애유아가 교실에 통합되었을 때, 다음과 같은 규칙이 있다면 지체장애유아가 쉽게 교실에 적응을 할 것이다. 휠체어나 목발 같은 보장구를 사용하거나 잘 걷지 못하는 신체장애인에게 교실과 지역사회 내에서의 다음과 같은 사소한 배려는 큰 도움이 된다(Sapiro

& Margolis, 1988; Sapiro, 2000; Klein, Cook & Richardson-Gibbs, 2006; Winter, 2007).

1. 교실이나 운동장의 의자와 책상들은 지체장애유아와 일반유아가 서로 편안하게 상호작용할 수 있도록 배치하여야만 한다.
2. 일반유아는 휠체어를 사용하는 지체장애 친구들이 손이 닿지 않는 곳에 있는 선반과 옷걸이를 이용하기가 어렵다는 것을 알고 있어야 한다.
3. 휠체어가 다닐 수 있는 길이 분명하게 표시되어 있지 않을 때 이동하기 어렵다는 것도 알고 있어야 한다. 그러므로 유치원과 어린이집에 휠체어가 다닐 수 있는 길이 있다면 표시를 분명하게 해 놓아야 한다.
4. 일반유아들은 휠체어 사용자의 허락 없이 휠체어를 밀어서는 안 된다. 특히 언덕을 올라가거나 내려갈 때는 휠체어 사용자의 허락 없이 밀어서는 안 된다.
5. 휠체어를 밀어 주는 친구는 휠체어를 밀기 전에 언제나 휠체어 사용자에게 어디로 갈 거냐고 물어봐야 한다.
6. 일반유아는 소유자의 허락 없이 친구의 휠체어, 목발, 그리고 다른 지지대 등과 같은 개인 물품을 만져서는 안 된다. 그리고 휠

<그림 6-3> 휠체어를 사용하는 친구와 함께 앉을 수 있는 야외 의자

체어의 선반 위에 음식이나 책을 올려놓는 것도 사용자의 사적 자유를 침해하는 것임을 알려준다.

7. 일반유아는 휠체어를 사용하는 또래와 대화할 때는 몸을 낮추어 눈높이를 맞추어서 이야기하여야 한다.
8. 새로운 상황에서 어떻게 행동해야 하는지 잘 모른다면 지체장애 친구에게 반드시 물어봐야 한다.
9. 출입문과 엘리베이터에서 지체장애 친구를 만나면 이들이 교실 문과 엘리베이터 안에 안전하게 들어오고 난 후에 문이 닫히도록 문을 붙잡고 있는다.

대화책의 사용

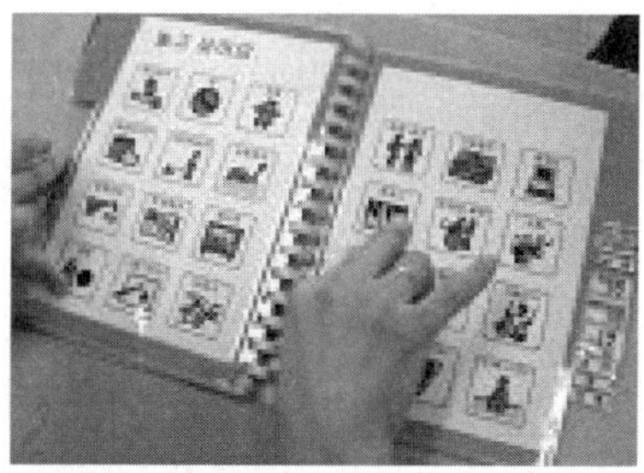

직접 지적하기

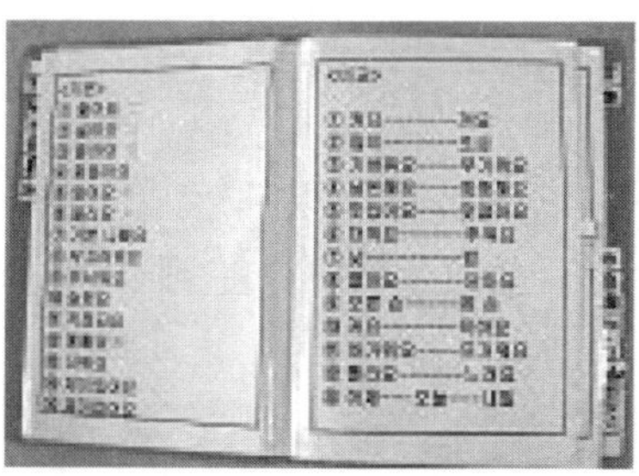

글자로 된 대화책

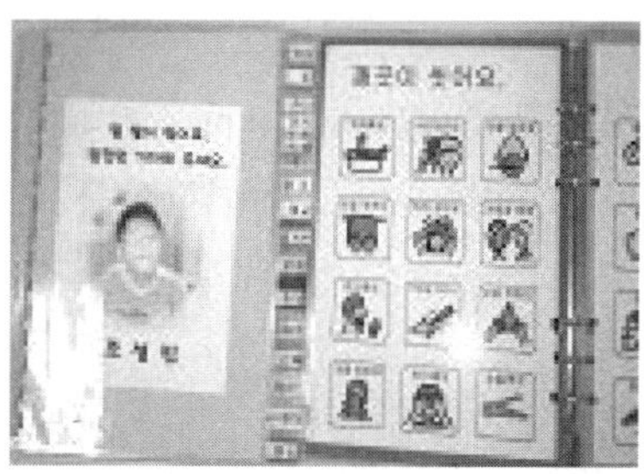

그림으로 된 대화책

출처: 파라다이스 복지재단(2006), 『장애아동과 테크놀로지』, 7, p. 9.

<그림 6-4> 다양한 대화책

10. 일반유아는 의사 소통판, 사인 언어 혹은 다른 방법을 사용하여 지체장애 친구와 의사소통하는 방법을 배울 필요가 있다

5) 정서 · 행동장애

정서 · 행동장애는 주변의 개인이나 환경과 부적절한 사회적 상호작용을 한다. 그러므로 이들의 부적절한 행동을 제재한다면 교사와 학교가 피해자를 비난하고 있다고 볼 수 있다. 정서 · 행동장애유아를 '방해 행동을 하는 유아'라기보다는 '정서적으로 문제가 있는 유아'로 보아야 한다(Sapiro, 2000).

정서 · 행동장애유아들이 보이는 행동 문제는 충동적, 반사회적, 적의, 타인에 대한 공격적 행동 같은 외현적 행동과 사회적 위축, 불안, 미성숙, 부끄러움, 억압, 다식증이나 불면증 같은 내재적 행동 문제를 보인다. 정서 · 행동장애를 보이는 유아들은 긍정적인 인간 상호간의 관계를 형성하게 함으로써 그들의 환경에 대처하는 법을 배우도록 지원을 해야 하고 계획된 안내를 해야만 한다. 유아교사와 보육교사는 정서 · 행동장애유아가 자신의 행동 문제를 조절하거나 수정할 수 있는 환경을 제공하는 데 목적을 둘 때 이들의 자아존중감이 강화되고, 자기 통제를 도와줄 수 있으므로 적합한 학습이 발생할 수 있다(Brolin, 1995).

이러한 목적을 위해서 정서 · 행동장애유아가 교실과 일반유아에게 잘 적응하도록 교사는 다음 14가지 일반 상식적 접근에 익숙해져야 한다(Sapiro, 2000).

1. 정서 · 행동장애유아에게 호의적인 환경을 제공한다. 정서 · 행동장애유아들이 충분히 수용되는 교실을 계획한다. 이들이 교사와 일반유아 또래와 긍정적인 상호작용을 할 기회를 가지며, 학문적 진보와 적합한 행동 발달을 할 수 있는 많은 기회를 제공해야

한다.

2. 교사와 일반유아들은 교실 내의 행동에 대한 적절한 기준을 서로 협력하여 정해야만 한다. 교실에서 일반적으로 통용되는 기준을 정하는 것은 방해 행동을 보이는 정서·행동장애유아가 교실에서 요구되는 행동에 대하여 이해하도록 도와줄 것이다. 유아의 행동을 감독하는 규칙은 이들에게 적절하고, 긍정적으로 명확히 제시되어야 하고, 공평하게 적용되어야 한다. 모든 유아들은 부적절한 행동의 결과를 명백하게 알아야 한다. 행동의 결과들에 대해서는 교육적으로 존중하며, 즉각적이고 일관성 있는 방법으로 다루어야 한다. 유아교사와 보육교사는 필요하다면, '안 된다'라고 말해야만 한다. 단호하게 '안 된다'라는 말은 필요할 때만 사용해야 유아들은 자신의 행동을 조절해 주는 어떤 사람이 있다는 것에 대하여 안심한다.
3. 자리 배치는 유아와 프로그램 목표 달성에 도움이 되어야 한다. 때때로 방해 행동을 보이는 유아들은 교사 옆자리나 적당한 역할 모델이 되는 일반유아 옆 자리를 정해 주어야 한다. 또한 정서·행동장애유아가 편안함을 느낄 수 있는 정도의 공간을 제공해 주어야 한다. 유아들간에 어느 정도 공간이 있다면 공격적이거나 보복적 행동인 밀기, 밀어내기 같은 행동을 감소될 것이다. 때때로 문제 행동을 보이는 유아들은 다른 유아들의 고의적인 행동과 우발적인 행동을 구별하지 못하기도 한다.
4. 어떤 정서·행동장애유아는 일반교실에서의 통합이 점진적으로 실시된다면 좀 더 잘 기능한다. 그러나 어떤 정서·행동장애유아는 하루 종일 통합교실에서 생활할 때 잘 기능할 수 있다.
5. 교사는 정서·행동장애유아에게 적절하고, 도전을 제공하고, 흥미로운 프로그램을 제공하여야만 한다. 활동에 바쁘고, 흥미를 보이는 유아들은 거의 문제를 일으키지 않는다. 그러므로 과제

와 시간표는 변화와 다양성이 있어야 하고, 동적 활동과 정적 활동이 교대로 이루어지고, 개별적으로, 소집단 혹은 대집단으로 활동이 이루어져야만 한다. 다양한 교수 전략, 실외 활동, 그리고 컴퓨터 같은 흥미로운 자료들은 정서·행동장애유아의 흥미를 불러일으키고 유지하는 데 도움을 준다. 유아들이 불안해하면 활동을 변화하거나 유아의 관심을 다른 곳으로 돌려서 문제 발생을 예방할 수 있다. 또한 교수 프로그램은 유아의 요구, 기술 수준, 학습 양식에 적합하게 계획하여야만 한다.

6. 프로그램은 유아들이 화나는 것이 수용될 수 있는 방법으로 해소하도록 도와주어야 한다. 문제 행동을 보이는 유아들은 자기 조절감을 회복하기 위해서 분노나 좌절을 해소해야만 한다. 유아가 지나치게 긴장하거나 피로하다면 문제 행동을 일으킬 수 있다. 다양한 활동이 긴장하고 기진맥진할 때 기분전환을 하도록 제공할 수 있다.
7. 교사는 때로는 정서·행동장애유아의 부정적 행동을 무시해야한다. 일부러 정서·행동장애유아와 눈맞춤을 하지 않고, 유아의 행동을 보고도 못 본 척함으로써 정서·행동장애유아의 문제 행동을 자극하기보다는 단념하게 할 수 있다. 이러한 행동을 무시함으로써 교사는 유아에게 시간을 주고, 불안이나 분노를 감소시킬 수 있는 기회를 준다. 물론 이러한 '계획적 무시하기'의 전략 사용은 상황에 따라 달라져야 한다. 정서·행동장애유아가 자신이나 다른 사람에게 자칫하면 해를 줄 수 있는 행동을 할 때 결코 무시해서는 안 된다.
8. '신호 체계'를 사용한다. 많은 교사들은 원하지 않는 행동이나 받아들이기 어려운 행동을 경고하는 의미에서 유아와 교실 전체를 대상으로 손들기, 의자에서 일어나기, 입에 손가락 대기, 손 머리에 올리기 같은 신호를 사용한다.

9. 교사가 정서 · 행동장애유아 가까이에 있는다. 교사가 자신의 근처에 있다는 것이 정서 · 행동장애유아로 하여금 자신의 행동을 조절하는 데 도움을 줄 수 있다. 교사가 자기 가까이 있어 지원을 해 준다고 안심한다면 스트레스를 주는 상황에서 유아는 자신의 감정을 조절할 수 있다. 교사는 정서 · 행동장애유아에게 즉석에서 격려를 해 줄 수 있다.
10. 교사는 정서 · 행동장애유아의 문제 행동이 예견되면 환경을 변화시켜야 한다. 제멋대로 하는 행동이 개선되도록 하고 곤란을 극복하도록 도와주는 데 강조점을 두어야만 한다.
11. 긍정적인 행동은 강화하고 보상해야만 한다. 보상은 긍정적인 자아 개념을 도와줄 수 있다.
12. 위협이나 비난을 피한다. 문제 행동을 보이는 어떤 유아의 경우 비난을 거부라고 해석한다. "나는 네가 하는 행동을 좋아하지 않는다. 그러나 계속 너를 좋아한다"라는 말을 해 준다. 유아가 바람직한 행동을 보일 때 긍정적인 지지는 긍정적인 자아 개념을 형성한다.
13. 교사는 불안이나 위축된 행동을 보이는 정서 · 장애유아의 요구에 대해 특별히 인식하고 민감해야 한다. 이러한 유아도 화났을 때 공격적인 행동을 나타내기 때문이다.

6) 자폐성 장애

자폐성 장애는 일반적으로 언어적 · 비언어적 의사소통, 사회화, 놀이 행동에서 결함이 나타난다. 일반적인 행동에는 몸 흔들기, 손 흔들기 같은 반복적인 몸 운동, 자신의 주변 세계에 대한 별난 반응, 똑같은 일과 반복하기 같은 것이 있다. 어떤 경우에 자폐성 장애는 머리를 벽에 박기나 손가락 물기 같은 공격적이거나 자해행동을 보이기도 한다(Klein, Cook & Richardson-Gibbs, 2006).

자폐성 장애유아의 언어 문제는 반향어(즉각적이거나 지연된 정보 반복)와 비관습적인 단어를 사용하며 이상한 음색과 억양, 그리고 소리 높이로 말하는 것이다. 그들이 좀 더 복잡한 언어 능력을 습득하였다 하더라도 자폐유아는 의사소통 기술이 빈약하다. 기능적인 언어가 발달하지 못한 자폐성 장애유아에게는 보완의사소통 체제를 통한 의사소통을 배우도록 격려해야만 한다.

자폐성 장애유아는 교사와 일반유아에게 특별한 요구를 하므로 다음과 같은 접근이 도움이 될 것이다(Sapiro & Margolis, 1988; Sapiro, 2000; Bleach, 2004; Winter, 2007).

1. 교사와 일반유아는 감각적 자극에 대하여 자폐성 장애유아가 대부분의 사람들과는 다르게 반응할 수 있다는 것을 알고 있어야 한다. 자폐성 장애유아는 시각, 청각, 후각, 미각, 촉각적 자극에 대해 지나치게 반응하거나 전혀 반응하지 않을 수도 있다. 예를 들어 자폐성 장애유아는 자명종 시계의 작은 벨 소리에도 두려움을 느끼거나 자동차의 커다란 경적소리를 계속 눌러가면서 듣기를 즐거워할 수도 있다. 어떤 자폐성 장애유아는 아픔을 잘 느끼지 못하는 것 같기도 하다.
2. 자폐성 장애유아는 사람, 사물, 사건에 대해 예상하지 못하는 방법으로 행동한다. 자폐성 장애유아는 교사나 다른 유아들과 상호작용하는 데 어려움이 있다.
3. 일반유아들은 자기 교실의 자폐성 장애유아가 그들이 이해하지 못하는 방법으로 반응할 수 있다는 것을 알고 있어야 한다. 예를 들어 어떤 자폐성 장애유아는 물건에 강한 고착을 가질 수 있고, 이상스러운 놀이를 지속적으로 하기도 한다. 또한 자동차를 마룻바닥에 밀기보다는 공중에서 바퀴를 계속 돌리기도 한다. 그리고 운동화끈을 꿰지 않고 손에 들고 눈앞에서 계속 흔들거리게

하기도 한다.

4. 교사와 일반유아들은 자폐성 장애유아는 때때로 그들의 일상적 일과가 변화할 때 저항한다는 것을 알아야 한다.
5. 일반유아들은 자폐성 장애유아들이 자신들의 질문에 대답하지 않는 것은 자신들을 무시해서가 아니라 문장을 만드는 데 어려움이 있어서 자신들의 질문에 대답하지 않을 수 있다는 것을 알아야 한다.
6. 일반유아는 자폐성 장애유아가 혼자서 중얼거리기도 하지만 듣고 싶어 할 때 말하지 않기도 한다는 것을 알고 있어야 한다. 그리고 자신이 원할 때 말하기보다 손을 끌고 가서 지적한다는 것을 알고 있어야 한다.
7. 자폐성 장애유아들이 반복적으로 단어와 리듬을 중얼거리는 것은 일반사람도 좋아하는 노래나 문구를 중얼거릴 때 안도감을 느끼는 것처럼 자폐성 장애유아들을 편안하게 해 준다는 것을 알고 있어야 한다.

7) 의사소통장애

사회의 구성원이 되고, 인간관계를 유지하기 위해서는 효과적인 언어를 사용하여야 한다(Van Riper & Emerick, 1984). 사회는 표준에서 벗어나는 일탈된 말을 사용하는 사람들에 대해 부정적인 태도를 보인다. 이러한 부정적인 사회의 태도는 일탈된 말을 사용하는 사람들에게 많은 영향을 미친다.

부정확하게 발음하거나 말을 더듬을 때 가족, 친구, 주변 사람들이 보이는 반응은 유아의 개인적 자아개념 형성에 영향을 미친다. 다른 사람과 다른 말을 하는 유아는 자신의 의사소통 문제 때문에 좌절하게 되고, 다른 사람과 의사소통할 때 점차 거부감과 자기 의심을 발달시켜 나아가게 된다. 특별히 말더듬이와 같은 의사소통장애는 사회적 적응과 자아개념이 열등한 것으로 나타났다. 의사소통 압력이 있는 장소는 말더듬기를 더욱 더듬게 한다(Sapiro, 2000). 많은 사람들은 사회적 압력이 말더듬의 원인이 된다고 한다. Jonah (1977)은 유아는 그들이 너무 정확한 발음, 정확한 단어, 정확한 억양을 사용하여 말하고자 할 때 말을 더듬기 시작한다고 하였다. 미국 인디언 종족을 비교해 보았을 때, 자녀의 말에 지나치게 허용적 태도를 보인 Ute족과 Bannock족에는 말을 더듬는 아이들이 없었으나 어린 나이에도 종족의 나이가 많은 사람의 감독 아래 복잡한 의식 행사의 일부를 담당하고, 언어 기술이 높은 사람에게 상금을 주는 Cowichan 종족에게서는 말더듬의 출현 비율이 높았다.

교사는 다음 12개의 기본적 전략을 사용하여 일반유아와 의사소통장애유아가 상호작용하도록 지도함으로써 좀 더 편안하고 우호적인 교실을 만들 수 있다(Sapiro & Margolis, 1988; Sapiro, 2000; Carlisle, 1986; Maloff & Wood, 1988; Lessene, 1994).

1. 의사소통장애유아는 대화가 좀 더 천천히 이루어지고 급하게 말할 필요가 없는 교실에서는 좀 더 정확하게 말할 것이다. 교사와 일반유아가 의사소통장애유아의 말을 조용히, 긴장하지 않고, 주의 깊게 듣는다면 의사소통장애유아 친구들은 말하기를 좋아하게 될 것이다.
2. 의사소통장애유아가 말할 때 유아의 눈을 쳐다보며 듣는다. 의사소통장애유아는 듣는 사람이 자신의 말에 큰 관심을 가지고 들으려고 한다면 편안한 마음으로 말할 것이다.
3. 대화할 때 주변에서 소리가 나면 의사소통장애유아는 큰 소리로 말해야 하므로 대화에 필요 이상의 스트레스를 느낄 수 있다. 그러므로 조용한 장소에서 대화하도록 한다. 또한 의사소통장애유아의 경우 멀리서나 다른 방에서 의사소통하는 데 어려움이 있

으므로 가까이에서 대화하는 것이 좋다.

4. 유아교사나 보육교사 및 일반유아들이 의사소통장애유아들이 말한 것을 이해하지 못했을때는 다시 반복하여 말해 달라고 요청하는 것이 좋다.
5. 의사소통장애유아와 대화할 때 중간에 고개를 끄덕이거나 질문을 함으로써 주의 깊게 듣고 있고 이해하고 있다는 것을 알려준다.
6. 대화할 때 서로 번갈아 차례를 교환해 가면서 말하게 한다. 의사소통장애유아는 집단보다는 일대일 대화를 선호한다.
7. 유아가 말을 더듬을 때 중단시키기보다는 편하게 더듬으면서 말하도록 격려한다. 필요 없이 어떻게 하라는 제안은 하지 않는다.
8. '말더듬이'라는 표찰을 붙이지 않으며, 말 때문에 조롱거리가 되는 것으로부터 보호한다.
9. 유아교사와 보육교사 및 또래들은 자신들이 말더듬는 또래에게 반응하는 방식이 그들의 말에 영향을 주는 것을 알아야 한다. 끝까지 들어주고, 그 자리를 떠나지 않는 것이 좋은 방법이다. 대부분의 의사소통장애유아들은 주변 사람들이 듣는 것이 불편해서 자기를 떠나는 것을 매우 싫어한다.

8) 특정학습장애

사람들은 학습장애유아를 장애유아로 여기지 않는다. 학습장애유아는 휠체어를 타거나 커다란 안경을 끼고 있지 않기 때문이다. 학습장애는 눈에 보이는 장애가 아니므로 자주 오해를 받기도 한다. Kranes(1980)은 학습장애아를 '숨겨진 장애'라고 하였는데, 어떤 발달영역에서는 매우 우수한 능력을 보이더라도 다른 발달영역에서 그들의 성취가 눈에 띄게 부진을 보이므로 그들은 교사나 학교 친구로부터 게으르고, 고집이 세고, 멍청하고, 좀 이상하다고 잘못 판단될 수 있기 때문이다(Sapiro & Margolis, 1988, 1989). 대개 학습장애유아들이 나타내는 문제들(산만함, 쓰기 회피, 변덕스럽고 일관적이지 않은 행동, 지각과 준비물 안 가져오기)을 의도적인 것으로 생각한다. 이러한 학습장애 증상은 일반유아들이 학습장애유아에 대해 부정적인 태도를 형성하게 한다. 주변의 다른 사람들이 학습장애유아가 가지고 있는 문제를 이해하지 못할 때, 이들은 자아 존중감이 낮아지고 자신을 무가치하다고 생각할 수 있다.

교사는 학습장애유아에게 호의적인 교실을 만들기 위해서 다음 9가지 전략을 사용하여야만 한다(Sapiro & Margolis, 1988; Sapiro, 2000; Lerner & Kline, 2006).

1. 유아교사와 보육교사는 일반유아들이 학습장애에 대해 이해하도록 영상자료, 역할 놀이, 손님 초청, 토론 등의 방법을 사용해야만 한다.
2. 학습장애유아가 청각적으로나 시각적으로 산만해지지 않도록 교실 환경을 잘 정돈한다. 과도한 시각적 자극(요란한 벽지, 교사의 장신구)과 청각적 자극(시계의 찰칵거리는 소리, 악단의 연주소리)으로 학습장애유아가 산만해지지 않도록 한다.
3. 학습장애유아는 일반적으로 비교적 좁은 장소에서는 잘 산만해지지 않는다. 활동과 관계없는 자극적인 자료를 치워 놓음으로써 산만해지지 않도록 한다.
4. 또래 교수나 협력 활동을 포함하는 구조화된 교수를 사용함으로써 학습장애유아와 일반유아가 함께 활동할 기회를 제공한다.
5. 교사는 모든 유아의 수준에서 의사소통하여야 하고, 모든 유아를 있는 그대로 존중하고, 기대하는 것을 분명히 보여 준다. 그리고 유머 감각을 보임으로써 긍정적인 교실 분위기를 만든다.
6. 교실에서 학습장애유아가 자신들의 수준에 맞는 활동과 작업을 수

행하도록 현실적이고 긍정적인 기대를 한다. 그리고 학습장애유아에게는 가능한 한 긍정적인 강화를 많이 주어야 한다.

7. 학습장애유아에게는 과제나 활동을 마치는 데 필요한 시간을 좀 더 제공해 주어야 한다.
8. 학습장애유아의 경우 자아개념이 매우 나쁠 수 있다. 학습장애유아가 자기 장애를 극복할 수 있는 가장 중요한 방법으로는 그들이 긍정적인 자아개념을 가지도록 도와주는 것이다. 그들이 이해할 수 있는 환경을 조성해 주고, 진실된 칭찬, 그리고 성공과 진보를 가져올 수 있는 활동을 계획하여 제공한다면 학습장애유아는 자신감을 가지고 새로운 목표를 향해 갈 것이다.
9. 학습장애가 있음에도 성공한 사람에는 레오나르도 다빈치, 우드로우 윌슨, 록펠러, 아인슈타인, 처칠, 애거서 크리스티, 에디슨, 톰 크루즈가 있다. 이들을 소개하는 것도 한 방법이 될 수 있다.

제 7 장

직접적인 태도 중재

제 7 장 직접적인 태도 중재

본 장에서는 일반 유치원과 어린이집에서 장애유아에 대한 긍정적 태도 증진을 위한 태도 중재 프로그램에서의 고려점과 다양한 직접적인 교육적 중재방법들에 대해 살펴보고자 한다.

1. 태도 중재 프로그램에서의 고려점

통합은 규범화된 사회 체제 속으로 장애유아가 적응하는 의미가 아니라, 장애유아와 일반유아 모두가 서로 다양성을 인정하고 서로 다른 상대의 존재를 받아들이고 함께하는 것이다. 그러므로 태도 중재 프로그램은 교실에서 장애유아의 차이점보다 유사점을 강조하고, 차이점을 바르게 판단하고, 중재 활동에 적극적으로 참여하게 하며, 협력을 강조해야 한다. 교실에서 긍정적 태도 형성을 지원하고 증진하기 위해 교실에서 고려해야 할 네 가지를 Yuker와 Block(1979)의 제안을 기초로 정리하여 제시하면 다음과 같다.

1) 차이점보다는 유사점 강조하기

사람들은 다른 점보다는 유사한 점을 서로 가지고 있다는 것을 강조하여야만 한다. 즉 사람들의 공통점을 강조하여야 한다. 예를 들어 이동 능력에 손상이 있는 지체장애에 대하여 가르칠 때, 우리들이 서로 어떤 일을 다르게 수행할지라도 같은 일을 한다는 것을 강조한다. 어떤 사람들은 휠체어를 타고 이 장소에서 저 장소로 이동하지만, 다른 사람들도 모두 이동하기 위해 어떤 수단을 필요로 한다는 것을 강조한다. 마찬가지로 어떤 사람들은 수화를 통해 의사소통을 하지만 다른 사람들도 모두 손짓, 몸짓으로 의사소통하고 있다는 것을 알려준다. 모든 사람들이 다르지만 다르기보다는 유사한 점이 더 많다는 것을 강조한다.

또한 지체장애나 시각장애와 같이 눈에 보이는 장애가 가장 친숙하고 쉬우므로 먼저 소개하는 것이 좋다(Bookbinder, 1978). Siperstein과 Chatillon(1982)의 연구에서 일반아동들이 장애아동과의 유사성을 인식할수록 장애 친구에 대한 태도가 증진되었다고 하였다. Thios와 Foster(1991)의 연구에서 장애유아와 일반유아의 차이점과 유사점에 대한 소개와 청각장애, 지체장애, 학습장애에 대한 소개로 구성된 프로그램을 제공했을 때 장애에 대한 일반유아의 태도가 보다 긍정적으로 변화되었다.

2) 차이점 바르게 판단하는 것 강조하기

긍정적 태도 중재 프로그램에서 중요한 기본적인 주제는 장애인이라는 사실만이 아닌 모든 개인의 다른 점에 대해서 올바른 인식에 초점을 두어야 한다. 유아교사와 보육교사들은 사람들은 독특한 개인들로서 다를 권리가 있다고 강조할 필요성이 있다. 그리고 서로 다른 점은 다른 사람보다 더 우수하거나 더 나쁘다는 것을 의미하는 것이 아니라고 인식시켜야 한다. 즉 장애가 무엇이든 개인적 차이점과 독특성을 받아들이고 강조해야만 한다. 그러므로 중재

활동은 다른 점과 다양성의 올바른 인식을 나타내고 고정관념과 표찰을 피해야만 한다.

우리가 무엇을 할 수 없는가가 아니고 우리가 무엇을 할 수 있는가로 정의하는 것이 더 중요하다. 특정 장애에 대해 가르칠 때, 다음과 같은 생각을 하게 하는 질문을 한다. 시각장애에 관한 토론 질문에서 "네가 시각장애가 되었다 하더라도 네가 계속할 수 있는 것은 무엇이니? 네가 계속할 수 없는 것은 무엇이니?" "네가 계속할 수는 있지만 다르게 하거나 누구의 도움을 받아야 하는 것은 무엇이니?" "그리고 너는 여전히 너인가?"와 같은 것이 적합하다. 그리고 여러 장애의 예를 소개할 때, 유사점의 개념을 경도에서 중도로 소개해 나아감으로써 강화한다.

3) 적극적 참여 강조하기

태도 변화를 가져올 수 있는 하나의 가장 효과적인 방법은 적극적으로 직접 참여하는 것이다. Yuker와 Block(1979)은 "접촉이 밀접하면 밀접할수록 서로서로 잘 알기 때문에 더 많이 도와주게 되므로 긍정적인 태도가 발달된다. 행사성 만남은 비교적 효과가 적다"고 하였다. 장애인과의 접촉 빈도는 많은 차이점을 가져온다. 접촉빈도가 높을수록 태도는 더 긍정적이 될 수 있다. 그러므로 완전 통합이 통합보다 더 효과적이며 통합은 주류화나 분리교육보다 더 효과적이다. 따라서 일반유아와 장애유아의 상호작용은 행사성보다는 자주 만나는 사이여야만 한다. 한두 번의 장애에 관한 대중 매체 시청보다는 지속적인 장애인과의 접촉이 더 효과적일 수 있다. 그리고 동등한 위치 관계는 성공적인 태도 변화 전략에서 필수적인 요소이다(Donaldson, 1980).

사람들의 태도는 장애인이 교실과 지역사회 생활에 수용되고 통합되는 데 영향을 미친다. 장애인에 대하여 선입관을 가지고 교실과 지역사회에서 상호작용할 수 있도록 하는 지원이 없을 때 차별과 분리를 이끈다는 것을 잘 알고 있어야만 한다. 이러한 것을 이해하기 시작할 때, 유아들이 성장하여 통합과 독립성을 증진하는 사회적 정책과 프로그램을 지원할 가능성이 높을 수 있다.

4) 협력 강조하기

태도 변화를 위해 중재할 때 상호작용은 도와주기보다 협력을, 경쟁보다는 협력을 강조해야 한다. Yuker와 Block(1979)은 "사람들이 협력적 행동에 참여할 때 협력 행동은 태도의 긍정성을 증진시키는 데 기여한다"고 하였다. 대개 경쟁할 때보다 협력할 때 사람들을 더 좋아하게 된다. 그러므로 활동은 경쟁보다는 협력을 강조할 수 있게 교수를 개별화하도록 계획해야만 한다. 집단 성취를 강조하고 경쟁을 덜 강조하는 협력적 학습을 제공해야 한다.

장애유아는 일반유아에 비해 서로서로 상호작용하는 데 필요한 기술이 부족하다. 그러므로 교사는 이들에게 협력할 수 있는 기술을 지도하고, 장애유아가 참여할 수 있는 활동을 계획해야 한다. 일반유아가 장애유아를 도와주어야 하는 활동 계획은 일반유아가 장애유아는 반드시 도움을 받아야 하는 낮은 위치에 있다고 지각할 수도 있으므로 일반유아와 장애유아의 협력 활동은 그들을 동등하게 만드는 상황에서 발생해야만 한다.

2. 직접적인 태도 중재 방법

태도는 태도 대상에 대해 어느 정도의 긍정적이거나 부정적인 평가를 하는 개인의 집단이나 생각을 나타내는 인지적 도식이다(Eagly와 Chaiken, 1993). 태도는 경험에 의해 학습되므로 일반유아가 장애에 대해 부정적인 수용태도를 가지고 있을 때, 새로운 경험과 정보를 제공함으로써 긍정적인 변화를 가져올 수 있다. 장애에 대한 긍정적인 태도는 교실과 지역사회에서 장애 또래와 장애인의 관계를 강화할 것이다(Hazzard, 1983). 이러한 태도 중재를 통해 장애유아와 장애인이 교실과 지역사회에서 존중되고 수용된다면 이들은 자신들의 위치에서 교실과 지역사회의 진정한 참여자와 구성원으로 기능할 것이다.

1) 구조화된 접촉

장애에 대한 긍정적 태도 증진을 위해 장애유아와 일반유아의 직접적인 상호작용이 일어나도록 구조화된 접촉을 계획할 수 있다. 여기에는 협력 활동, 계획된 구조화된 놀이 활동이 포함된다. 협력 활동은 학생들의 접촉을 증가시키고, 그들에게 집단 구성원이라는 생각을 제공하고, 즐거운 활동에 함께 참여하게 하며, 공동의 목적을 향해 일하게 한다(Slavin, 1990).

협동 활동은 장애유아와 일반유아가 소집단으로 한 팀을 이루어 작업 활동이나 과제를 공동으로 수행하게 하는 방법이다. 이질적인 유아들간에 상호작용과 공동 목표를 향한 협동 작업 증진을 목적으로 하므로 교실 상황에서 장애유아가 고립되는 것을 방지한다. 이러한 협력 활동 경험을 통해 장애유아와 일반유아의 차이점을 수용하고 인간 상호간의 친밀성을 증진시킬 수 있다. 협력 경험을 통해 직접 접촉과 상호작용을 함으로써 일반유아들은 다른 유아에 대한 일차원적 선입관에서 다차원적인 관점으로 변할 수 있다. 또한 교사는 협동 활동을 통해 이질적인 두 집단이 서로 협력하여 배우도록 하고, 서로서로에 대한 가치를 격려함으로써 선입관을 감소시킬 수 있다(Conard, 1988). Miller(1989)는 협동 활동의 기회를 제공했을 때 통합된 장애유아의 학업수행이 나아졌으며 일반유아의 장애유아 수용과 우정도 발달하였음을 제시하고 있다. 다른 연구에서도 이러한 협동활동을 통해 장애유아와 일반유아의 긍정적 상호작용 및 참여, 대인간의 호감, 사회적 수용, 우정발달을 가져왔다(Johnson, John-son, Deweerdt, Lyons & Zaidman, 1983; Pomplum, 1997).

Favazza와 Odom(1997)은 장애유아와 일반유아간의 좀 더 직접적인 접촉이 발생하도록 교사가 미리 계획한 구조화된 놀이 활동과 함께 장애 주제 동화책 이야기 시간과 유도된 토론을 포함하는 교실 중재 패키지를 8주 실시하였을 때 장애유아에 대한 긍정적인 태도 증진이 나타났다. McHale과 Simeonsson(1980)은 초등학교 2, 3학년 일반아동들의 장애아동과의 놀이를 통한 구조화된 상호작용 경험을 통하여 장애아동에 대한 이해가 증가되었다고 하였다.

이처럼 협력 활동과 직접적이고 구조화된 중재를 통한 장애유아와의 접촉이 장애유아에 대한 일반유아의 태도에 긍정적인 영향을 미치는 것으로 보아 장애유아에 대한 일반유아의 태도 개선을 위해서는 단순한 물리적 접촉이 아닌 보다 구조화된 접촉 기회 제공이 필요하다. Regan와 Fazio(1977)는 직접경험에 대한 태도는 간접경험에 대한 태도에 비해 태도에 대한 지속성과 자신감이 높다고 하였다.

2) 유아, 교사, 그리고 부모를 위한 도서

좋은 책은 유아들의 문해 능력을 발달시키고, 정보를 주고, 활동

중간에 혼자 조용히 휴식하는 것을 돕는 데 사용될 수 있다. 그림책의 또 다른 중요한 기능으로는 유아들이 책을 통해서 자기와 다른 사람에 대한 이해를 발달시킬 수 있다. 유치원이나 어린이집의 조작할 수 있는 많은 감각적 놀이감을 통해 유아들이 주변의 '물리적 세계'를 탐색하고 경험해봄으로써 지식을 얻듯이, 그림책은 다른 장소와 다른 시대, 그리고 다양한 사람들의 '사회적 세계'에 대한 이해를 증진시키는 데 도움을 줄 수 있다(Feeney & Moravcik, 2005). 그림책은 글과 그림으로 이야기의 의미를 전달하는 매체이므로 언어적 이해와 표현의 한계가 있는 유아들이 장애에 대해 전체적으로 용이하게 지각할 수 있고, 간접 경험함으로써 장애를 수용할 수 있고 대응할 수 있다. Baskin(1975)은 "문학은 장애인에 대한 지식을 제공하고 태도를 변화하는 과정에서 준비와 유지 기능을 가지고 있다"고 하였다.

장애 주제 그림책은 유치원과 어린이집에 통합된 일반유아뿐만 아니라 장애 형제를 둔 아동에게도 유용하다. 일반유아뿐만 아니라 장애 형제를 둔 아동도 장애에 대해 잘 모를 수 있고, 때때로 자신의 장애 친구나 장애 형제에게 일어나는 일을 잘 이해하지 못할 수 있다. 장애 주제 그림책은 자신들이 가지고 있는 의문점과 감정을 다른 사람들도 가지고 있다는 것을 알게 해 줄 것이다. 또한 그들은 이야기 속의 인물을 통해 문제를 어떻게 해결하는 것인지도 배울 것이다(Sawyer & Comer, 1991). 장애 주제도서는 유아, 형제뿐만 아니라 장애유아 부모, 일반유아 부모, 교사 및 일반인의 장애에 대한 태도 변화에도 유용하다. 성공한 장애인의 수기나 수필, 그리고 장애 자녀의 양육에 대해 부모들이 쓴 이야기를 읽음으로써 태도의 변화를 가져올 수 있다. 장애유아 부모도 자신과 같은 어려움을 겪는 부모들의 이야기를 읽음으로써 공감할 뿐만 아니라 독립적으로 사회 구성원으로 살 수 있도록 성장시킨 어머니의 이야기를 읽고 현명하게 대처하는 방법을 알게 되며, 자신감을 가질 수 있을 것이다. 또한 일반유아 부모도 이러한 책을 읽음으로써 장애유아와 그의 부모의 어려움을 이해하게 될 것이다.

유아들이 읽는 그림책에서 장애인에 대한 편견과 부정적인 이미지를 가지고 있다면 이미 뿌리 깊게 박힌 복잡한 선입관으로 인해 장애인은 이러한 부정적 이미지를 극복하는 데 매우 힘이 들 것이다(Margolis & Shapiro, 1987). 긍정적인 관점에서 장애인의 능력을 현실적으로 묘사한 문학 작품을 선택하여 읽어야 한다. 다음 〈표 7-1〉의 10가지 기준은 장애인에게 편견이 없고, 긍정적인 태도를 기르는 책과 부정적으로 묘사된 책을 선별하는 근거를 제공한다. 또한 교사와 부모가 유아를 위한 적합한 장애 주제 그림책을 선정하는 데 정보를 제공한다.

3) 영상자료(영화, TV 프로그램, 비디오)

장애인의 삶을 다룬 영화나 비디오도 장애인에 대한 수용적 태도 개선에 효과적인 수단이다(Kelly, 1997; Safran, 2000). 예를 들어 '내 친구 까치'나 '우리 친구 짱이야', 그리고 '말아톤' 같은 영상자료는 유아들에게 매력적이며 생동감 있는 입체적 성격을 가지고 있으며, 유아에게 친밀감과 흥미도 또한 높으므로 장애유아에 대한 긍정적 태도를 기를 수 있다. 움직임을 수반하는 영상언어는 주의를 집중시키며 현실성을 높여주고 심리적인 요인을 조절해 줌으로써 교육에서 지식뿐만 아니라 정서적 측면의 고취를 위해서도 효과가 크다(강운선, 1997; 우은복, 1999).

Foley(1979)는 특수학급이 있는 학교의 일반 아동들을 두 집단으로 나누고 일반아동, 정신지체아동, 학습장애아동에 대해 교사가 긍정적인 반응을 보이는 비디오와 부정적인 반응을 나타내는 비디오

<표 7-1> 장애 주제 그림책 선정의 10가지 지침

1) **동정이 아닌 감정 이입을 증진시켜야 한다.** 책이 등장인물인 유아뿐만 아니라 유아가 가지고 있는 장애도 전반적으로 이해하게 하는가를 살펴본다. 그러나 그림책이 독자로 하여금 장애유아에게 미안한 감정을 가지게 해서는 안 된다. 2) **조롱이 아닌 수용을 묘사하여야 한다.** 책은 장애유아를 놀림감으로 삼아서는 안 된다. 3) **실패보다는 성공을, 혹은 실패 후의 성공을 강조해야 한다.** 책은 몇 가지의 개인의 타고난 재능과 강점을 지적해야만 한다. 4) **장애유아의 긍정적인 이미지를 증진시킨다.** 장애유아를 다른 유아들이 높이 평가하는 강하고, 독립적인 사람으로 그려져야 한다. 5) **장애에 대하여 정확한 이해를 얻도록 유아를 지원한다.** 유아의 발달 수준에 적합하게 써진 정확한 정보를 제공하는 책이어야만 한다. 6) **장애인에 대한 존중을 보여 주는 책이어야 한다.** 장애인의 감정을 상하게 하는 책이어서는 안 된다. 7) **'그들 중의 하나'가 아닌 '우리 중의 하나'에 대한 태도를 증진시키다.** 장애인은 다른 일반인처럼 자신만의 특별한 강점과 약점을 가진 일반유아와 얼마나 유사한가를 다루는 책이어야 한다. 장애유아는 다른 유아와 다른 존재이기 보다 비슷한 점이 있는 존재로 묘사되어야만 한다. 8) **장애보다 사람을 먼저 강조하는 언어를 사용해야 한다.** '앞을 못 보는 순이' 대신 '순이는 앞을 보지 못한다'라는 표현이 더 적합하다. 9) **장애나 장애인을 슈퍼맨이나 부족한 사람으로서가 아닌 현실적으로 묘사한다.** 장애유아를 정확히 묘사한 책이어야만 한다. 장애유아를 초인적 기술이 있거나 무능력한 사람으로 묘사해서는 안 된다. 10) **장애인의 특성을 현실적인 방법으로 묘사한다.** 모든 장애유아가 똑같이 그려져서는 안 된다. 특정 장애 유형의 유아들이 똑같이 그려져서는 안 된다(모든 뇌성마비유아들이 휠체어를 타는 삽화).

출처: Blaska, J. K.(2003), *Using children's literature to learn about disabilities and illness*(3rd), Troy, N.Y.: Educator's International Press.

를 각각 보여 준 후 일반아동들의 또래수용을 검사하였다. 비디오에 나타난 교사의 긍정적인 반응이 일반아동의 장애수용을 증진시켰다. Bak과 Siperstein(1987)은 일반아동과 정신지체아동의 유사성을 강조한 비디오를 보여 주고 난 후 일반아동의 태도 변화를 연구한 결과 장애아동이 가지는 흥미에 관한 정보가 긍정적인 영향을 주었으며 일반아동은 장애아동과 자신을 좀 더 유사하게 인식하였고, 유사하게 인식할수록 좀 더 긍정적인 태도를 보이는 것으로 나타났다. 정선화(1992) 연구에서도 정신지체아동이 가족과 일반아동의 도움으로 학교생활을 원만하게 적응할 수 있었고, 일반아동과 어울려서 학교생활을 잘하고 친구가 되었다는 비디오를 보여 줌으로써 장애아동에 대한 일반아동의 태도 변화에 긍정적인 효과를 가져왔다.

Kelly(1997)의 연구에서 장애인에 관한 영화를 시청한 후 일반 학생들이 휠체어를 탄 교실의 장애 친구들을 덜 괴롭히는 것을 발견했다. 그러나 태도변화는 오래 지속되지 않았다. Westervelt와 Mckinney(1980)의 연구에서도 4학년 학생 집단에게 휠체어를 타고 있는 장애학생이 일반학생과 교실 활동에서 함께 참여하고 있는 필름을 보게 하였는데, 사전-사후검사에서 필름의 효과는 긍정적인 태도 형성에 극히 적게 영향을 미쳤고, 9일 후에는 아무런 효과도 없었다고 하였다. Kelly(1997)는 영화와 필름과 같은 영상자료는 간접접촉이므로 태도 변화가 오래 지속되지 않기 때문에 토론이나 장애인과의 직접적 접촉과 같은 다른 태도 변화 중재 방법과 함께 이용해야 한다고 제안하였다.

이와 같이 영상자료를 통해서 비교적 짧은 시간에 장애에 대한 단순한 정보를 얻는 기능뿐만 아니라 장애아동의 특성과 그들의 감정적인 부분까지도 이해하게 하므로 통합 전에 영상자료를 통해 장애에 대해 긍정적인 태도를 갖도록 준비시키고 통합 후에 직접적 접촉을 한다면 유아들의 긍정적 태도 변화에 효과적일 것이다. 점차 영상시대로 접어들면서 영상 전화기도 대중화되는 시대이므로 앞으로는 시대적 상황과 현실을 반영하고 있는 유아의 수준에 적합한 다양한 영상자료가 적극 개발되어 교육에 활용되어야 할 것이다.

4) 장애 체험 활동

장애 체험은 유아들이 장애인으로서의 대리적 삶을 살아보게 하는 수단이다(Broadbelt, 1969). 장애 체험은 유아들이 장애인이 되는 것이 어떠한 것이며, 왜 특정 장애인들이 그렇게 행동하고, 의사소통하고, 생각하는가에 대하여 이해할 수 있는 기회를 준다(Shapiro와 Margolis, 1988). 일반유아들은 장애유아들이 그렇게 행동하는 방법에 대한 실제적 이유를 직접적인 경험을 통해 얻을 수 있다. 정상적인 유아들의 체험적 경험은 조롱과 같은 부정적인 태도에 대하여 다시 한 번 생각해 보게 하므로 장애친구에게 감정이입을 발달시키는 것을 도와준다.

Cohen, Koehler와 Grand(1977)는 장애 체험에 대하여 다음과 같이 말하였다.

> "우리가 장애 체험을 통해 장애 조건을 완전하게 그대로 경험하지는 못하더라도 그들의 어려움과 장애로 발생되는 삶이 우리와 다른 점은 무엇인가를 어렴풋이 알게 된다."

Colre와 Jeffrey(1972)의 연구에서 휠체어를 타고 길을 다니고 엘리베이터를 타게 한 결과 이를 경험한 집단뿐만 아니라 이를 관찰한 집단에서도 긍정적인 태도 변화가 있었고 긍정적인 태도가 지속되었다. Diamond, Cooper and Pezen(1997)은 신체적 장애가 있는 아이들에 대한 학령 전 유아들의 긍정적 태도 발달을 증진시키기 위한 일련의 교실 활동들을 개발하였다. 한 주 동안 소집단에게 휠체어를 사용할 수 있는 기회를 제공하였다. 휠체어를 타고 건물의 경사로 올라가기, 휠체어 밀어주기, 마룻바닥에서 물건 집어 올리기, 혼자서 물 가져다 먹기와 같은 활동을 계획하였다. 이러한 활동은 휠체어를 탄 사람들은 특별한 활동을 수행하는 데 어려움을 겪는다는 것과 사람들이 어떻게 도와주어야 하는지 방법에 대한 이해를 증진시키고자 계획되었다. 집단 중재 후에 유아들과의 인터뷰를 통해 유아들은 휠체어 사용과 관련된 어려움을 더 잘 이해하고, 어떻게 장애 친구들을 지원해야만 하는지에 관하여 더 많은 생각을 하게 된 것으로 보고되었다.

Donaldson(1989)은 장애 체험 활동의 결과로 발달된 감정이입은 부정적인 태도를 수정하는 데 원동력이 될 수 있다고 하였다. 장애인의 입장을 한번 경험해 본다는 것은 장애에 대해 좀 더 긍정적인 태도를 형성하는 데 도움이 될 수 있다. 또한 장애 체험은 장애인들이 직면할 수 있는 어려움에 대한 인식을 제공하며 그들에게 장애인이 사용하는 보조 기구에 대해 알게 한다. 그들은 장애 체험을 통해 어떻게 장벽을 제거하면 장애를 감소시킬 수 있는지도 추론하게 된다. 많은 발명가와 기술자가 장애인의 생활에 도움을 줄 수 있는 여러 가지 독창적인 보조 기구를 고안해 내게 된 것은 이러한 많은 사람들의 추론의 결과이다. 다음 〈그림 7-1〉의 간단한 집게와 촉각시계, 다양한 스위치를 사용해 보는 것도 이러한 장치가 장애인이 혼자서도 독립적으로 생활하는 데 도움이 된다는 것을 이해하게 해 줄 것이다.

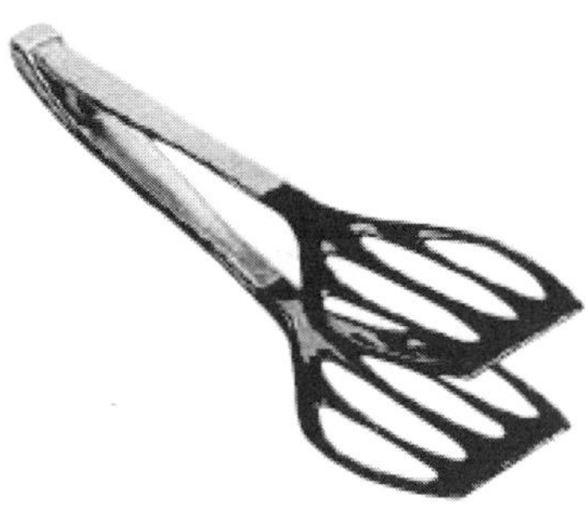

두 겹 뒤집게

촉각시계

출처: 파라다이스 복지재단(2003), 『장애아동과 테크놀로지』, 2, p. 15.

〈그림 7-1〉 두 겹 뒤집게와 촉각시계

장애 체험 시간이 길면 길수록 효과는 더 크다. 하루 종일 휠체어에 앉아서 지내는 것은 단지 한 시간만 앉아서 지내는 것보다 좀 더 휠체어를 작동하는 것과 관련된 문제에 대하여 현실적인 생각을 하게 한다. 휠체어를 탄 채 계단을 올라가야 한다거나 코너를 돌아가야 하는 것을 하루 종일 경험하는 것은 많은 생각을 불러일으킨다. 교사는 단지 장애 체험 활동만의 효과는 그들의 경험에 대한 감정과 반응에 대한 집단 토론과 함께할 때보다는 효과가 적다는 것을 알고 있어야만 한다. 유아들이 장애 체험을 통해 좌절감을 느낀 활동에 관해 그들의 기분을 표현하도록 격려해야만 한다. 그리고 장애가 있더라도 그들의 일반유아들과 유사하다는 점에 강조를 두어야만 한다. 유아교사와 보육교사는 유아 연령 수준에 특별히 적합한 장애 체험 활동을 계획하여야 한다.

5) 손 인형, 사연 있는 인형, 인형극

통합 유치원과 어린이집에서 일반유아들은 장애유아에게 약간은 경계하고 두려워하면서 부정적인 태도로 대하는 경우가 많다. 장애에 관한 정보를 제공하고 잘못된 인식을 변화시킬 수 있는 교육적 활동으로 손인형, 사연 있는 인형, 그리고 인형극이 있다. 인형은 시각적이고 직접 만져볼 수 있는 대상이므로 유아에게 감각적 정보의 입력을 제공하고 서로 대화의 초점이 되는 구체적 사물이 될 수 있다. 인형은 유아들이 놀이에서 강한 흥미와 애착을 갖게 하는 매력적인 교수매체로 특히 물활론적 사고를 하는 유아들은 인형을 살아있는 친구로 여기게 된다(김삼성, 1998). 손 인형, 사연 있는 인형, 인형극은 유아가 역할을 해 볼 수 있으므로, 다른 사람의 입장에서 생각해 보게 한다(Matiella, 1991).

유아에게 손 인형을 사용하여 장애에 대한 궁금한 점을 질문하고

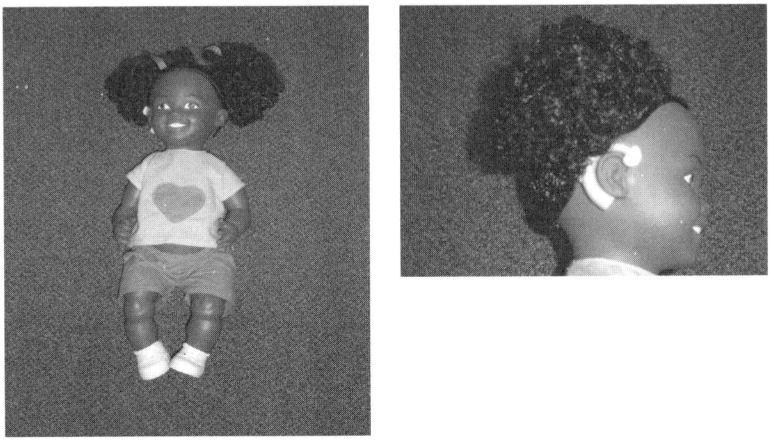

<그림 7-2> 보청기를 착용한 청각장애유아 인형

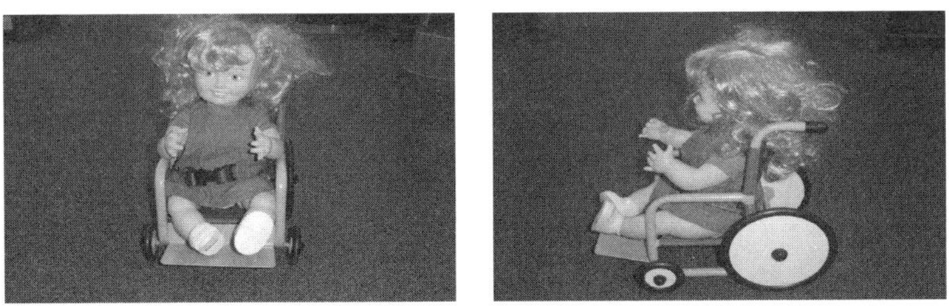

<그림 7-3> 휠체어 타는 지체장애유아 인형

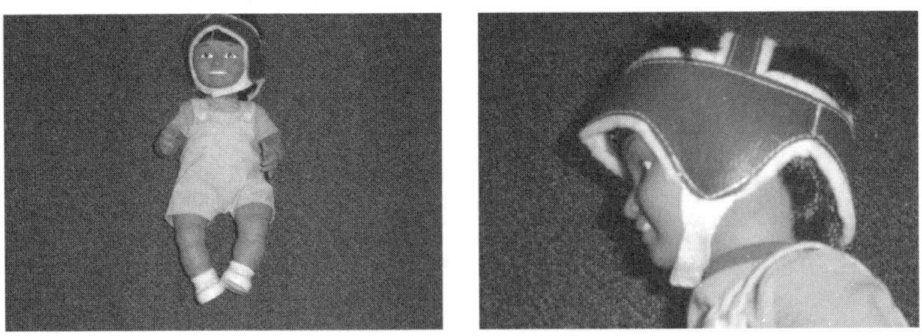

<그림 7-4> 자해행위 유아 인형과 보호모자

대답하게 한다면 유아들은 훨씬 이완된 상태에서 의문점에 대해 질문하고 답함으로써 장애에 대한 이해가 높아질 수 있다. 유아들은 손 인형을 사용하여 장애에 관한 무서움과 불안이 표출될 수 있고, 장애, 휠체어나 보청기, 장애인과 자신의 유사점과 차이점, 그리고 장애는 그들의 잘못이 아니라는 점에 대해서도 배울 수 있을 것이다(Hamrin, 1981). 유아교사는 유아가 이해할 수 있는 장애에 대한 실제적인 정보를 제시하는 역할을 할 수 있다. 교사와 촉진자는 손 인형극을 통하여 유아가 질문하고, 일어난 일에 대해 말하고, 제안하기를 통해 손 인형과 상호작용한다. 이때 교사는 유아들이 손 인형으로 의사소통하고자 하는 것을 명료화하고 유아의 생각을 적절한 말로 바꾸어 주는 것을 도와줌으로써 강화한다. 다음은 이러한 예를 나타낸다.

> 경희 인형: 나는 친구가 있었으면 좋겠어. 없어서 나는 슬퍼.
> 선생님: 경희야, 내가 친구해 줄게. 나는 네가 무섭지 않아.
> 경희: 고마워. 그렇게 말해줘서.
> 선생님이 유아들에게: 그러나 경희는 여전히 슬프다. 왜 그럴까?
> 유아들: 경희는 이이들하고 놀고 싶은데 아이들이 무서워해서 아무도 경희와 놀려고 하지를 않아.
> 선생님: 왜 아이들이 경희를 두려워하니?
> 아이들: 경희가 때리거나 밀칠까 봐서. 그러나 사실이 아닐 수도 있어.
> 경희: 아냐, 나는 너희들을 해치지 않아. 너희들은 내가 장애가 있어서 두려워하는 거지?
> 선생님이 아이들에게: 장애가 무엇인지 아는 사람 있니?
> 유아들: 다리가 부러지거나 늙는 것을 말해요.
> 선생님이 설명을 해준다: 장애는 보통 사람들이 쉽게 하는 것을 그들은 어렵게 하는 문제가 있는 사람이란다. 경희야, 네가 네 장애에 대해 말해주면 좋겠다.
> 경희: 나는 뇌성마비야. 나는 너희들과 다르게 걷고 말해. 나는 이렇게 태어났어. 그래서 너희들 모두가 할 수 있는 모든 것을 다 할 수 없단다. 너희들도 알다시피 내 입과 다리의 근육을 조절하는 뇌의 어떤 부분이 내가 태어날 때부터 손상되었어. 그래서 나는 너희들처럼 나의 몸을 움직일 수가 없어. 그러나 나도 많은 것을 할 수 있어. 나는 게임도 할 수 있고, 공놀이도 할 수 있고, 생각도 하고, 꿈도 꾸고, 책도 읽고, 웃을 수도 있단다.

출처: Slapin, Beverly(1987), Books without bias: A guide to evaluating children's literature for handicapism(*ERIC Document Reproduction Services NO. ED 230 065*).

가장 잘 알려진 상업용 인형은 'The Kids on the Block'으로 원래 유아와 초등학교 저학년을 대상으로 장애에 대해 가르치기 위해 고안되었다. 그러나 최근에는 다양한 장애 인형 외에 교육적으로나 당뇨병과 같이 의학적 질병이 있는 사람에 대한 인형도 판매하고 있다. 장애 인형 외에 영재, 에이즈, 관절염, 간질, 백혈병, 장애를 지닌 형제 역할하기와 같은 많은 다양한 주제를 다루고 있다. The Kids on the Block 교육과정은 손 인형, 소도구들, 대본, 카세트, 스티커나 포스터와 같은 자료, 훈련 지침을 포함하고 있다. 인형들은 실제 생활환경에서 장애가 있는 학생을 묘사하고 있고, 삽화나 장면들은 장애가 있는 사람들에게 그들의 감정을 학생들이 표현하는 것과 특별한 장애에 대하여 질문하는 것을 격려한다(Sapiro, 1999).

인형이 의미 있는 이야기를 간직하고 있다면 유아에게 직접적인 매력을 주고 동시에 자신과는 다른 상황을 이해하고 받아들이는 데 긍정적인 도움을 줄 수 있다. Derman-Sparks와 그의 동료들(1989)은 사연 있는 인형을 장애 반편견 교육 자료로 교실에 도입하였다. 반편견 교육에서 사용하는 '사연 있는 인형'은 유아와 같은 나이의 인형으로 크기는 25㎝에서 유아의 키 정도의 유아와 똑같은 모습을 한 인형들이다(Whiney, 1999). 장애가 있는 사연 있는 인형을 통해 교실에서 자연스럽게 개입함으로써 유아가 스스로 문제 상황을 해결하고 서로 돕는 적절한 방법을 창안하도록 사용하였다. 책을 대신하거나 보충하기 위해, 그리고 유아들에게 중요한 실제 상황에서의 문제에 기초하여 이야기를 유아가 구성하거나 창안하여 인형을 사용해서 들려주고 토의함으로써 생활 속에서 일어나는 문제를 해결하는 데 도움을 줄 수 있다고 하였다. 정희정(2001)은 지체장애, 청각장애, 시각장애가 있는 사연 있는 인형을 가지고 그룹토의, 탐색 및 조사활동, 모의 체험, 구성활동을 통해 장애의 불편함과 그 대책을 유아들에게 함께 생각해 보도록 하였다. 사연 있는 인형 이야기 활

출처: http://www.kotb.com/kob2.htg/blind.htm에서 2007년 6월 22일에 발췌.

〈그림 7-5〉 Kids on the Block에서 판매하는 인형들

동 후에 장애에 대한 인식이 증진되었고, 장애 원인을 좀 더 다양하게, 비교적 타당성 있게 인식하게 되었다. 친구가 될 수 있냐는 질문에 활동 전에는 친구를 사귈 수 있는 능력이 없다고 하였으나 활동 후에는 친구를 사귈 수 있는 능력이 있다는 비율이 높아졌다.

시대가 변하면서 인형극 관람 자체에 목적을 두었던 인형극이 교육 현장에서 교육 활동으로 활용되는 교수매체로 사용되기 시작하였다. 인형극은 다양한 움직임과 변화가 특징이므로 유아들의 시선과 주의를 집중하기에 충분한 특성을 가지고 있기 때문이다. 유아의 실제 집중시간은 5분 내외이나 인형극과 같이 반복되는 동작이나 흥미 있는 매체를 사용할 경우에는 10－15분 정도 주의를 집중시킬 수 있다. 또한 인형극의 유희성과 오락성은 유아의 호기심을 끌기에 충분하므로, 인형극은 학습과정을 이끌어가는 데 효과적인 동기전략으로 유용하게 활용할 수 있다. 류승연(1992)의 연구에 의하면, 유치원의 유아문학 활동 중 그림책, 그림동화, 구연동화, 극화활동, 융판 동화, 인형극 중 유아가 가장 흥미 있어 하는 것은 인형극(51.4%)으로 나타났다. 김삼성(1999)은 학령의 아동과 유아를 대상으로 인형극과 비디오를 통해 장애수용을 연구하였는데, 유아의 경우 비디오보다 인형극이 더 효과가 있었다. 중재방법의 하나로써 인형극은 살아 있는 듯하고 만져볼 수 있는 시각적인 극화활동이다. 그리고 무대에 사람이 아닌 인형이 등장하므로 인형극은 다른 중재 방법보다 극적 효과와 교육적 효과를 창출해 낼 수 있다. 이는 전조작기에 있는 유아들이 물활론적 사고를 함으로써 인형은 단순한 물체가 아니라 하나의 놀랄 만한 마술적인 힘을 지닌 것으로 상상하므로 더 효과가 있다고 볼 수 있다.

Cadez(1979)는 4, 5세 유아에게 뇌성마비에 관한 이해를 돕기 위해 인형극 공연과 이에 따른 토의를 도입하였다. 'The kids on the Block' 회사에서 개발한 뇌성마비 인형을 이용하여 뇌성마비에 관한 공포와 오해를 제거하는 데 초점을 두고 장애유아와 일반유아의 유사점에 대하여 지도하였다. 그리고 장애유아도 일반유아가 즐기는 활동에 함께 참여하고 싶어 한다고 가르쳤다. 인형극 공연과 이에 따른 토론의 효과를 사전–사후 수행에 의해 평가하였다. 결과는 4, 5세 유아에게 뇌성마비에 관한 지식을 증가시키는 데 인형극을 활용한 훈련 패키지가 효과적이라는 것을 제시하였다. 유수옥, 최수미(2001)는 시각장애유아, 지체장애유아, 다운증후군 유아가 주인공인 인형극 공연과 이에 따른 확장 활동을 통하여 장애유아에 대한 관심, 지식, 상호작용이 증가하였음을 제시하였다.

메사추세츠의 퀸시 공립학교에서는 4, 5학년 학생들의 장애학생에 대한 올바른 인식을 증가시키기 위하여 학생들에게 신체장애, 정신지체, 학습장애, 시각장애, 청각장애에 관한 내용의 인형극을 공연하였다. 6개의 실제 사람 크기의 정교한 인형으로 구성된 'The kids on the Block' 인형이 도입되었다. 모든 인형은 인간적인 특성과 독특한 성격을 지니고 있다. 학생들은 인형의 질문에 대답하고 인형의 장애를 관찰해 보고 파악해 본다. 인형극 프로그램 적용 결과, 장애아에 대한 태도검사에서 119명의 4, 5학년 학생들의 장애에 대한 긍정적인 태도가 현저하게 증가하였다(Anderson, L. S., Del-Val Griffin & Mcdonald, 1983).

6) 유도된 토론

장애에 대한 긍정적 태도를 증진하도록 돕기 위하여 유아교사와 보육교사는 각 장애유아의 특성과 능력에 대해 유아들이 배울 수 있도록 설명과 토론을 제공하여야 한다. 이러한 설명과 토론 기회는 모의 장애 체험, 역할놀이 같은 모든 활동과 함께 결합해 사용할 때 더욱 효과적이다(Sapiro, 1996). 장애가 있는 개인의 유사점과 차이점을 인식하고, 느낌과 경험을 서로 토론하도록 유아들을 격려하는 이러한 전략들은 장애 또래에 대한 긍정적 태도를 기를 수 있다. 특히 이러한 활동은 시각적으로 구별되는 감각장애(시각 장애, 청각장애)와 지체장애에 대한 유아의 인식뿐만 아니라 유아가 쉽게 이해하지 못하는 인지와 정서에 문제가 있는 정신지체, 자폐성 장애유아 또래에 대한 긍정적 태도를 기르는 데도 특별히 필요하다.

그러나 토론이 구조화되지 않았을 때 효과적이지 않았다는 연구결과가 있다. Siperstein, Bak, 그리고 Gottlieb(1977)는 초등학생을 대상으로 철자를 모르는 다운증후군 아동에 대한 비디오를 보여 준 후 교사 개입 없이 아동들끼리 비형식적 토론을 한 집단은 오히려 태도가 부정적으로 변화하였다고 하였다. 그러나 Gottlieb(1980)는 초등학교 3－6학년 아동을 대상으로 정신지체에 대해 긍정적 태도를 보인 집단과 중립적 태도를 보인 집단으로 분류하여 장애아동에 대한 비디오를 보여 주었다. 그 후 소집단으로 다음과 같은 질문을 하면서 토론을 이끌었다. 연구자가 토론을 이끄는 방법을 통해 두 집단 모두 아동의 태도가 긍정적으로 변화되었다.

—왜 소년이 정신지체라고 생각하는가?

—장애 친구의 기분은 어떨 것이라고 생각하는가?

—교실 친구들은 장애 친구를 어떻게 대하였는가?

—장애 친구는 친구가 많을 것이라고 생각하는가?

—만일 교실에 장애친구가 있다면 여러분은 어떻게 대할 것인가?

정은영(2001)은 4세 유아를 대상으로 시각장애가 있는 '눈 먼 순이'를 들려준 후 다음과 같은 유도된 토론을 계획하여 긍정적 태도 변화를 이끌었다.

—눈이 보이지 않는 사람을 본 적이 있니? 어떤 생각이 들었니?

—(안대를 하나씩 나눠주고) 기분이 어떠니?

—순이와 너희들의 틀린 점은 무엇일까?

—순이와 너희들의 같은 점은 무엇일까?

—눈이 안 보이면 아무것도 할 수 없을까?

—순이를 도와주는 친구는 누구인가?

—그 친구는 순이에게 어떤 도움을 주고 있니?

이러한 결과들은 교사는 토론을 잘 계획하여 특별한 질문을 만들고 장애인의 긍정적인 면을 부각시켜 주어야 한다는 것을 제시하고 있다. 또한 중재방법의 하나로 토론이 사용되기 위해서는 구조화되어야 한다는 것을 나타내고 있다. 그러므로 유아교사와 보육교사는 토론의 중재자로서 유아들의 장애에 대한 이해와 지식 정도를 고려하여 다양한 관점을 수용해 주고 다른 사람의 어려움과 입장을 고려할 수 있도록 도와주는 유도된 토론이 필요하다. 교사는 토론할 때 유아들이 자유롭게 질문하고 자신의 감정을 표현하고 확인할 수 있도록 개방적인 환경을 조성해 주어야 하며, 유아들의 제안을 조합하고 정리해 주어야 한다. 또한 많은 유아들은 장애인을 마주칠 때 불편함을 경험한다는 것을 알고 있어야만 한다. 두려움, 호기심, 죄의식에 대해 솔직하게 토론해야 한다.

7) 선입관과 고정관념에 관한 정보 제공하기

우리가 장애인과 함께 더불어 사는 사회를 만들고 유지하기 위해서는 유아라 할지라도 고정관념과 선입관을 인식할 수 있고 이에 대처할 수 있어야 한다. 유아기부터 유아들이 기꺼이 고정관념과 차별적 행동에 대해 인식하도록 교사들이 활동을 계획해야 한다. 유아들은 어떤 것에 대하여 싫어한다고 표현할 수 있다. 그러나 교사는 유아들이 새로운 음식이나 활동을 경험하지 않고 부정적인 반응을 보이는 것보다 여러 번 경험한 후에 부정적이거나 긍정적인 반응을 하도록 유도할 수 있다. 이러한 활동을 통해 유아는 충분한 경험 없이 쉽게 사람을 판단하는 것을 유보할 것이다. 유아는 편견 ("나는 시금치를 안 먹을 거야, 그것은 맛이 없어 보이니까"나 "다리 하나만 있는 친구는 성질이 나쁘다")과 타당성 있는 싫어함을 구별하는 것을 배워야만 한다. 즉 "나는 시금치를 먹어본 후에 시금치를 싫어하기로 결심했다"나 "다리가 하나만 있는 철수는 작은 아이를 밀치고 다니기 때문에 나는 철수하고는 놀지 않을 것이다"와 같은 타당성 있는 설명을 유아가 하도록 유도해야 할 것이다.

또 다른 활동으로는 유아에게 레몬을 주어서 잘 살펴보게 하고 맛을 보게 한다. 그리고 교사는 다음과 같은 질문을 할 수 있다. "겉이 노란색인 과일은 모든 신맛이 나는가?" "바나나는 어떤 맛인가?" 또 하나 추천할 수 있는 활동으로 교사는 크기가 같지만 하나는 지저분한 포장지로 싸고 하나는 선물용 포장지로 싼 것을 두 개 준비해 둔다. 교사는 한 상자에는 신문이나 과자를 넣고 한 상자에는 쓰레기를 넣는다. 교실의 유아들이 어떤 상자를 열어보고, 어떤 상자는 버릴 것인가를 결정하게 한다. 많은 유아들은 예쁜 선물용 포장지로 싼 상자를 열려고 할 것이다. 그러나 선물용 포장지로 싼 상자에는 쓰레기가 들어 있고, 다른 상자에는 선물과 과자가 들어 있다. 교사는 외형에 의해 판단하는 것에 대한 추론적 질문을 통해 유아들이 경험하지 않고 편견을 가지는 것의 위험성에 대하여 알려줄 수 있다. 이러한 활동을 통해 장애유아가 자신의 교실에 통합되었을 때 유아들은 자신과 다르다는 단순한 범주화를 통해 편견과 고정관념을 가지는 것을 유보할 것이다(Sapiro, 1996).

8) 보조 기구와 보조 공학 경험하기

많은 통합된 유아들이 일반 교실에서 성공적으로 기능하기 위해서는 보조 기구, 장치, 그리고 보조 공학적 지원을 필요로 한다. 이러한 자료에는 대화책, 그림교환장치(PECS: Picture Exchange Communication System), 보청기, 글씨 확대기, 음성 합성기, 휠체어, 점자, 그리고 보조 공학 장치 같은 것들이다. 일반 유아들이 이러한 보조 기구와 장치에 대해 편안함을 느끼게 하기 위해서는 일반 유아들에게 이러한 기구와 장치에 대해서 준비하게 하는 것도 통합 과정의 중요한 부분이다.

일반유아들에게 이러한 장치들을 보여 주기도 하고 만져 보게도 하고 실제로 사용해 보게도 하는 것이 바람직하다(Aiello, 1979; Bookbinder, 1978). 유아가 휠체어, 목발, 보행기, 보청기, 돋보기, 점자, 지팡이 등을 보고, 사용해 볼 수 있는 기회를 제공하는 것은 유아들의 호기심을 충족시키고 특수한 장애에 대한 궁금증을 풀어가도록 돕는다. 또한 장애인이 다른 사람과 상호작용하는 데 필요한 교육용 자료나 기계를 소개하는 것도 장애인에 대한 이해를 증가시

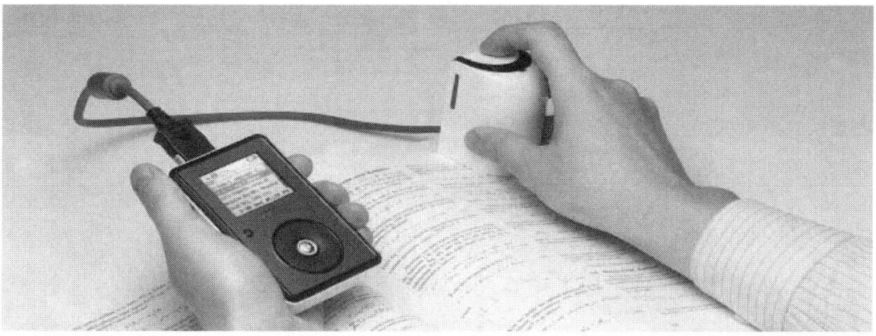

출처: 파라다이스 복지재단(2007), 『장애아동과 테크놀로지』, 9, p. 20.

<그림 7-6> 휴대용 확대기

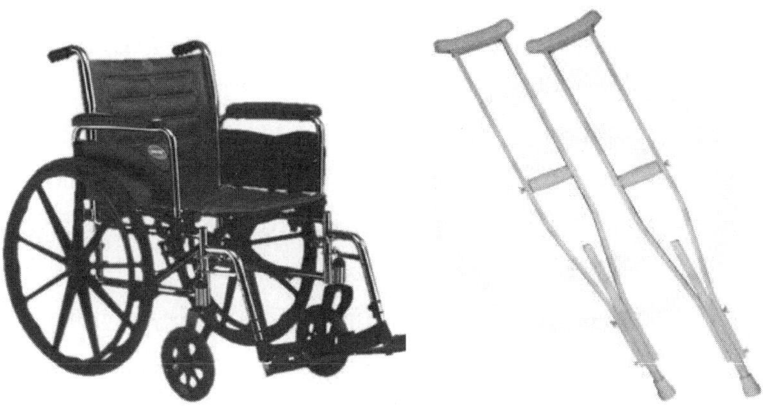

<그림 7-7> 지체장애인이 사용하는 휠체어와 부목

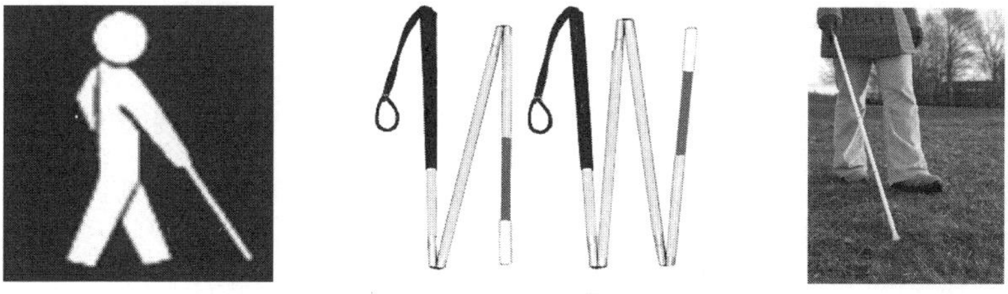

<그림 7-8> 시각장애인이 사용하는 지팡이

킬 수 있다. 장애인의 생활에 도움을 주는 여러 가지 독창적인 보조 기구 소개도 장애인이 혼자서 독립적인 생활을 하는 것이 가능하다는 것을 이해하는 데 도움이 된다. 이러한 보조 기구와 장치는 사진이나 동영상을 통해 보여 줄 수도 있고 지역 병원과 근처의 장애인 복지관에서 빌려 올 수도 있다. 그리고 유아들에게 어떻게 사용하는지에 대해서도 알려준다. 즉 보청기는 소리를 너무 크게 하면 오히려 귀를 상하게 할 수 있고, 목발을 부적절하게 사용하면 넘어질 수 있다는 것을 가르쳐 준다. 점자, 수화 등과 같은 의사소통 수단도 여러 가지 방법으로 소개할 수 있다. 수학 활동에서 수를 수화로 표현할 수도 있다. '안녕' 혹은 '내일 만나', '반갑다' 같은 기본적인 수화를 유아들에게 소개하고 사용해 보게 할 수도 있다. 점자책을 만들어서 촉각 경험을 하게 할 수도 있다.

유아들은 이러한 보조 기구, 보조 장치, 보장구 등에 대해 매우 흥미로워할 수도 있지만 두려움을 갖거나 두려워할 수도 있다. 이러한 장치를 점진적으로 접하게 하거나 사용해 보게 한다면, 유아들은 이러한 도구에 놀라거나 낯설어하지 않을 것이다. 그들의 저항과 두려움이 완화되면, 그들은 장비들을 이해하려고 할 것이고 그 후에는 그것을 사용하는 사람들을 인정할 것이다. 교사는 흥미로운 방법으로 이러한 장치들을 소개함으로써 유아들이 이러한 장치에 대한 올바른 인식을 발달시키고 장애에 대한 편견에서 자유로워질 수 있다.

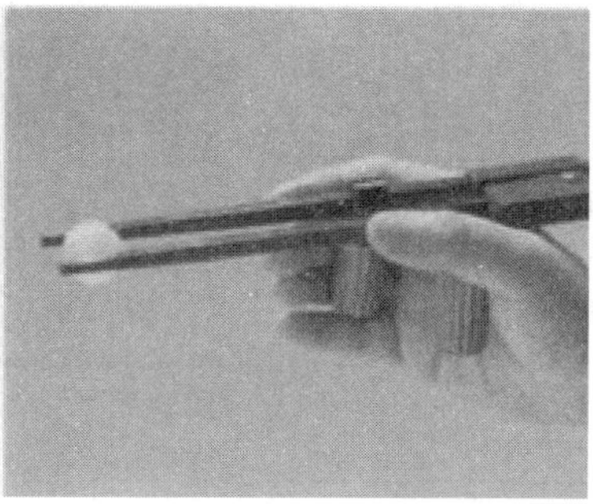

손잡이가 있는 젓가락

한 손으로 사용 가능한 도마

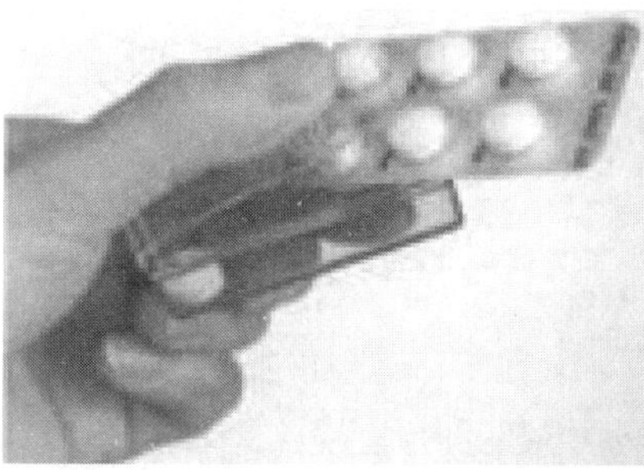

알약 누르개

변형된 수저와 포크

<그림 7-9> 일상생활에 편리한 보조도구들

홈에 고정되는 바둑

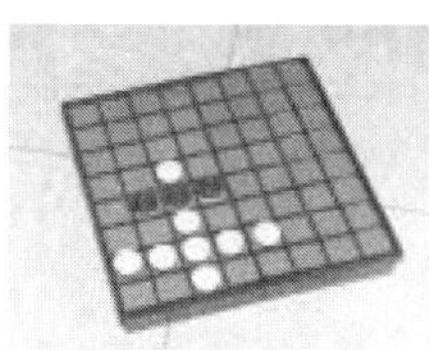

홈과 요철을 이용한 오목

촉각을 이용한 장기알

<그림 7-10> 여가생활에 편리한 보조도구들

출처: 파라다이스 복지재단(2007), 『장애아동과 테크놀로지』, 9, p. 13.

출처: 파라다이스 복지재단(2007), 『장애아동과 테크놀로지』, 7, p. 34.

<그림 7-11> 제스처의 예

다음은 보장구를 한 지체장애 친구에 대한 일반유아의 두려움과 이를 해결하도록 지원하는 교사의 역할에 대한 예이다.

> 태욱이는 보장구를 하고 있는 지체장애 병호에게 불편함을 나타낸다. 교사는 태욱이가 병호가 가까이 오면 피해 버리는 것을 관찰했다. 어느 날 간식 시간 후에 교사는 태욱이에게 말했다. "너 왜 병호 옆에 앉지 않니? 너 병호가 무섭니?" 태욱이는 교사를 쳐다보며 고개를 끄덕거렸다. "병호 다리는 너희들처럼 튼튼하지 않아. 걷기 위해서 병호의 다리는 도움이 필요해! 그렇기 때문에 병호는 다리에 보장구를 해야 돼."
> 아침 나절 늦게, 교사는 병호에게 태욱이가 원한다면 보장구를 만져 봐도 되는지 물어 보았다. 병호은 흔쾌히 허락했다. 교사는 태욱이에게 가서 병호의 보장구를 만져 보아도 된다고 알려주었다. 태욱은 상황을 이해하는 듯 응해 왔다. 태욱이는 보장구를 자세히 살펴보고는 조심스럽게 손으로 만져보았다. 그러고는 모래놀이를 할 때 병호 옆에 앉아 놀기 시작했는데, 병호과 함께 놀이하지는 않고 나란히 옆에 앉아 놀이를 했다. 태욱이가 병호에게 완전히 편안해지기까지는 꽤 오랜 시간이 걸렸다. 그 다음 몇 주 동안 가끔 병호에게 다가가서 보장구를 만져보고, 그러다가는 다른 곳으로 가서 놀이를 하였다. 가끔 태욱이는 다리에 보장구를 한 인형을 가지고 놀이를 했다. 그 달의 마지막쯤에 가서 태욱이는 병호 옆에 앉아 편안하게 놀이를 하기 시작했다.

출처: Derman-Sparks, L. & the A. B. C. Task Force(1998), 반편견 교육과정(이경우, 이은화 역), 서울: 창지사(원본 발간 1989), p. 60.

21세기의 공학은 모든 사람을 평등하게 하는 평등장치로 기능하고 있다. 공학이 발달함에 따라 장애가 있는 사람들이 점점 더 자유로울 수 있는 공학적 평등화의 세기가 될 것이다. 접근성과 교육적 혜택이 증가하여 보조 공학은 오랫동안 장애인들에 대한 신화나 선입관을 초월하도록 할 것이고 소위 낙인찍힌 이들에게 새로운 통합의 시대로 안내할 것이다.

9) 초청 강사

일반유아에게 직접 장애인들을 접하게 하여 태도를 개선시킬 수 있는 방법으로 장애인을 강사로 초대하는 방법이 있다. 장애가 있지만 다른 면에서 능력이 있는 사람들을 초대하여 그들의 일, 능력, 그리고 생활에 대한 이야기를 나눠본다. 이러한 활동은 그림책, 인형, 보조 기구와 장치를 접해 보는 활동을 통해 장애에 대한 학습을 한 후에 실시하는 것이 효과적이다. 강사는 어렸을 때의 경험이나 학교생활, 일상생활 방법, 장애 원인, 장애 예방 방법, 필요한 보조 도구, 자신이 사용하는 보조 도구 등을 소개하는 것이 좋다. 그리고 자신의 생활 중 긍정적인 예가 포함되어 있는 짧은 일화나 에피소드 등을 소개해야 한다(Sapiro, 1996).

교사는 강사가 유아들에게 적절한 내용으로 강의할 수 있도록 연령, 장애에 대한 경험이나 이해 정도와 예상 질문 등을 제공해 주어야 한다. 교사는 미리 유아들에게 궁금해 하는 내용에 대하여 이야기를 나눈 후 유아들이 직접 질문하게 할 수 있다. 유아들이 부끄러워하거나 언어적 표현 능력 부족으로 머뭇거릴 때는 교사가 유아들이 알고 있으면 좋을 문제들에 대해 질문함으로써 유용한 정보를 제공받을 수 있다(Salend, 2001). 또한 전문 기관의 전문가를 초청하여 점자, 지팡이, 안내견, 점자책, 특별한 안경들에 대하여 설명하고, 경험해 볼 수 있는 시간도 마련할 수 있다. 이러한 강사는 지역사회 단체나 학부모 단체, 특수교사, 특수학교 등에 문의해서 추천받을 수 있다. 최근에는 각 대학에 장애학생특례법에 의하여 장애학생이 많이 입학하므로 대학의 장애인복지연합회에 추천을 의뢰할 수도 있다.

10) 현장 견학

현장 견학은 유아가 좀 더 즐겁고, 의미 있고, 실제적으로 배우게 한다. 현장 견학은 직접 경험을 제공하므로 교사는 장애 단원을 마무리하는 활동으로 이용할 수 있다. 몇 개의 가능한 현장 견학은 장애 이해 프로그램을 보완하게 하는 데 크게 도움을 줄 수 있다.

–주변의 편의시설
–재활공학센터
–점자도서관
–특수학교
–장애인복지관
–직업훈련센터
–유아특수교실
–장애인 고용프로그램이 있는 작업터

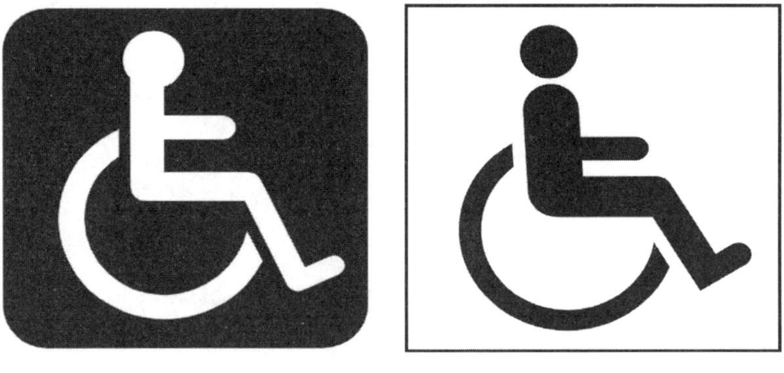

<그림 7-12> 장애인 마크

출처: 파라다이스 복지재단(2004), 『장애아동과 테크놀로지』, 3, p. 25.

<그림 7-13> 가족화장실 표시

<그림 7-14> 휠체어 엘리베이터

출처: 파라다이스 복지재단(2004), 『장애아동과 테크놀로지』, 3, p. 25.

<그림 7-15> 장애인용 주차장 표시

출처: 삼성화재 안내견 학교.

<그림 7-16> 안내견

11) 여러 가지 중재 방법 병합하기

장애 또래와 장애인에 대한 긍정적 태도 증진을 위한 직접적 접촉과 간접적 접촉에 관해 10개의 다양한 교육적 중재 방법을 살펴보았다. 대부분의 태도 변화 연구에서는 위의 한 가지 중재 방법을 적용하기보다는 몇 가지 중재 방법을 결합하여 정보적인 측면과 경험적인 측면을 함께 제공할 때에 더 효과적이라고 선행 연구들은 보고하고 있다(McHale & Simeonsson, 1980; Salend & Moe 1983; Donaldson, 1980; Jones, Sowell, Jones & Butler, 1981). Triandis,

Adamopoulos와 Brinberg(1984), Antonak과 Livneh(1988)는 태도형성에 근본적인 영향을 주는 세 가지 요소는 직접 경험, 간접 경험, 사회적 집단이라고 강조하였다. 유아와 학령의 아동에게 영향을 주는 사회적 집단은 각각 다를 것이다. 유아는 최초 사회적 집단인 부모에 의해서 가장 많이 영향을 받고, 학령의 아동은 또래에 의해 가장 많이 영향을 받을 것이다. 유아에게 부모는 친사회적 행동의 최초 교사이다. 부모는 그들의 자녀에게 수용되는 행동에 대해서 정보를 주고 관용, 친절, 도움주기와 같은 가치를 가르치기 때문이다. 그러므로 유아를 위한 중재 방법에는 직접 경험, 간접 경험 외에 부모를 포함하는 것이 효과적이다.

제4부

장애 이해 및 태도 발달 프로그램 실제

제 8 장

문학작품을 활용한 태도 증진 프로그램

1. 프로그램의 이론적 근거
2. 그림책 선정하기
3. 프로그램 전개하기
4. 프로그램 구성 원리
5. 프로그램 실제
6. 프로그램 실시의 예

제 8 장 문학작품을 활용한 태도 증진 프로그램

본 장에서는 제7장에서 소개한 다양한 직접적인 태도 중재 방법 중에서 문학작품을 활용한 태도 증진 프로그램을 이론적 근거와 함께 프로그램 실제를 제시하고자 한다. 단계적 접근을 통하여 장애를 인식하고, 이해하고, 장애에 대해 편견이 없는 내면화된 태도에 근거한 장애수용과 지원행동 형성을 목적으로 하였다.

1. 프로그램의 이론적 근거

유아들은 책 읽기를 통하여 등장인물의 감정, 관계 그리고 경험을 깊이 있게 이해하고 등장인물과 관련을 맺게 된다. 유아가 그림책에서 자기 자신과 등장 인물의 유사성을 인식하게 되면 장애 등장인물이 자신들과 외모가 다르고 다른 생각이나 행동을 하더라도 유아들은 수용하는 것을 배울 수 있다. 그러므로 유아 자신과 장애 등장인물의 유사성을 발견할 수 있는 장애 등장인물이 나오는 그림책은 다양한 장애에 대한 인식, 이해, 수용을 증진하는 데 사용할 수 있는 하나의 유용한 도구이다(Prater, Dyches & Johnstun, 2006).

1) 인식하기

다양한 집단 및 장애인과의 경험이 한정된 유아에게 그림책은 다양한 집단과 여러 장애의 다양성을 인식하게 할 수 있다. 유아는 그림책에 나타난 장애 등장인물의 일반적 특성뿐만 아니라 각 개인의 개별성에 대해서도 인식할 수 있다. 교사는 장애 등장인물이 장애가 있지만 강점도 있다는 것에 초점을 맞춰 장애 등장인물과 자신의 유사성과 차이점을 인식하도록 도와줄 수 있다.

2) 이해하기

인식이 장애와 장애를 둘러싼 문제에 대해 피상적인 수준의 지식이라면 이해는 지적 수준과 개인적 참여를 필요로 한다. 장애 등장인물이 나오는 그림책을 읽은 후 장애 등장인물이 느끼는 감정과 이들에 대한 다른 사람들의 반응을 이해하도록 도와줄 수 있다. 유아들은 자신에게 질문할 수도 있고, 자신을 장애인으로 가정해 봄으로써 장애를 지니고 살아가고, 친구를 사귀고, 유치원에서 활동하는 것이 어떠하다는 것에 대해 대략적으로 파악하게 된다. 장애인이 어떤 어려움이 있는지에 대한 이해는 장애 인식이 밑받침이 되어야 한다.

3) 수용하기

자신과 다른 사람을 수용하고 다른 사람의 감정과 태도를 수용하는 자기 성찰 단계인 수용하기에서는 정서적 참여를 요구한다. 많은 사람들은 인간의 다양성을 인식하고, 특별한 장애의 특성을 이해한다 하더라도 자신들과 다른 사람들을 전적으로 수용하지는 못하는 경향이 있다. 그림책을 통하여 자신의 불완전함, 감정, 그리고 다른 사람에 대한 반응을 수용하는 것을 봄으로써 유아의 삶을 변하게 하는 원동력이 되어 장애인을 형제로서, 친구로서, 자녀로서, 직장 동료로서 수용하는 법을 배울 수 있다.

유아들은 친숙하지 않은 또래를 성이나 장애와 같은 특성을 기초로 해서 '나와 같다' 혹은 '나와 다르다'로 인식하고 일단 '나와 다르다'로 인식하면 부정적 태도를 갖는다(Krater & Nelson, 1990). 강희연(2005)의 연구에서도 일반유아가 '우리와 다르다'라고 인식했을 때는 장애유아를 차별하거나 경계하지만 '우리는 모두 다르다'라고 인식하게 되면 자신과 다른 장애유아의 차이를 '다양성'으로 받아들여 배려하는 행동이 출현하였다. Yuker와 Block(1979)도 교실에서 긍정적 태도 형성을 지원하고 증진하기 위해서는 차이점보다는 유사점을 강조하고, 차이점을 바르게 판단하는 것을 강조해야 한다고 주장하였다. 모든 개인의 다른 점에 대해서 올바로 인식하는 데 초점을 두어야 하며, 각 개인은 독특한 개인들로서 다를 권리가 있다는 것을 강조할 필요가 있다. 즉 장애가 무엇이든 개인적 차이점과 독특성을 받아들이고 강조해야만 한다.

또한 유아가 타인과 효율적인 사회적 상호작용을 통하여 바람직한 인간관계를 유지하기 위해서는 상대방이 현재 무엇을 생각하고, 무엇을 느끼며 어떠한 기분을 가지고 있는지 대인간의 상황에서 상대방의 사고, 감정, 의도 등을 추리해 내는 능력인 사회적 조망 수용이 중요한 요소이다(Mussen et al., 1984; Selman, 1980). 유아는 다른 사람에 대한 추론의 결과로 얻은 정보를 근거로 다른 사람에 대한 자신의 행동을 결정하는 데 적용하기 때문이다(Schantz, 1983). 그러므로 장애 친구와 장애인의 사고, 감정, 의도를 추리해 내는 사회적 조망 수용 능력은 일반유아가 장애유아에 대한 긍정적 행동 출현에 필요한 선행 절차이다. 장애에 대해 인식하고 편견이 내면화되기 시작하는 4, 5세 유아들을 대상으로 장애 등장인물이 나오는 그림책을 통한 중재 활동은 장애인에 대한 인식과 태도 형성에 커다란 영향을 미칠 것으로 기대된다. 그림책을 통해 간접적으로 경험한 결과는 교실과 지역사회에서 만나고 접촉하는 장애 또래와 장애인에 대한 직접적 행동으로 나타나게 될 것이다. Salend와 Moe(1983), Praiter(2006)도 책과 함께 바람직한 활동이 실시된다면 중요한 정보들이 강조됨으로써 태도 변화에 아주 성공적이라고 하였다.

그리하여 본 프로그램에서는 장애인이 등장인물로 나오는 그림책을 읽거나 듣는 것뿐만 아니라 장애 친구와 자신의 유사점과 차이점 인식, 장애 친구의 느낌에 대한 이해, 그리고 자신이 장애 친구의 부모나 친구라면 어떻게 행동할 것인가와 자신이 장애가 있는 것을 가정하는 활동을 제공함으로써 내면화된 수용을 통한 바람직한 친사회적 행동과 지원행동이 형성되도록 체계적으로 계획하였다. 유아들이 일반인들 사이에도 차이점이 있듯이 장애인과도 차이점이 있을 수 있다는 것을 거부감 없이 받아들이도록 도와주어야 하며, 장애인이 일반인에게 도움을 받기도 하지만 장애를 제외한 부분에서는 오히려 장애인이 더 나은 부분이 있을 수도 있다고 알려줄 필요가 있다. 이를 통해 유아는 장애인에 대한 편견을 줄일 수 있게 된다. 또한 장애 친구의 느낌에 대한 이해, 자신이 장애 친구의 부모나 친구라면 어떻게 행동할 것인가와 자신이 장애가 있다고 가정하는 문학적 활동을 제공함으로써 장애 등장인물에 대한 조망수용 능력과 역할 담당 효과를 경험하도록 함으로써 내면화된 수용을 통한 바람직한 친사회적 행동과 지원행동이 형성될 것이다. 장애 인식하기, 장애 이해하기, 장애 수용하기의 체계적 단계를 진행함으로써 장애에 대하여 바르게 인식하고, 타인의 감정에 민감하게 반응하고, 정서적으로 감정이입하고, 궁극적으로 장애 또래와 장애인을 언제 어떻게 도와주고, 어떻게 대해야 하는가에 대한 태도와 수용행동을 형성하고자 한다.

2. 그림책 선정하기

그동안 장애 이해를 돕고자 사용된 그림책은 어떤 평가나 선정 기준이 없이 단지 장애인이 등장인물이라는 이유로 선정되어 활용되는 경향이 있었다. 활용 빈도가 아주 높은 『반쪽이』의 경우에 다른 사람과 매우 다른 초능력을 가진 인물로 묘사되어 있으므로 이 책을 읽는 유아들은 장애인에 대한 현실적이지 않은 고정관념을 가질 수 있으므로 현실적인 등장인물로 묘사해야 한다. 또한 『멍청 각시와 바보 신랑』과 『바보 온달과 평강공주』와 같이 제목에서 '사람'보다 '장애'를 먼저 나타내는 도서도 바람직하지 않다(유수옥, 2006).

<표 8-1> 선정된 그림책 목록

순서	내 용	그림책	저 자 / 삽화가	역 자	출판사	출판 연도
1	차이점과 유사점	우리가 달라도	김혜리 / 이형진		아이코리아	2006
2	지체장애	웅이의 북소리	남석기 / 이경훈		한국슈바이처	2005
3	시각장애	엄마, 내가 자전거를 탔어요	이노우에 마유키 / 카리노 후키코	이정선	베틀북	2002
4	청각장애	넌 왜 보청기를 하니	김혜리 / 윤지혜		아이코리아	2006
5	언어장애	작은 개구리의 고민	헥터 시에라 / 야마우치가즈야키	임유정	한국헤밍웨이	2004
6	정신지체	에디에게 잘해주렴	버지니아 플레밍 / 프로이드 쿠퍼	강연수	느림보	2003
7	자폐	이안의 산책	로라 리어스 / 카렌 리츠	이상희	큰북작은북	2005
8	더불어 살아가기	함께 가는 길	김혜리 / 곽선영		아이코리아	2006

'장애'보다는 '사람'을 먼저 나타내는(people first) 제목이 바람직하다. 통합교육 시대의 시대적 요구에 적합한 올바른 책을 골라 유아와 함께 읽고 즐기는 것은 부모와 교사가 해야 할 마땅한 책임이고 의무이다.

본 프로그램에서 사용하고자 하는 유아용 그림책은 우리나라에서 출판된 유아용 그림책 중에서 Blaska(2003), Williams, Inkester & Blaska(2005)의 장애 주제 도서 선정 지침(제7장 참고)을 근거로 하여 각 장애 유형 중에서 장애인을 가장 긍정적으로 묘사한 유아용 그림책을 선정하였다. 선정된 그림책은 6가지 장애 유형(지체장애, 시각장애, 청각장애, 정신지체, 의사소통장애, 자폐성 장애)을 다룬 그림책 6권과 차이점과 함께 더불어 사는 생활을 다룬 그림책 2권을 포함한 총 8권이다(〈표 8-1〉 참고).

다음은 제7장에서 제시한 선정 기준에 의해 '이안의 산책'을 평가한 한 예이다. 다음의 항목이 긍정적으로 묘사되어 있으면 '예'에, 부정적으로 묘사되어 있으면 '아니오'에 표시하였다. 해당되지 않은

〈표 8-2〉 『이안의 산책』에 대한 평가의 예

문 항	예	아니오	해당 없음
1. 동정보다는 감정이입 증진	✓		
2. 놀림보다는 수용 묘사	✓		
3. 실패보다는 성공 강조			✓
4. 장애인의 긍정적 이미지 증진	✓		
5. 장애에 대해 정확히 이해하도록 지원	✓		
6. 장애인에 대한 존중을 나타냄	✓		
7. '그들 중의 하나'가 아니라 '우리 중의 하나'에 대한 태도 증진	✓		
8. 장애보다 사람을 먼저 강조	✓		
9. 장애나 장애인을 현실적으로 묘사	✓		
10. 현실적인 방법으로 특성을 그린 삽화	✓		

항목일 때는 '해당 없음'에 표시하였다. 장애이해 그림책을 검토하면서 '아니오'에 나타난 항목에 대해서 교사는 유아와 함께 좀 더 토론해야 한다.

3. 프로그램 전개하기

장애 인식하기, 장애 이해하기, 장애 수용하기의 세 단계의 교수 목적을 충족시키기 위해 활동을 1, 2단계로 나누어 구성하였다. 1단계 첫 번째 책 읽기에서는 장애 인식을, 2단계 두 번째 책 읽기에서는 장애 이해하기와 수용하기에 초점을 둔 활동을 계획하였다. 유아를 이야기 속으로 끌어들이고, 유아의 발달에 적절한 교수 방법을 실시하기 위해 동일한 책을 두 번씩 읽는 것으로 계획하였다.

1) 1단계: 첫 번째 읽기

이 단계에서는 장애에 대해 인식하기에 목적을 둔다. 교사는 유아에게 책의 표지와 몇 개의 삽화들을 보여 주고 난 후 유아에게 무엇에 대한 책일 것 같으냐고 물어 본다. 유아에게 책을 읽어 줄 때 등장인물이 장애 등장인물에게 어떻게 행동하는가와 장애 등장인물이 이야기 속에서 어떻게 느끼는지 등에 대한 특별한 것에 흥미와 관심을 가지도록 유도한다. 또한 교사는 이야기를 중단 없이 읽어 줌으로써 유아가 나름대로 해석하는 데 방해하지 않는다. 가능하다면 책을 읽어 줄 때 모든 유아들이 그림을 볼 수 있도록 한다. 유아의 주의를 지속적으로 유지시키기 위해서는 이야기 읽어 주는 속도를 조절하는 것도 필요하다.

서로 다른 점이 있다 하더라도 그것은 정도의 차이이지 본질의 차이가 아니라는 것을 일반유아들이 이해할 필요가 있다. 장애유아가 또래와 다르기보다는 같은 점이 더 많으므로 다른 점보다는 같은 점을 강조해야만 한다. 마지막으로 줄거리를 다시 이야기해 보게 하여 이야기 속의 장애 등장인물과 자신들의 같은 점과 차이점에 대하여 물어본다.

2) 2단계: 두 번째 읽기

이 단계에서는 장애에 대해 이해하기와 수용하기를 목적으로 한다. 다른 사람을 이해하기 위해서는 지식을 필요로 한다. 두 번째 읽기에서 교사는 필요할 때 중단하고서 설명을 해 주거나 특정 사실이나 삽화에 주의를 기울이게 한다. 그리고 무슨 일이 일어났는지, 다음에 무슨 일이 일어날 것 같은지, 등장인물의 기분은 어떤지, 자신이 등장인물이라면 어떻게 느끼는지와 같은 질문을 하기 위해 간헐적으로 읽기를 중단한다. 또한 미리 계획된 질문을 함으로써 이야기에 대한 유아의 의견을 조사한다. 마지막으로 읽기를 마친 후 교사는 느낌을 말하게 하여 유아들간에 이해의 다양한 수준을 조사하고 다시 한 번 검토한다. 유아에게 이야기 속의 장애인이 어떤 때 행복하고, 어떤 때 슬픈지에 대하여 물어보고 교실에 장애가 있는 친구가 있을 때 어떻게 그들을 대할 것인지에 대해 물어본다. 자신이 비슷한 상황에 있다면 어떻게 할 것인지에 대해서도 생각해 보게 한다. 동정과 연민보다는 감정이입과 민감성이 도움이 된다.

4. 프로그램 구성 원리

프로그램은 다음과 같은 원리로 구성되었다.

1) 제일 먼저 사람들 사이에는 차이점이 있다는 것을 강조하기 위하여 '우리는 달라도'를 선정하여 차이점 인식하기 활동을 계획하였다.

2) 그 후 6개의 장애 유형에 관한 문학적 활동을 제시하였다. 이때 일반유아들이 장애유아와의 유사성을 인식할수록 장애 친구에 대한 태도가 증진되었다고 한 Siperstein과 Chatillon(1982)와 지체장애나 시각장애와 같이 눈에 보이는 장애가 가장 친숙하므로 먼저 소개하는 것이 좋다는 Bookbinder(1978)의 권고를 토대로 일반유아가 이해하기 쉬운 지체장애, 시각과 청각장애활동 후에 마지막에 이해하기 어려운 자폐성 장애에 관한 문학적 활동을 순서

<표 8-3> 프로그램 구성 순서

차수	내 용		활동명
1	차이점 인식하기		유사점과 차이점 인식하기
2	장애 유형	지체장애	지체장애 친구 인식하고 이해하기
3			지체장애 친구 수용하기
4		시각장애	시각장애 친구 인식하고 이해하기
5			시각장애 친구 수용하기
6		청각장애	청각 장애 친구 인식하고 이해하기
7			청각장애 친구 수용하기
8		의사소통 장애	언어장애 친구 인식하고 이해하기
9			언어장애 친구 수용하기
10		정신지체	정신지체 친구 인식하고 이해하기
11			정신지체 친구 수용하기
12		자폐성 장애	자폐친구 인식하고 이해하기
13			자폐친구 수용하기
14	더불어 살아가기		서로 협력하기

적으로 제시하였다.

3) 각 장애 유형은 단계 1과 단계 2로 나누어 구성하였다. 단계 1에서는 장애 인식하기와 이해하기를, 단계 2에서는 장애 수용하기의 문학적 활동을 제시하였다.
4) 마지막에 서로 차이가 있는 사람들이 함께 도와가며 세상을 살아가는 이야기를 다룬 문학적 활동을 제시함으로써 총 14차수로 구성되어 있다.

5. 프로그램 실제

1) 우리는 달라요

1차시	유사점과 차이점 인식하기
전반적 목표	1) 사람들은 모습, 잘하는 것, 좋아하는 것이 서로 다르다는 것을 인식한다. 2) 우리는 노력하고, 서로 함께 도와가며 살아간다는 것을 이해한다.
세부 목표	1) 장애가 있는 친구들도 다양한 방법으로 원하는 일을 할 수 있다는 것에 대하여 안다. 2) 우리는 서로 달라도 편리한 시설과 서로 돕는 행동으로 친구가 될 수 있다.
자　료	우리는 달라요
책 소개하기	1) 책의 표지 그림을 보여 주고, 책의 제목과 저자를 읽어 준다. 2) 책의 내용을 예상해 본다. "누가 나올까?" "어떤 내용일까?" 3) 호기심 유발과 주의집중을 위해 그림책의 한 장면을 보여 주고 그 부분에 대한 내용을 읽어 준다. '친구가 몸이 불편하지만 이젤에 그림을 그리는 장면'을 보여 주면서 '우리는 서로 다르지만 원하는 것을 어떻게 하는지'에 대하여 그림책을 들으면서 생각해 보자고 말한다.
책 읽어 주면서	– 미리 다음과 같은 것에 대하여 생각해 보라고 이야기해 준다. "사람들은 외모가 서로 다른가?"

	"사람들은 모두 잘할 수 있는 일이 똑같을까?" "사람들은 모두 좋아하는 일이 똑같을까?" "다른 방법으로 하는 것을 알아보자."
책 읽고 나서	1) 자신과 외모가 다르게 생긴 사람, 자신이 잘하는 것, 좋아하는 것 세 가지씩을 포스트잇에 각자 적어본 후 서로서로 발표하게 해서 서로 차이점이 있다는 것을 인식한다. 2) 사람들은 똑같은 일을 여러 다른 방법으로 하는 것과 하도록 돕는 편의 시설에 대하여 이야기한다. ① 탁구할 때 ② 길을 걸을 때 ③ 계단 내려갈 때 ④ 주차할 때 ⑤ 횡단보도 건널 때
마무리	서로 달라도 편리한 시설과 서로 돕는 행동으로 어울려 노는 친구가 될 수 있다는 것에 대해 다시 이야기한다.

2) 지체장애

(1) 1단계

2차시	지체장애 친구 인식하기와 이해하기
전반적 목표	1) 사람들은 잘하는 것/ 잘 못하는 것과 좋아하는 것/ 싫어하는 것이 있다는 것을 인식한다. 2) 우리는 서로 공통점과 차이점을 가지고 있다는 것을 안다.
세부목표	1) 웅이와 유아들이 좋아하는 것/싫어하는 것과 할 수 있는 것과 할 수 없는 것에 대해서 안다. 2) 웅이와 유아들의 공통점과 차이점에 대하여 이해한다.
자　료	웅이의 북소리
책 소개하기	1) 책의 표지 그림을 보여 주고, 책의 제목과 저자를 읽어 준다. 2) 책의 내용을 예상해 본다. "누가 나올까?" "어떤 내용일까?" 3) 호기심 유발과 주의 집중을 위해 그림책의 한 장면을 보여주고 그 부분에 대한 내용을 읽어 준다. '웅이가 혼자서 쓸쓸히 집에서 노래 부르는 장면'을 보여 주면서 '왜 웅이가 혼자서 노래를 부르는가'에 대해서 그림책을 들으면서 생각해 보자고 말한다.
책 읽어 주면서	– 미리 다음과 같은 것에 대하여 생각해 보라고 이야기해 준다. "웅이는 어떤 아이인지." "웅이는 왜 집에만 있는지."

	"웅이는 무엇을 잘하는지." "웅이는 마을 사람들을 어떻게 도와주었는지."
책 읽고 나서	1) 웅이와 유아가 잘하는 것과 잘 못하는 것 세 가지씩을 포스트잇에 각자 적어보고, 웅이와 자신의 공통점과 차이점을 알아보게 한다. 2) 유아들과 함께 웅이가 잘하는 것과 잘 못하는 것, 유아들이 잘하는 것과 잘 못하는 것을 주제망에 적는다. 3) 주제망을 보며 웅이와 유아들의 공통점과 차이점을 알아본다. 이때 다른 유아들이 말하는 추가적인 공통점과 차이점에 대해서도 토론한다. "웅이와 마을사람들은 어떤 점이 같을까?" "웅이와 마을사람들은 어떤 점이 다를까?"
마무리	주제망을 보며 사람들은 서로 공통점과 차이점이 있다는 것을 다시 이야기한다.

(2) 2단계

3차시	지체장애 친구 수용하기
전반적 목표	1) 다른 사람의 감정에 대한 이해와 민감성을 증진시킨다. 2) 지체장애 친구를 어떻게 대해야 하는가에 대하여 안다.
세부목표	1) 이야기의 다양한 장면에서 웅이의 감정, 의도를 이해한다. 2) 지체장애유아의 특성과 생활에 관한 지식과 다양한 장면에서 웅이와 어떻게 상호작용하는가에 대해 안다.
자 료	웅이의 북소리. A4용지 1장, 표정 스티커, 크레용
책 소개하기	1) 유아에게 "악기 연주하는 것을 좋아하느냐"고 묻는다. "어떤 악기를 좋아하느냐"고 물어본다. 2) 책을 보여 주면서 오늘은 북을 아주 잘 치는 웅이에 대한 책을 다시 읽을 것이라고 말한다. 이때 인식 단계의 결과물인 주제망을 옆에 놓아둔다. 3) 좋은 악기 소리를 들었을 때의 기분이 어떠했는지에 대하여 생각해 보라고 한다.
책 읽어 주면서	1) 중요한 그림이나 장면에서 읽어 주기를 중단하고 중요 부분을 강조하고 질문한다. 2) 다음의 주요 장면에서 마유키의 느낌이 어떠한가에 대해 상상해 보라고 한다. 장면 1－웅이가 집에만 언제나 있을 때 장면 2－아버지가 북을 만들어 주었을 때 장면 3－마을 사람들이 가뭄에 힘들게 일할 때 장면 4－마을 사람들이 자신의 북과 노래 소리를 듣고 힘을 얻었을 때
책 읽고 나서	－ 미니 북 만들기 1) 위의 네 장면의 문장을 다시 읽어 주고 유아에게 미니 북의 각 장

	면에서 웅이의 감정을 표정 스티커를 이용하여 붙여 보게 한다. 2) 만약 자신이 웅이의 부모라면, 자신은 어떻게 행동했을까에 대해 표정 스티커 뒷장에 써보라고 한다. 3) 유아에게 만일 자신이 웅이라면 각 장면에서 어떤 기분이었을까와 어떤 때 기쁘고 어떤 때 슬픈지에 대해 서로 이야기한다.
마무리	웅이와 같은 친구와 어떻게 상호작용해야 하는가에 대하여 서로 이야기 나누면서 주제망을 작성한다.

3) 시각장애

(1) 1단계

4차시	시각장애 친구 인식하기와 이해하기
전반적 목표	1) 사람들은 잘하는 것/ 잘 못하는 것과 좋아하는 것/ 싫어하는 것이 있다는 것을 인식한다. 2) 우리는 서로 공통점과 차이점을 가지고 있다는 것을 안다.
세부목표	1) 미유키와 유아들이 할 수 있는 것과 할 수 없는 것에 대해서 안다. 2) 미유키와 유아들의 공통점과 차이점에 대하여 이해한다.
자 료	엄마, 내가 자전거를 탔어요
책 소개하기	1) 책의 표지 그림을 보여 주고, 책의 제목과 저자를 읽어 준다. 2) 책의 내용을 예상해 본다. "누가 나올까?" "어떤 내용일까?" 3) 호기심 유발과 주의 집중을 위해 그림책의 한 장면을 보여 주고 그 부분에 대한 내용을 읽어 준다. '미유키가 계단에서 넘어져서 우는 장면'을 보여주면서 "마유키가 왜 우는지 그림책을 들으면서 생각해 보자!"고 말한다.
책 읽어 주면서	– 미리 다음과 같은 것에 대하여 생각해보라고 이야기해준다. "미유키는 어떤 아이인지." "미유키는 어떻게 글과 자전거를 배우는지." "미유키는 어떤 것을 잘하는지." "미유키는 어떤 것을 잘 못하는지."
책 읽고 나서	1) 미유키와 유아가 잘하는 것과 잘 못하는 것 세 가지씩을 포스트잇에 각자 적어보고, 미유키와 자신의 공통점과 차이점을 알아보게 한다. 2) 유아들과 함께 미유키가 잘하는 것과 잘 못하는 것, 유아들이 잘하는 것과 잘 못하는 것을 주제망에 적는다. 3) 주제망을 보며 미유키와 유아들의 공통점과 차이점을 알아본다. 이때 다른 유아들이 말하는 추가적인 공통점과 차이점에 대해서도 토론한다. "미유키와 친구들은 어떤 점이 같을까?"

	"미유키와 친구들은 어떤 점이 다를까?"
마무리	주제망을 보며 사람들은 서로 공통점과 차이점이 있다는 것을 다시 이야기한다.

(2) 2단계

5차시	시각장애 친구 수용하기
전반적 목표	1) 다른 사람의 감정에 대한 이해와 민감성을 증진시킨다. 2) 시각장애 친구를 어떻게 대해야 하는가에 대하여 안다.
세부목표	1) 이야기의 다양한 장면에서의 미유키의 감정, 의도를 이해한다. 2) 시각장애유아의 특성과 생활에 관한 지식과 다양한 장면에서 미유키와 어떻게 상호작용하는가에 대해 안다.
자 료	엄마, 내가 자전거를 탔어요. A4용지 1장, 표정 스티커, 크레용
책 소개하기	1) 유아에게 '자전거 타기를 좋아하느냐'고 묻는다. '왜 자전거 타는 것을 좋아하느냐'고 물어본다. 2) 책을 보여 주면서 오늘은 자전거 타기를 좋아하는 미유키에 대한 이야기를 다시 읽을 것이라고 말한다. 이때 인식 단계의 결과물인 주제망을 옆에 놓아둔다. 3) 자전거 배울 때 기분이 어떠했는지에 대하여 생각해 보라고 한다.
책 읽어 주면서	1) 중요한 그림이나 장면에서 읽어 주기를 중단하고 중요 부분을 강조하고 질문한다. 2) 다음의 주요 장면에서 미유키의 느낌이 어떠한가에 대해 상상해 보라고 한다. 장면 1—미유키가 계단에서 넘어졌을 때 장면 2—미유키가 점자와 수 세기를 배울 때 장면 3—자신이 혼자서 어디를 갈 수 없다고 생각했을 때 장면 4—혼자 자전거 타기를 배웠을 때
책 읽고 나서	— 미니 북 만들기 1) 위의 네 장면의 문장을 다시 읽어 주고 유아에게 미니 북의 각 장면에서 미유키의 감정을 표정 스티커를 이용하여 붙여 보게 한다. 2) 만약 자신이 미유키의 엄마라면, 자신은 어떻게 행동했을까에 대해 표정 스티커 뒷장에 써보라고 한다. 3) 유아에게 만일 자신이 미유키라면 각 장면에서 어떤 기분이었을까와 어떤 때 기쁘고 어떤 때 슬픈지에 대해 서로 이야기한다.
마무리	미유키와 같은 친구와 어떻게 상호 작용해야 하는가에 대하여 서로 이야기 나누면서 주제망을 작성한다.

4) 청각장애

(1) 1단계

6차시	청각장애 친구 인식하기와 이해하기
전반적 목적	1) 사람들은 잘하는 것/ 잘 못하는 것과 좋아하는 것/ 싫어하는 것이 있다는 것을 인식한다. 2) 우리는 서로 공통점과 차이점을 가지고 있다는 것을 안다.
세부목표	1) 윤지와 유아들이 할 수 있는 것과 할 수 없는 것에 대해서 안다. 2) 윤지와 유아들의 공통점과 차이점에 대하여 이해한다.
자　료	넌 왜 보청기를 하니?
책 소개하기	1) 책의 표지 그림을 보여 주고, 책의 제목과 저자를 읽어 준다. 2) 책의 내용을 예상해 본다. "누가 나올까?" "어떤 내용일까?" 3) 호기심 유발과 주의집중을 위해 그림책의 한 장면을 보여 주고 그 부분에 대한 내용을 읽어 준다. "윤지가 준호를 피해 울먹이면서 집에 가는 장면"을 보여 주면서 "윤지가 왜 울먹이는지 그림책을 들으면서 생각해 보자!"고 말한다.
책 읽어 주면서	– 미리 다음과 같은 것에 대하여 생각해 보라고 이야기해 준다. "윤지는 어떤 아이인지." "윤지는 어떻게 말을 배우는지." "윤지는 어떤 것을 잘하는지." "윤지는 어떤 것을 잘 못하는지."
책 읽고 나서	1) 윤지와 유아가 잘하는 것과 잘 못하는 것 세 가지씩을 포스트잇에 각자 적어보고, 윤지와 자신의 공통점과 차이점을 알아보게 한다. 2) 유아들과 함께 윤지가 잘하는 것과 잘 못하는 것, 유아들이 잘하는 것과 잘 못하는 것을 주제망에 적는다. 3) 주제망을 보며 윤지와 유아들의 공통점과 차이점을 알아본다. 이때 다른 유아들이 말하는 추가적인 공통점과 차이점에 대해서도 토론한다. "윤지와 친구들은 어떤 점이 같을까?" "윤지와 친구들은 어떤 점이 다를까?"
마무리	주제망을 보며 사람들은 서로 공통점과 차이점이 있다는 것을 다시 이야기한다.

(2) 2단계

7차시	청각장애 친구 수용하기
전반적 목표	1) 다른 사람의 감정에 대한 이해와 민감성을 증진시킨다. 2) 청각장애 친구를 어떻게 대해야 하는가에 대하여 안다.
세부목표	1) 이야기의 다양한 장면에서 윤지의 감정, 의도를 이해한다. 2) 청각장애유아의 특성과 생활에 관한 지식과 다양한 장면에서 윤지와 어떻게 상호작용하는가에 대해 안다.
자 료	넌 왜 보청기를 하니? A4용지 1장, 표정 스티커, 크레용
책 소개하기	1) 유아에게 "보청기를 본 적이 있느냐"고 묻는다. "언제, 누가 한 것을 보았냐"고 물어본다. 2) 책을 보여 주면서 오늘은 보청기를 귀에 한 윤지에 대한 이야기를 다시 읽을 것이라고 말한다. 이때 인식 단계의 결과물인 주제망을 옆에 놓아둔다.
책 읽어 주면서	1) 중요한 그림이나 장면에서 읽어 주기를 중단하고 중요 부분을 강조하고 질문한다. 2) 다음의 주요 장면에서 윤지의 느낌이 어떠한가에 대해 상상해 보라고 한다. 장면 1—준호가 보청기 빼보라고 했을 때 장면 2—엄마의 설명을 듣고 편안해졌을 때 장면 3—준호에게서 미안하다는 답장이 왔을 때 장면 4—준호를 집에 초대했을 때
책 읽고 나서	— 미니 북 만들기 1) 위의 네 장면의 문장을 다시 읽어 주고 유아에게 미니 북의 각 장면에서 윤지의 감정을 표정 스티커를 이용하여 붙여보게 한다. 2) 만약 자신이 준호라면, 자신은 어떻게 행동했을까에 대해 표정 스티커 뒷장에 써보라고 한다. 3) 유아에게 만일 자신이 윤지라면 각 장면에서 어떤 기분이었을까와 어떤 때 기쁘고 어떤 때 슬픈지에 대해 서로 이야기한다.
마무리	윤지와 같은 친구와 어떻게 상호작용해야 하는가에 대하여 서로 이야기 나누면서 주제망을 작성한다.

5) 의사소통장애

(1) 1단계

8차시	의사소통 친구 인식하기와 이해하기
전반적 목표	1) 사람들은 잘하는 것/ 잘 못하는 것과 좋아하는 것/ 싫어하는 것이 있다는 것을 인식한다. 2) 우리는 서로 공통점과 차이점을 가지고 있다는 것을 안다.
세부목표	1) 작은 개구리와 유아들이 할 수 있는 것과 할 수 없는 것에 대해서 안다. 2) 작은 개구리와 유아들의 공통점과 차이점에 대하여 이해한다.
자　료	작은 개구리의 고민
책 소개하기	1) 책의 표지 그림을 보여 주고, 책의 제목과 저자를 읽어 준다. 2) 책의 내용을 예상해 본다. "누가 나올까?" "어떤 내용일까?" 3) 호기심 유발과 주의 집중을 위해 그림책의 한 장면을 보여 주고 그 부분에 대한 내용을 읽어 준다. "작은 개구리가 몰래 말하기 연습을 하는 장면"을 보여 주면서 "작은 개구리가 왜 혼자서 말하기 연습을 하는지"에 대해 생각해 보자고 말한다.
책 읽어 주면서	– 미리 다음과 같은 것에 대하여 생각해 보라고 이야기해 준다. "작은 개구리는 어떤 개구리인지." "작은 개구리는 어떤 것을 잘하는지." "작은 개구리는 어떤 것을 잘 못하는지." "작은 개구리는 어떤 것을 좋아하는지." "작은 개구리는 어떤 것을 싫어하는지."
책 읽고 나서	1) 작은 개구리와 유아가 잘하는 것과 잘 못하는 것 세가지씩을 포스트잇에 각자 적어보고, 작은 개구리와 자신의 공통점과 차이점을 알아보게 한다. 2) 유아들과 함께 작은 개구리가 잘하는 것과 잘 못하는 것, 유아들이 잘하는 것과 잘 못하는 것을 주제망에 적는다. 3) 주제망을 보며 작은 개구리와 유아들의 공통점과 차이점을 알아본다. 이때 다른 유아들이 말하는 추가적인 공통점과 차이점에 대해서도 토론한다. "작은 개구리와 친구들은 어떤 점이 같을까?" "작은 개구리와 친구들은 어떤 점이 다를까?"
마무리	주제망을 보며 사람들은 서로 공통점과 차이점이 있다는 것을 다시 이야기한다.

(2) 2단계

9차시	의사소통장애 친구 수용하기
전반적 목표	1) 다른 사람의 감정에 대한 이해와 민감성을 증진시킨다. 2) 언어장애 친구를 어떻게 대해야 하는가에 대하여 안다.
세부 목표	1) 이야기의 다양한 장면에서 작은 개구리의 감정, 의도를 이해한다. 2) 언어장애유아의 특성과 생활에 관한 지식과 다양한 장면에서 작은 개구리와 어떻게 상호작용하고 격려하는가에 대해 안다.
자　료	작은 개구리의 고민. A4용지 1장, 표정 스티커, 크레용
책 소개하기	1) 유아에게 "고민이 있느냐"고 물어본다. 있다면 "어떤 고민이 있느냐"고 물어본다. 2) 책을 보여 주면서 오늘은 말을 잘하지 못하여 고민을 하는 작은 개구리에 대한 이야기를 다시 읽을 것이라고 말한다. 이때 인식 단계의 결과물인 주제망을 옆에 놓아둔다. 3) 고민이 있을 때 어떻게 했는지에 대해 생각해 보라고 한다.
책 읽어 주면서	1) 중요한 그림이나 장면에서 읽어 주기를 중단하고 중요 부분을 강조하고 질문한다. 2) 다음의 주요 장면에서 작은 개구리의 느낌이 어떠한가에 대해 상상해보라고 한다. 장면 1－작은 개구리가 친구처럼 울지 못할 때 장면 2－오리를 만났을 때 말이 안 나왔을 때 장면 3－다른 동물들이 서로 다르게 우는 것을 보았을 때 장면 4－다른 개구리들이 다르게 울어도 잘했다고 하고, 결국 멋지게 해냈을 때
책 읽고 나서	－ 미니 북 만들기 1) 위의 네 장면의 문장을 다시 읽어 주고 유아에게 미니 북의 각 장면에서 작은 개구리의 감정을 표정 스티커를 이용하여 붙여보게 한다. 2) 만약 자신이 작은 개구리 친구라면, 자신은 어떻게 행동했을까에 대해 표정 스티커 뒷장에 써보라고 한다. 3) 유아에게 만일 자신이 작은 개구리라면 각 장면에서 어떤 기분이었을까와 어떤 때 기쁘고 어떤 때 슬픈지에 대해 서로 이야기한다.
마무리	작은 개구리와 같은 친구를 어떻게 상호작용해야 하는가에 대하여 서로 이야기 나누면서 주제망을 작성한다.

6) 정신지체

(1) 1단계

10차시	정신지체 친구 인식하기와 이해하기
전반적 목표	1) 사람들은 잘하는 것/ 잘 못하는 것과 좋아하는 것/ 싫어하는 것이 있다는 것을 인식한다. 2) 우리는 서로 유사점과 차이점을 가지고 있다는 것을 안다.
세부목표	1) 에디와 유아의 잘하는 것/ 잘 못하는 것과 좋아하는 것/ 싫어하는 것에 대하여 알아본다. 2) 에디와 유아들의 공통점과 차이점에 대하여 이야기한다.
자　료	에디에게 잘해 주렴
책 소개하기	1) 책의 표지 그림을 보여 주고, 책의 제목과 저자를 읽어 준다. 2) 책의 내용을 예상해 본다. "누가 나올까?" "어떤 내용일까?" 3) 호기심 유발과 주의집중을 위해 그림책의 한 장면을 보여 주고 그 부분에 대한 내용을 읽어 준다 . "짐버드가 에디에게 따라오지 말라고 함부로 하는 장면"을 보여 주면서 "짐버드가 왜 이런 행동을 했는지 그림책을 들으면서 생각해 보자!"고 말한다.
책 읽어 주면서	– 미리 다음과 같은 것에 대하여 생각해 보라고 이야기해 준다. "에디는 어떤 아이인지." "에디는 어떤 것을 좋아하는지." "에디는 어떤 것을 싫어하는지." "에디는 어떤 것을 잘하는지." "에디는 어떤 것을 잘 못하는지."
책 읽고 나서	1) 에디와 유아가 잘하는 것과 잘 못하는 것 세 가지씩을 포스트잇에 각자 적어보고, 에디와 자신의 공통점과 차이점을 알아보게 한다. 2) 유아들과 함께 에디가 잘하는 것과 잘 못하는 것, 유아들이 잘하는 것과 잘 못하는 것을 주제망에 적는다. 3) 주제망을 보며 에디와 유아들의 공통점과 차이점을 알아본다. 이때 다른 유아들이 말하는 추가적인 공통점과 차이점에 대해서도 토론한다. "에디와 친구들은 어떤 점이 같을까?" "에디와 친구들은 어떤 점이 다를까?"
마무리	모든 사람들은 서로 차이점과 공통점을 가지고 있다는 것을 다시 이야기한다.

(2) 2단계

11차시	정신지체 친구 수용하기
전반적 목표	1) 다른 사람의 감정에 대한 이해와 민감성을 증진시킨다. 2) 자폐 친구를 어떻게 대해야 하는가에 대하여 안다.
세부목표	1) 이야기의 다양한 장면에서 에디 감정, 의도를 이해한다. 2) 정신지체유아의 특성에 관한 지식과 다양한 장면에서 에디와 어떻게 상호작용하는가에 대해 안다.
자 료	에디에게 잘해주렴. A4 용지 1장, 표정 스티커, 크레용
책 소개하기	1) 유아에게 개구리 알을 좋아하느냐고 물어본다. 좋아한다면 왜 좋아하는가에 대해 말해보게 한다. 2) 책을 보여 주면서 오늘은 개구리 알을 아주 좋아하는 친구들에 관한 이야기를 다시 읽을 것이라고 말한다. 이때 인식 단계의 결과물인 주제망을 옆에 놓아둔다. 3) 에디에게 왜 잘해 주라고 하는지에 대해 생각해 보라고 한다.
책 읽어 주면서	1) 중요한 그림이나 장면에서 읽어 주기를 중단하고 중요 부분을 강조하고 질문한다. 2) 다음의 주요 장면에서 에디의 느낌이 어떠한가에 대해 상상해 보라고 한다. 장면 1—짐버드가 에디에게 따라오지 말라고 하였을 때 장면 2—짐버드가 풀숲에서 에디에게 여기 왜 왔냐고 했을 때 장면 3—크리스티가 개구리 알을 찾으려고 에디를 따라올 때 장면 4—크리스티가 개구리 알과 수련을 보고 좋아할 때
책 읽고 나서	— 미니 북 만들기 1) 위의 네 장면의 문장을 다시 읽어 주고 유아에게 미니 북의 각 장면에서 에디의 감정을 표정 스티커를 이용하여 붙여보게 한다. 2) 만약 에디가 도네 친구라면, 자신은 어떻게 행동했을까에 대해 표정 스티커 뒷장에 써보라고 한다. 3) 유아에게 만일 자신이 에디라면 각 장면에서 어떤 기분이었을까와 어떤 때 기쁘고 어떤 때 슬픈지에 대해 서로 이야기한다. 4) 에디와 크리스티나, 그리고 짐버드는 나중에 어떻게 되었을까에 대한 질문을 한다.
마무리	에디와 같은 친구를 어떻게 대해야 하는가에 대하여 서로 이야기 나누면서 주제망을 작성한다.

7) 자폐성 장애

(1) 1단계

12차시	자폐성 장애친구 인식하기와 이해하기
전반적 목표	1) 사람들은 잘하는 것/ 잘 못하는 것과 좋아하는 것/ 싫어하는 것이 있다는 것을 인식한다. 2) 우리는 서로 공통점과 차이점을 가지고 있다는 것을 안다.
세부 목표	1) 이안과 유아들이 좋아하는 것과 싫어하는 것을 알아본다. 2) 이안과 유아들의 공통점과 차이점에 대하여 이해한다.
자 료	이안의 산책
책 소개하기	1) 책의 표지 그림을 보여 주고, 책의 제목과 저자를 읽어 준다. 2) 책의 내용을 예상해 본다. "누가 나올까?" "어떤 내용일까?" 3) 호기심 유발과 주의집중을 위해 그림책의 한 장면을 보여 주고 그 부분에 대한 내용을 읽어 준다. "이안이 햄버거 가게에서 천장의 선풍기가 돌아가는 장면"을 보여 주면서 "이안이 왜 이런 행동을 했는지 그림책을 들으면서 생각해 보자!"고 말한다.
책 읽어 주면서	– 미리 다음과 같은 것에 대하여 생각해 보라고 이야기해 준다. "이안은 어떤 아이인지." "이안은 어떤 것을 좋아하는지." "이안은 어떤 것을 싫어하는지."
책 읽고 나서	1) 이안과 유아가 좋아하는 것/ 싫어하는 것 세 가지씩을 포스트잇에 각자 적어보고, 이안과 자신의 공통점과 차이점을 알아보게 한다. 2) 유아들과 함께 이안이 좋아하는 것/싫어하는 것을 주제망에 적는다. 주제망을 보며 이안과 유아들의 공통점과 차이점을 알아본다. 이때 다른 유아들이 말하는 추가적인 공통점과 차이점에 대해서도 토론한다. "이안과 친구들은 어떤 점이 같을까?" "이안과 친구들은 어떤 점이 다를까?"
마무리	주제망을 보며 사람들은 서로 공통점과 차이점이 있다는 것을 다시 이야기한다.

(2) 2단계

13차시	자폐성 장애친구 수용하기
전반적 목표	1) 다른 사람의 감정에 대한 이해와 민감성을 증진시킨다. 2) 자폐 친구를 어떻게 대해야 하는가에 대하여 안다.
세부 목표	1) 이야기의 다양한 장면에서 이안의 감정, 의도를 이해한다. 2) 자폐유아의 특성에 관한 지식과 다양한 장면에서 이안과 어떻게 상호작용하는가에 대해 안다.
자　료	이안의 산책. A4용지 1장, 표정 스티커, 크레용
책 소개하기	1) 유아에게 "산책을 좋아하느냐"고 물어본다. 좋아한다면 "왜 좋아하는가"에 대해 말해 보게 한다. 2) 책을 보여 주면서 오늘은 산책을 아주 좋아하는 이안에 대한 이야기를 다시 읽을 것이라고 말한다. 이때 인식 단계의 결과물인 주제망을 옆에 놓아둔다. 3) 산책 가서 어떤 일이 일어나는지에 대해 생각해 보라고 한다.
책 읽어 주면서	1) 중요한 그림이나 장면에서 읽어 주기를 중단하고 중요 부분을 강조하고 질문한다. 2) 다음의 주요 장면에서 이안의 느낌이 어떠한가에 대해 상상해 보라고 한다. 장면 1－햄버거 가게에서 강제로 데리고 나왔을 때 장면 2－꽃집에서 바보 같다고 말했을 때 장면 3－돌에 뺨을 대고 있는 이안을 강제로 일으켰을 때 장면 4－이안이 돌을 갖고 놀게 지켜서 있을 때와 벽돌 냄새를 맡게 두었을 때
책 읽고 나서	－ 미니 북 만들기 1) 위의 네 장면의 문장을 다시 읽어 주고 유아에게 미니 북의 각 장면에서 이안의 감정을 표정 스티커를 이용하여 붙여보게 한다. 2) 만약 이안이 동생이라면, 자신은 어떻게 행동했을까에 대해 표정 스티커 뒷장에 써보라고 한다. 3) 유아에게 만일 자신이 이안이라면 각 장면에서 어떤 기분이었을까와 어떤 때 기쁘고 어떤 때 슬픈지에 대해 서로 이야기한다. 4) 이안이 왜 마지막에 누나를 보고 웃었는가에 대해 생각해 보게 한다.
마무리	이안과 같은 친구를 어떻게 대해야 하는가에 대하여 서로 이야기 나누면서 주제망을 작성한다.

8) 더불어 살기

14차시	서로 다른 친구 이해하기와 수용하기
전반적 목표	1) 다른 사람의 감정에 대한 이해와 민감성을 증진시킨다. 2) 자신과 다른 친구를 어떻게 대해야 하는가에 대하여 안다.
세부 목표	1) 이야기의 다양한 장면에서 세 친구의 감정, 의도를 이해한다. 2) 서로 다른 친구와 함께 협력하여 살아가야 한다는 것을 안다.
자 료	함께 가는 길. A4용지 1장, 표정 스티커, 크레용
책 소개하기	1) 유아에게 "하고 싶은 게 있느냐"고 물어본다. 있다면 "왜 그것을 하고 싶은가"에 대해 말해 보게 한다. 2) 책을 보여 주면서 오늘은 하고 싶은 것이 있어서 넓은 세상으로 길을 떠난 세 아이의 이야기를 읽을 것이라고 말한다. 3) 세 아이가 왜 협력하여 살아가야 하는가에 대해 생각해 보라고 한다.
책 읽어 주면서	1) 중요한 그림이나 장면에서 읽어 주기를 중단하고 중요 부분을 강조하고 질문한다. 2) 서로에게 도와준 일과 도움을 받은 일에 대하여 생각해 보라고 한다. 3) 다음의 주요 장면에서 세 아이의 느낌이 어떠한가에 대해 상상해 보라고 한다. 장면 1—셋이 함께 길을 떠났을 때 장면 2—사랑 많은 아이를 두고 떠났을 때 장면 3—똑똑한 아이가 땅속에 빠졌을 때 장면 4—똑똑한 아이와 힘이 센 아이가 땅 밖으로 나왔을 때 장면 5—셋이 다시 함께 길을 떠났을 때
책 읽고 나서	— 주제망 만들기 1) 세 유아들이 서로 도움을 받은 일과 도움을 준 일을 주제망에 적고 서로 이야기한다. 도움을 받기보다는 서로서로 도움을 주고받아야 한다는 것에 대하여 토론한다. — 미니 북 만들기 1) 위의 다섯 장면의 문장을 다시 읽어 주고 유아에게 미니 북의 각 장면에서 각 아이의 감정을 표정 스티커를 이용하여 붙여보게 한다. 2) 만약 자신이 다른 유아라면, 자신은 어떻게 행동했을까에 대해 표정 스티커 뒷장에 써보라고 한다. 3) 유아에게 만일 자신이 유아라면 각 장면에서 어떤 기분이었을까와 어떤 때 기쁘고 어떤 때 슬픈지에 대해 서로 이야기한다.
마무리	친구끼리 서로서로 도울 수 있는 일에 대하여 이야기 나누면서 주제망을 작성한다.

앞에서 제시한 그림책을 활용한 장애 인식하기와 이해하기 및 수용하기 활동 후에 좀 더 심화된 활동을 추가하는 것도 바람직한 긍정적 태도 형성과 수용 행동을 습득하는 데 효과적이다. 앞의 제7장에서 소개한 영상자료, 장애체험, 인형극 등과 같은 확장 활동과 기관 방문을 통해 좀 더 긍정적 태도 형성에 크게 기여할 수 있다. 그리고 장애에 관한 적절한 그림책을 발견할 수 없을 때, 그림책을 유아가 읽거나 읽어 준 후 부정적인 측면에 대한 토론이나 활동에 참여하게 함으로써 긍정적 태도 증진을 가져올 수 있다.

6. 프로그램 실시의 예

위에 제시한 활동 중에서 그림책 『이안의 산책』을 사용한 13차시의 자폐유아 친구 수용하기 활동의 예를 제시하고자 한다. 먼저 활동에서 사용한 미니 북 만들기를 소개한 후, 미니 북 만들기 활동을 실시한 실제 사진 4장을 제시하여 이해를 돕고자 한다.

1) 미니 북 만드는 법

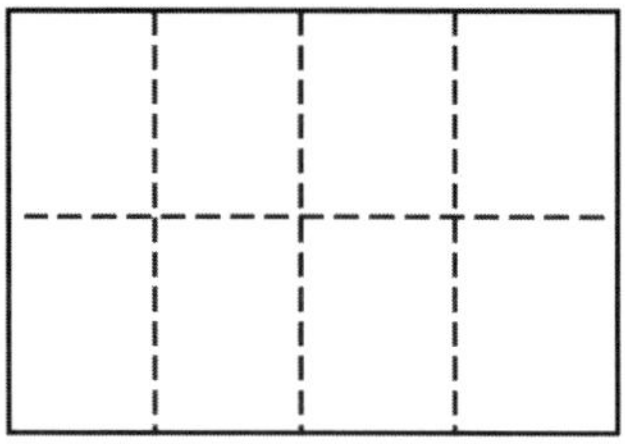

① 종이를 그림과 같이 8개의 면이 만들어지도록 접으세요.

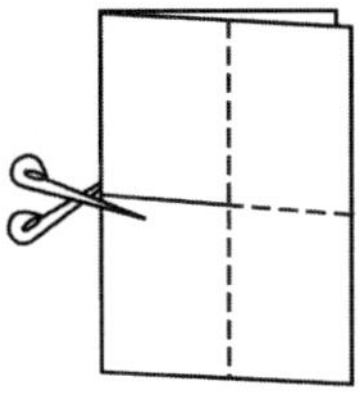

② 종이 전체를 세로로 2등분해서 반 접은 후, 접힌 쪽에서부터 중심선을 따라 한 면만 오리세요.

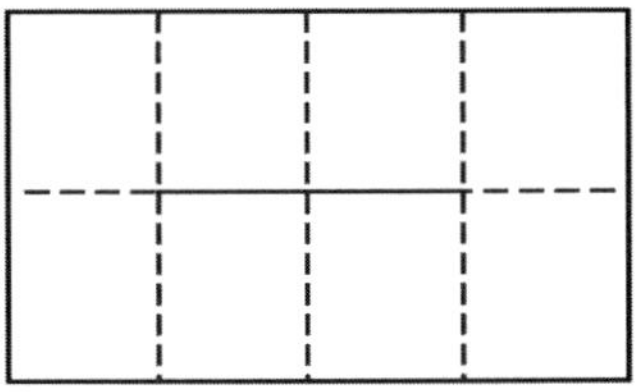

③ 종이를 다시 펼치면 한가운데에 오린 선이 나타날 것입니다.

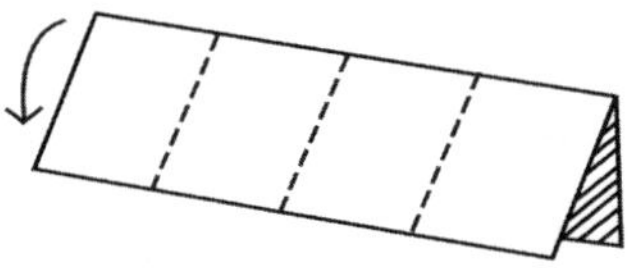

④ 종이를 가로로 2등분해서 아래쪽으로 내려 접으세요.

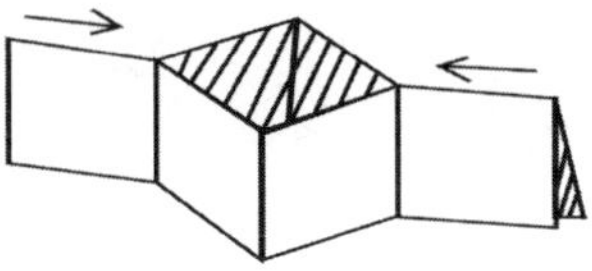

⑤ 손으로 양쪽 끝을 잡은 채 중심점을 향해 안으로 밀어 넣으면 종이의 가운데 부분에 공간이 생길 것입니다.

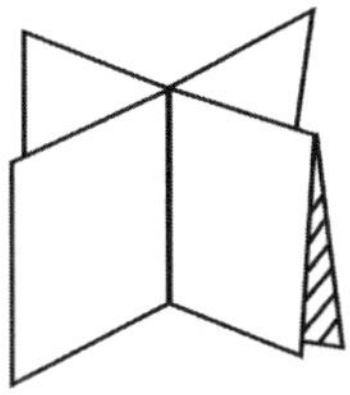

⑥ 종이 전체가 십자 모양이 될 때까지 중심점을 향해 밀어 주세요.

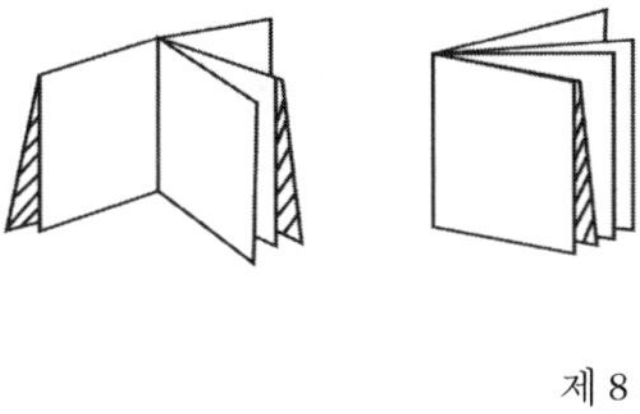

⑦ 나머지 종이를 한 방향으로 몰아서 책 모양이 되도록 접으세요.

2) 미니 북 활동의 예

다음은 자폐유아가 주인공인 『이안의 산책』 표지와 활동에 관한 사진이다.

이안의 산책
로리 리어스 저/ 카렌 리츠 그림/ 이상희 역
2005년

<그림 8-1> 미니 북 표지

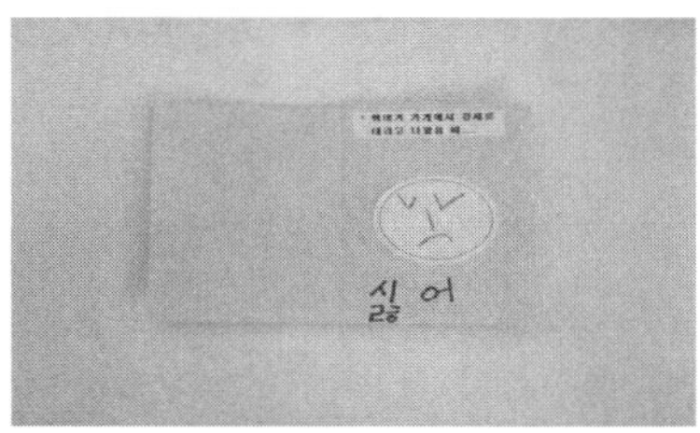

<그림 8-2> 장면 1 활동

<그림 8-3> 장면 2의 뒷면과 장면 3 활동

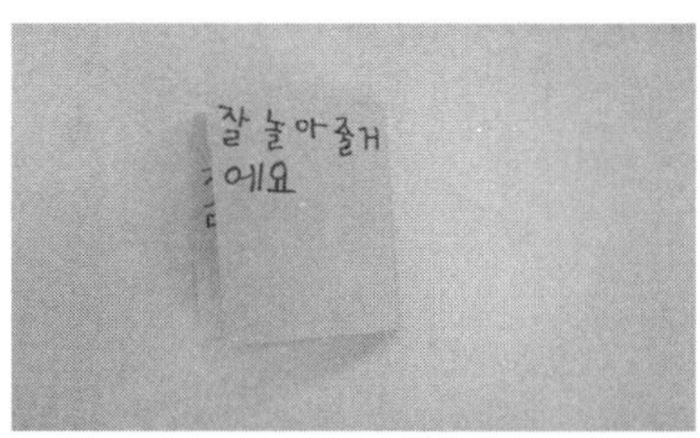

<그림 8-4> 미니 북 뒷면

제 9 장

긍정적 태도 증진을 위한 다양한 자원

1. 유아를 위한 그림책
2. 부모, 교사용 도서
3. 영상자료

제 9 장 긍정적 태도 증진을 위한 다양한 자원

본 장에서는 유아, 부모, 교사의 장애에 대한 긍정적 태도를 증진하는 데 도움이 되는 우리나라에서 출판되거나 방영된 다양한 자원을 소개하고자 한다. 장애 유형별로 제시된 유아용 그림책, 교사와 부모용 도서, 그리고 영상자료의 목록은 교사와 부모가 필요에 따라 선택하여 사용할 수 있는 자원이다.

1. 유아를 위한 그림책

유아들은 그림책을 통해서 즐거움과 기쁨을 얻으며, 자신과 주변 사람들의 삶을 이해하게 되고, 인간 경험에 대해 통찰력을 갖게 되며, 자신과 타인을 더욱 잘 이해하게 된다(Galda & Cullinan, 2002; Norton, 1999; Sutherland & Arbuthnot, 1986). 유아가 자신과 등장인물의 유사성을 인식하게 되면 자신들과 다르게 행동하고 다르게 말하더라도 등장인물을 수용하는 것을 배울 수 있다. 유아들이 쉽게 접하기 어려운 장애가 있는 사람들이 겪는 문제와 정서를 다룬 그림책에 나오는 등장인물을 통해서 그들이 어떤 사람인가를 알게 되어 그들에 대해 잘 파악하게 될 것이다. 교실 내에 청각장애유아나 자폐유아가 통합되어 있을 때 이들에 대한 정보를 주고자 할 때 이러한 장애 유형의 그림책을 선택하면 책이 효과적으로 사용될 수 있다. 이러한 장애 주제 그림책을 사용할 때 서로 다른 점이 있다는 것을 인식할 수 있는 '차이점'을 주제로 한 그림책을 먼저 소개한 후 장애 주제 그림책을 사용하는 것이 더 효과적이다.

차이점

달라서 좋아요

후세 야스코 저 / 김향금 역 / 대교출판 / 2007

동그라미와 세모가 각자의 부족한 면을 보완해 주면서 서로의 좋은 점을 찾게 되는 이야기를 담은 그림책으로, 그림만으로도 이야기의 흐름을 충분히 짐작할 수 있습니다.

우리가 달라도

김혜리 저 / 이형진 그림 / 아이코리아 / 2006

우리는 서로 다른 모습과 생각을 하고 있고, 사람마다 잘하는 것과 잘하지 못하는 것도 다르다. 장애 역시 우리가 갖고 있는 서로 다른 모습 중 하나이다. 장애와 비장애를 구분하기보다는 우리 모두 다른 모습과 다른 능력을 가지고 있지만, 더불어 살아갈 수 있다는 것을 보여 주고 있다.

정신지체

에디에게 잘해 주렴

버지니아 플레밍 저/ 강연숙 역 / 느림보 / 2005

크리스티와 짐버드가 개구리 알을 잡으러 가던 길에 에디를 만나지만 무시하고 길을 재촉한다. 호숫가에 도착했지만 개구리 알은 보이지 않았고 에디를 만나게 된다. 에디는 크리스티나에게 도롱뇽을 잡아주었고, 수련을 따주기 위해 호수 안으로 들어가기도 한다. 또 크리스티나에게 예쁜 수련과 개구리 알이 있는 연못으로 안내한다. 크리스티나는 에디의 착한 마음씨와 소중한 건 마음속에 있다는 것을 알게 된다.

네 잘못이 아니야

고정욱 저 / 최문수 그림 / 황금두뇌 / 2001

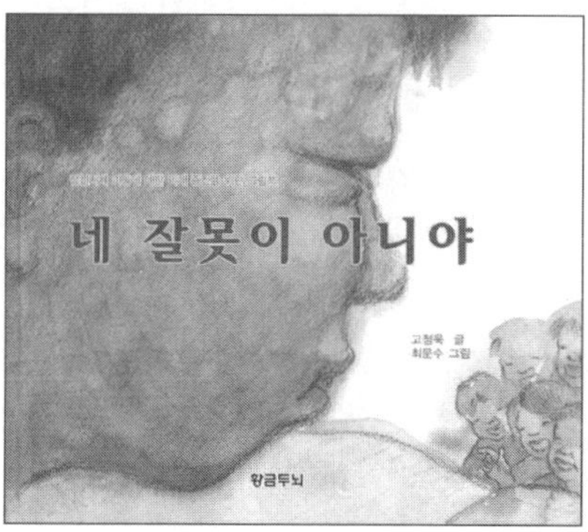

1학년 2반에 새로운 친구인 이강혁은 말도 잘 못하고 똑바로 걷지도 못한다. 출석 부를 때 강혁이의 이상한 대답에 아이들이 모두 까르르 웃는다. 강혁이는 어눌하게 읽고, 소리 지르고, 때론 발작을 일으켜 쓰러진다. 하지만 그건 강혁이 잘못이 아니므로 강혁이를 미워하고, 따돌리는 우리에게 잘못이 있다.

지체장애

내 친구 여진이

김혜리 저 / 김지아 그림 / 아이코리아 / 2006

다리가 무릎까지만 있는 여진이는 나와는 달리 그림도 잘 그리고 재미있는 말도 잘한다. 그리고 처음 만난 사람들하고도 이야기를 잘한다. 친구들은 동생처럼 여진이를 도와주지만 여진이는 자기가 부탁할 때 도와달라고 이야기한다. 우리는 여진이를 도와주고 싶은 것을 참고 있다. 동생 같은 친구가 아니라 진짜 우리 친구 여진이다.

민수야 힘내!

아오키 미치요 저 / 하마다 케이코 그림 / 이영준 역 / 한림출판사 / 2000

아기 때 큰 병을 앓아 앉거나 서지도 못하는 지체장애자 민수의 이야기이다. 고양이가 반대로 누워 있는 모습을 보고 민수와 함께 할 수 있는 방석놀이를 하는 아이들의 마음이 따뜻하다. 언제나 누워 있는 민수를 지애랑 친구들이 도와 나무 위로 데리고 올라가려고 하나 아이들에게는 역부족이다. 민수는 친구들이 나무에 오르는 모습을 보고 자기도 꼭 한 번 올라보고 싶었다. 선생님은 이 광경을 보더니 민수를 들쳐 업고 나무를 기어 올라간다.

시각장애

엄마, 내가 자전거를 탔어요

이노우에 미유키 저 / 카리노 후키코 그림 / 이정선 역 / 베틀북 / 2002

이 책을 지은 이노우에 미유키는 현재 일본 후쿠오카 현립 후쿠오카 시각장애인 고등학생이다. 다른 사람들이 하는 일을 미유키도 할 수 있다. 다만 방법이 조금 다르다는 것. 앞을 못 보기 때문에 모든 사물을 손으로, 온몸으로 받아들이면서 성장하는 힘을 기른 아이라는 것이다. 딸랑이나 장난감 피아노 등 소리 나는 물건을 가지고 소리를 느끼고, 여러 가지 사물을 만지며 익히고, 해를 향해 얼굴을 들어 그 따뜻함과 색을 몸과 마음으로 배웠다.

등불 할머니

윤수천 저 / 송준일 그림 / 문원 / 2002

장님 할머니는 해가 저물면 길가에서 등불을 밝혀 주었다. 어느 날 길 잃은 세자는 할머니 집에서 묵게 됐고 세자는 착한 마음을 갖고 있는 할머니에게 등불 한 짝을 보냈으나 마을사람들은 할머니를 시기해 마을에서 내쫓았다. 어느 날 밤 할머니는 도적들의 음모를 듣고 마을 사람들에게 알렸지만 믿지 않았다. 밤에 도적들에게 습격당한 마을 사람들은 겁에 질렸다. 그런데 어디선가 환한 등불이 밝혀졌고 도적들은 달아나기 바빴다. 다음 날 마을 사람들은 어젯밤에 장님 할머니가 비바람 때문에 등불을 켤 수 없어 자기 몸을 태워 등을 밝혔음을 알았다. 그 후 할머니의 오두막집에 등불을 달아 할머니를 오래오래 생각하였다.

청각장애

넌 왜 보청기를 하니

김혜리 저 / 윤지회 그림 / 아이코리아 / 2006

이 책은 보청기를 사용하는 윤지와 친구 준호에 관한 이야기이다. 준호는 호기심으로 자꾸 보청기를 보여 달라고 하지만 윤지는 창피하다. 윤지는 엄마의 이야기를 듣고 준호에게 보청기에 대해 이야기해 주고, 준호는 자신의 안경에 대해서 이야기해 주면서 편지를 통해서 서로 이해하는 친구가 되어 간다.

자폐

이안의 산책

로리 리어스 저 / 카렌리츠 그림 / 이상희 역 / 큰북 작은북 / 2005

줄리는 타라 언니랑 자폐 남동생 이안을 데리고 공원으로 산책을 간다. 공원으로 가는 동안 햄버거 가게에서, 꽃 가게에서, 우체국에서 동생이 보통 사람들과 다르게 행동한다.

공원에서도 동생은 누나의 말은 들을 척도 하지 않은 채 딴청만 부린다. 그러다 잠시 한눈을 판 사이 동생을 잃어버리기도 한다. 집으로 돌아오는 동안 누나들은 동생이 하는 방식으로 마음껏 할 수 있도록 그냥 내버려 둔다. 마침내 집으로 돌아왔을 때, 이안은 누나 줄리를 바라보며 아주 잠깐 미소 짓는다.

큰 산이 될 거야

김혜리 저 / 오승민 그림 / 아이코리아 / 2006

발달장애를 가지고 있는 7살 우빈이네 가족은 동물원에 소풍을 갔다. 즐거운 시간도 잠시, 우빈이가 사라졌다. 그동안 동생을 창피하게 여겼던 형도 너무 걱정되어 정신없이 찾아 헤매던 중 마침내 우빈이를 찾게 되었다. 형은 부끄럽고 미안하고 고마운 마음과 함께 앞으로는 우빈이에게 실망하지 않겠다고 스스로 다짐하게 된다.

의사소통장애

작은 개구리의 고민

헥터 시에라 저 / 야마우치 가즈야키 그림 / 임유정 역 / 한국헤밍웨이 / 2004

다른 개구리처럼 잘 울지 못하는 작은 개구리는 남몰래 연습을 하지만 개굴개굴 소리를 잘 못한다. 여러 동물들이 서로 다르게 우는 것을 보고는 자신을 가지고 자신의 목소리로 울었다. 친구들이 격려를 통해 작은 개구리는 어느 날 "개굴개굴" 하고 멋지게 울 수 있었다.

건강장애

그래도 우리 누나야!

오가사와라 다이스케 저 / 우메다 순사쿠 그림 / 김난주 역 / 베틀북 / 2003

다이스케의 누나는 어렸을 때 뜻하지 않은 사고로 중증 장애인이 된다. 그런 누나를 안타까운 시선으로 지켜보면서도 결코 용기를 잃지 않고 누나를 더욱 아끼고 보살피는 다이스케의 이야기이다. 누나가 살아 있는 것에 감사하며, 가족이란 한 집에 살면서 슬픔도 기쁨도 함께 나누어야 한다는 야무진 생각을 하는 다이스케이다. 장애인을 가족으로 당당하게 받아들이고 사랑하는 다이스케의 모습을 통해 장애인뿐 아니라 주위의 어려운 일을 겪고 있는 사람들을 따뜻한 시선으로 바라볼 수 있다.

2. 부모, 교사용 도서

성공한 장애인의 수기와 장애자녀의 양육에 대해 부모들이 쓴 도서는 장애를 이해하는 데 필요할 뿐만 아니라 장애에 대한 긍정적 태도 변화를 가져올 수 있다. 이러한 도서는 교사가 장애유아를 이해하는 게 필요할 뿐만 아니라 장애유아 부모, 일반유아 부모, 일반인의 장애에 대한 태도 변화에도 유용하다. 장애유아 부모도 자신과 같은 어려움을 느끼는 자녀를 성공적으로 키운 부모들의 이야기를 읽음으로써 사회의 구성원으로 독립적으로 살 수 있도록 현명하게 교육하는 방법을 알게 될 것이다. 또한 일반유아 부모도 이러한 책을 읽음으로써 장애유아와 그의 부모의 어려움을 이해하게 될 것이다. 그리하여 장애 유형별로 도서를 제시하였다.

정 신 지 체

엄마는 4학년

김일행 저 / 하늘아래 / 2002

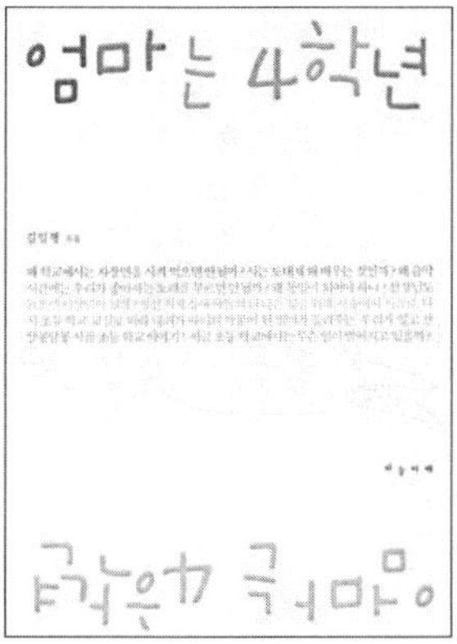

이 책은 다운증후군이라는 장애가 있는 초등학교 4학년 이안욱 학생의 엄마가 아들의 짝이 되어 1년 동안 함께 학교를 다니며 느끼고 체험한 학교생활을 기록한 일기이다. 학부모의 입장에서의 교실 체험이란 점에서 이색적이다.

일반 학교를 다니면서 일반 아이들과 어울리게 한다. 처음에는 안욱이와 주변 사람들 모두 서로에게 적응하는 데 힘이 들었지만, 1년이 지난 지금 모두들 자연스럽게 어울린다. 유독 장애인에 대한 선입견이 강한 우리나라에서 장애아를 키우기 위해 겪어야 했던 수많은 벽들. 안욱이 엄마는 이 모든 걸 지혜롭게 극복해 나가고 있는 것이다. 하루도 조용히 넘어가는 날이 없는 안욱이와 안욱이 엄마의 학교생활을 다루고 있다.

with－데니스와 이모

심현지 저 / 홍성사 / 2002

유리조형을 전공한 재불 작가인 이모는 25살이지만 4−5세 정도의 인지능력밖에 갖고 있지 않은 조카 데니스를 포기하지 않고, 그에게 감추어진 무한한 인식의 세계를 꾸준히 그림이라는 공간으로 확장시켰다. 미국에서 나고 자란 교포 2세 데니스는 현재 25세의 청년으로, 어렸을 때의 뇌막염 후유증으로 인지능력이 성장하지 않고 멈추어 버렸다. 오직 반복을 통한 학습만이 가능한 그가 21세가 되던 해, 재불 작가로 활동하던 이모의 파리 초청에서 새로운 삶인 ‘그리기’를 경험하였다. ‘그리기’를 통해 비로소 데니스는 이모와, 그리고 세상과 소통하기 시작했다.

조금 느려도 괜찮아

아이빛그림 저 / 이레 / 2005

공립 정신지체 특수학교 선생님과 아이들의 따뜻한 교감이 녹아 있는 교단 일기이다. 2002년 서울 정문학교에서 처음 알게 된 여섯 명의 특수교사들은 아이들과 사진이라는 공통점을 매개로 금세 하나가 되었고, 3년간 특수학교의 일상과 아이들의 모습을 카메라에 담으며 아주 특별한 교단일기를 써왔다. 지금 이 순간에도 카메라 렌즈와 온 마음을 '자식 같은 제자들'에게로 향하고 있는 이들은 언젠가 별 좋고 공기 좋은 산자락에 재미나고 신나는 학교를 하나 만들어 보자는 꿈을 꾸고 있다.

콩깍지 사랑

추둘란 저 / 소나무 / 2004

다운증후군 아들을 위해 시골로 이사한 평범한 아줌마인 저자는 책 속에서 아들을 못나지도 특별하지도 않게 바라봐 주는 할머니들과 자연한테서 배운 소박한 삶을 이야기한다.

2000년에 다운증후군 아들 민서의 탄생은 놀랍고 괴로우며 두려운 것이었다. 민서를 낳고, 그는 밤이면 밤마다 산후조리원의 좁다란 방에서 절규한다. 그는 민서의 상태를 시댁과 친정에도 알리지 않고 삼칠일을 보낸다. 고통은 모두 그와 남편의 몫이라고 생각했고, 남은 인생에는 슬픔과 불행만 있는 줄 알았다. 그렇게 '죽을 용기가 없어 겨우겨우 더듬으며 지나온 눈물골짜기'를 지나고 나서야 그는 왜 자신의 삶에 눈물골짜기가 필요했는지를 알게 된다. 결국엔 자기 내면의 문제였고, 그 깨달음을 준 것은 놀랍게도 민서였다.

지 체 장 애

내 운명의 창고에 들어 있는 특별한 것들

헤더밀스 저 / 김진희 역 / 나남출판 / 2001

1993년 사고로 한쪽 다리를 잃은 후 헤더는 손, 발을 잃은 장애인들의 대변자로 영국 내 뿐 아니라 해외에서 그들의 권익증진을 위해 끊임없이 싸워 왔다. 사고 후 그녀는 저널리스트로 활동하였는데, 삶의 대한 그녀의 진취적이고 적극적인 태도는 젊은 장애인들을 고무시켰다. 헤더는 우연한 기회에 모델로서 활동을 시작하게 되었다. 그러나 1993년 8월, 헤더는 경찰 오토바이와 충돌하는 교통사고를 당하게 되어 무릎 밑으로 왼쪽 다리를 잃는 치명적인 부상을 입게 되었다. 대부분의 사람들이 좌절하고 비탄에 빠졌을 이 상황을 헤더는 그녀다운 투지로 이겨냈다. 그녀가 입은 부상과 결코 평범하지 않았던 그녀의 삶의 이야기가 큰 이야깃거리가 될 수 있음을 안 그녀는, 그 효과를 충분히 활용하였다.

도전만이 희망이다

정훈기 저 / 현재 / 2000

손과 오른쪽 다리를 제대로 쓰지 못하는 정훈기는 중·고등학교 시절 특수학교가 아닌 일반학교를 다니면서 서울대학교에 합격했고, 가족의 만류에도 불구하고 2년여 만에 운전면허를 따냈다. 그에게는 넓은 캠퍼스를 걸어 다니는 것도, 노트필기도 힘에 부쳤지만 혼신의 노력을 기울인 끝에 1998년 8월 우수한 성적으로 졸업했다. 당시 최악의 취업난에도 불구하고 모 정보통신업체에 취직했으나 과감하게 직장을 그만두고 새로운 도전을 감행했다. 1999년 봄부터 1년간 일본 재활협회에서 실시하는 '더스킨 아시아태평양 장애인 리더 육성사업' 제1기 연수생으로 참여한 후 자립생활연구회 회원으로 활동하고 있으며, 같이 연수했던 다른 나라 연수생들과 교류를 모색하고 있다.

발로 쓴 내 인생의 악보

레나 마리아 저 / 유석인 역 / 토기장이 / 2003

스웨덴에서 두 팔과 한쪽다리 절반이 없는 채 태어난 레나 마리아가 삶을 사랑하고 가수로 성공해 멋진 짝을 얻기까지의 아름다운 인생 이야기~!

장애를 이기고 세계적인 가스펠 가수로 활동하고 있는 레나 마리아. 그녀의 수기집 '발로…'는 독자들에게 살아갈 용기와 희망을 전해 주기에 충분한 책. 마리아는 두 팔이 없고 한쪽 다리가 짧은 중증장애인으로 태어났다. 마리아는 수영, 십자수, 요리, 피아노, 운전, 성가대지휘에 이르기까지 오른 발로 못하는 것이 없다. 마리아의 이 수기집은 기독교 인구가 적은 일본에서 출간돼 복음전도에 지대한 역할을 하기도 했다. 마리아는 책에서 "지금까지 한번도 내 자신을 장애인으로 생각해 본 적이 없다"면서 "나는 단지 다른 사람과 사는 방법이 약간 다를 뿐이다"고 털어놓았다.

시각장애

꿈을 향해 뛰어라

가와이 준이치 저 / 양윤옥 역 / 창해 / 2001

이 책은 선천성 포도막결손증이라는 눈병에 걸려 거의 시력을 잃은 시각장애인이자 수영선수인 가와이 준이치가 중학교 선생님이 되어 3년 동안 학생들과 함께 겪은 이야기를 엮은 교단 일기이다. 저자는 장애가 있다는 것은 단지 생활하기에 조금 불편할 따름이며, 자신 나름의 개성이라고 말한다. 준이치는 처음으로 참가한 바르셀로나 장애인 올림픽에서 은메달을 딴다. 그는 이에 만족하지 않고 눈물겨운 훈련과 자신과의 싸움을 멈추지 않음으로써 수영선수로서 올림픽에서 금메달을 땄다. 선생님이 되겠다는 꿈을 이루기 위해 대학을 졸업한 후, 교원 임용시험에 합격하여 모교인 마이사카 중학교에 사회과 선생님으로 부임한다. 꿈에 그리던 선생님이 되었지만 앞이 보이지 않아 여간 힘든 일이 아니다.

어떤 느낌일까?

나카야마 치나츠 저 / 장지현 역 / 보림 / 2006

장애에 대한 새로운 시각을 던져주는 책이다. 장애는 그저 괴롭고 슬프기만 한 것이 아니며, 보지 못할 때, 들리지 않을 때 열리는 더 풍요로운 감각의 세상이 있고, 누구나 주어진 조건과 상황에 따라 남과는 다른 능력이 발달할 수 있음을 보여 준다. 장애우를 이해하기 위한 교육방식으로 자주 사용하는 '장애 체험'과 유사하다.

타인을 배려한다는 것은 동정하거나 불쌍히 여기는 것이 아니라 상대 입장이 되어 생각해 보는 것이라는 점을 이야기한다. 주인공 아이가 혼자 하는 생각과 친구들과 나누는 대화가 과장되거나 극적인 표현 없이 솔직하고 담담하게 이루어지는 가운데 잔잔한 감동을 불러일으킨다.

오늘은 바람이 무슨 색이죠?

쓰지이 이츠코 저 / 박영미 역 / 청아 / 2002

시각장애아로 태어난 아이를 피아노의 신동으로 키운 이야기가 감동적으로 담겨 있다. 사랑하는 아이가 세상의 빛을 볼 수 없다는 사실을 알고 엄청난 절망에 빠졌지만 노부유키가 두 살 되던 어느 날, 엄마의 흥얼거리는 노래에 맞추어 장난감 피아노를 치는 것을 보고 절망의 터널 끝에서 그 아이에게 '음악이라는 희망의 빛'을 전해 준 어머니의 이야기가 독자들의 눈시울을 뜨겁게 한다. 비록 아들의 앞길에 탄탄대로만 펼쳐지지는 않겠지만 어머니는 이제 절망하지 않고, 자녀와 더불어 성장한다. 자녀를 세상의 보석으로 만들어 가는 어머니를 통해 교육의 위대함, 어머니가 전하는 사랑의 위대함을 다시 한 번 느낄 수 있다.

청각장애

이젠 들을 수 있어요

그렘 클라크 저 / 서계순 역 / 사이언스북스 / 2002

이 책은 평생 동안의 연구 끝에 청각장애인들에게 소리를 들려 줄 수 있는 장치를 개발해 낸 호주의 의사 겸 과학자, 그렘 클라크의 자서전이다. 청각장애인이었던 아버지를 보면서 청각장애를 치료하는 의사가 되겠다고 결심한 장난꾸러기 소년은 결국 자신의 꿈을 실현한 것이다. 전자 귀(와우 이식)란 고도 난청 환자에게 유용한 청력을 제공해 주는 의료 기기를 발명하였다. 내이 안에 있는 와우 기관이 발달되지 않았거나 질병이나 상해에 의해서 파손될 때 청각장애가 발생하므로 전자 귀의 와우 이식이 유용한 치료 수단이 된다. 이 기기는 손상된 내이의 역할을 대신하여 청신경을 직접 자극함으로써 대뇌에 청각 정보를 전달한다.

자폐

네모난 못

폴 콜린스 저 / 홍한별 역 / 양철북 / 2006

폴 콜린스의 아들 모건은 두 살 때부터 글을 읽고 쓰고 암산을 하는 재능을 보이지만, 자기만의 세계에 갇혀 있는 자폐아다. 그런 아들에 대한 안타까움과 가슴 아픈 애정은 역사 속에서 나타난 자폐증의 흔적을 찾아가는 아버지의 여행으로 이어진다. 저자의 여행은 야생소년 피터에 대한 연구에서 시작되어 눈부신 과학적, 예술적 진보를 이룬 외로운 기인들의 삶 속을 파고든다. 저자는 역사 여행을 통해 발견한 자폐증의 흔적과 아들 모건의 삶을 연결하고, 자폐인 그리고 인간의 정체성에 대한 근본적인 물음을 던진다. 자폐의 역사를 찾아가는 아버지의 여행이다. 자폐인과 자폐증 연구자를 찾아 떠난 역사 여행은 마이크로소프트에서 근무하는 프로그래머들에게로 이어진다.

마이너리티의 희망노래

정창교 저 / 한울림 / 2004

초등학교에 다니는 2급 발달장애아를 둔 국민일보 정창교 기자(사회2부 차장)가 통합교육의 중요성과 필요성을 누구보다 절실하게 느끼며 장애아 통합교육과 사회통합을 위한 그간의 노력과 장애아 가족들의 희망을 우리 모두가 함께해야 할 이야기로 실감나게 전하고 있다. 자폐 아들을 둔 저자가 쓴 장애학생 통합교육에 대한 에세이. 교육현장에서 장애학생과 비장애학생이 어떻게 함께 살아가는 법을 배워야 하는지를 경험을 토대로 진솔하게 풀어낸 책으로 장애인 인식 개선 분야 첫 번째 추천도서로 선정되기도 했다. 장애인이 따로 있는 것이 아니라 단지 장애가 있고 없음의 차이만 있을 뿐이라는 평범한 진리를 깨닫게 해 주는 책. 장애인 가족들과 장애학생 통합교육에 관심있는 학생들, 일반인들이 함께 읽으면 좋을 책이다.

어느 자폐인 이야기

템플 그랜딘 저 / 박경희 역 / 김영사 / 2005

세계적인 동물학자 템플 그랜딘 박사가 쓴 자폐아 분야의 고전으로 자폐를 연구하는 전문가와 자폐아를 둔 부모들의 오랜 필독서이다. 두 살 때 평생을 보호시설에서 살 것이라고 진단받은 자폐아였지만 자폐증을 자기만의 고유한 특징으로 받아들임으로써 자폐증으로부터 극복하기에 이른다. 어려운 시기를 거쳐 정신과 주치의 슈타인 박사의 도움으로 마운트 컨트리 고등학교에 입학하고 그곳에서 칼록 선생을 만나게 되었다. 칼록 선생은 병적인 고착성을 창의적이고 가치 있는 프로젝트를 구상하는 일로 이끌어 주었다. 마침내 마운트 컨트리 농장에서 동물을 관찰하며 얻은 경험으로 자폐아 치료를 위한 '압박기'를 만들어 내고 애리조나대학에서 동물학 석사와 일리노이대학에서 박사학위를 받고 콜로라도 주립대학의 동물학과 교수의 자리에 오른다. 아직도 정기적으로 압박기를 사용하여 불안을 극복하고 있다.

조금 특별하게 조금 다르게 함께 살아가기

주디 카라시크 저 / 권경희 역 / 양철북 / 2004

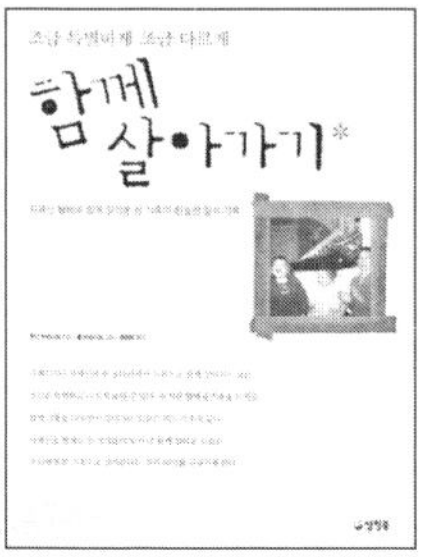

이 책은 3남 1녀를 둔 전형적인 1960년대 미국 중산층 가정의 이야기이다. 그러나 이 가족이 사람들의 관심을 끄는 것은 자폐인을 형제로 둔 남매가 50여 년 함께 한 가족의 삶을 아주 진솔하게 표현했다는 점 때문이다. 자폐인이나 장애인을 둔 가족이 한 울타리에서 함께 살아가는 것이 어떤 사람들에게는 힘겹고 고통스러운 것으로 보일지 모른다. 다만 '조금 특별하게 조금 다르게' 살아갈 뿐이다. 50여 년 함께 살아오면서 인생의 좋은 시절과 힘든 시절을 인내로 견디고 자신들의 삶으로 받아들였던 가족의 삶은 우리에게 '인간의 책임성'이 무엇인가에 대한 물음을 던진다. 이 책은 장애인을 둔 부모나 형제가 읽어야 할 아주 뛰어나고 도움이 되는 책이다. '함께 있음'은 '받아들임'에 대한 또 다른 믿음이다.

중복장애

쓸모없는 것의 가치

샘 크레인 저 / 강정 역 / 화니북스 / 2003

에이단은 태어난 지 아흐레 만에 원인을 알 수 없는 발작을 일으켜 정신지체, 시각장애는 물론 5세 이전에 죽을 것이라는 판정을 받는다. 이어 찾아온 폐렴으로 급식관을 삽입해 영원히 먹는 즐거움을 누릴 수 없게 되었으며, 보지도 말하지도 걷지도 못한다. 몸이 경직되고 뒤틀리거나 웃음이 멈추지 않는 각종 발작이 연이어 찾아오기도 한다. 동양학을 전공한 미국의 대학교수 샘 크레인은 에이단이 태어나기를 기다리던 행복한 순간부터 장애인으로 성장하는 과정과 위기, 고통 등을 객관적이면서도 군더더기 없는 문체로 써내려 간다. 그리고 글 중간중간 『도덕경』과 『장자』를 인용하면서 독자들로 하여금 사랑의 위대함과 함께, 인생이란 곧 도에 이르는 길임을 일깨워 준다. 중증 장애아와 그 가족의 이야기이다.

손가락 끝으로 꿈꾸는 우주인

후쿠시마 사토시 저 / 은미경 역 / 중심 / 2002

동양의 헬렌켈러라고 불리는 후쿠시마 씨. 들리지도 않고 보이지도 않는 이중 장애. 아홉살 때 눈의 염증으로 시력을 잃고 고등학생 때 청각마저 잃었다. 점자 타이프라이터나 점자판을 이용한 필담은 너무 느려서 커뮤니케이션의 엇박자를 느껴야 했다. 그러던 어느 날, 어머니의 손가락 점자를 통해 아무런 도구의 사용도 없이 빠르고 풍부하게 의사소통할 수 있는 방법을 연구하면서 다시 세계와의 커뮤니케이션을 시도한다. 시청각장애인으로는 최초로 도쿄도립대학 인문학부에 입학, 오히려 비장애인들에게 손가락 점자를 전수하며, 강의도 듣고 회의도 주재하면서 현재 도쿄대학교 첨단과학기술연구센터 조교수로 강의와 연구 활동을 하고 있다.

건 강 장 애

머리카락이 하나도 없지만 나에게는 가장 아름다운 소녀

올가 크라스테바 저 / 박성원 역 / 꿈이있는아이들 / 2002

몸이 아픈 니노라는 소년의 이야기로, 살 수 있는 날이 두 달도 채 남아 있지 않다. 그렇지만 니노는 웃으며 농담도 하고 공상도 하며 때로는 꿈을 꾸기도 한다. 그리고 몇 번씩이나 사랑에 빠지기도 한다. 그러던 어느 날 니노는 이 세상에서 가장 사랑하는 사람과 함께 이 세상을 떠나리라는 것을 알게 된다. 니노에게 남아 있는 시간은 어쩌면 두 달이 아니라 세 달이 될 수도 있다. 소아병동의 골수검사실, 고통스럽지만 의연히 병마와 싸우며 고통을 참아내며, 파르르 깎은 머리를 하고 감염 바이러스를 피하기 위해 항상 새하얀 마스크로 야윈 얼굴을 가리고 있는 해맑은 눈동자를 가진 아이들. 한없이 약해 보이지만 한없이 강한 아이들. 꼭 나을 수 있을 거란 희망을 가지고 있는 아이들이다.

생명의 허들

키토 시오카 저 / 한성례 역 / 이덴 슬레벨 / 2007

이 책은 드라마 '1리터의 눈물'의 또 하나의 원작이다. '1리터의 눈물'이 불치병에 맞서 싸우는 아야 자신의 기록이라면, '생명의 허들'은 '척수소뇌변성증'이라는 불치병에 걸려 병마와 사투를 벌이는 아야를 간병했던 어머니의 기록이며, 아야가 다 전하지 못한 10년의 또 다른 반쪽이다.

이 책에는 딸의 생명이 꺼져 가는 것을 옆에서 지켜볼 수밖에 없었던 어머니의 심정이 고스란히 담겨 있다. 아야가 가족들의 큰 사랑을 느낀 것처럼 어머니도 아야를 통해 생명의 숭고함을 배웠다. 아야의 어머니는 '생명의 허들'을 통해 10년간의 간병생활을 차곡차곡 담아내었다. 아픈 아야를 생각하며 글을 쓰기가 쉽지 않았겠지만 이 역시 아야를 위한 기록이라 생각하며 어린 아야가 미처 담아내지 못했던, 좀더 마음속 깊은 곳의 이야기들을 풀어 놓는다.

다양한 장애 유형

나는 '나쁜' 장애인이고 싶다

김창엽 저 / 삼인 / 2002

장애인의 문제에 대해 사회 · 정치 · 문화적인 시각으로 접근한 책으로 〈당대비평〉에 실렸던 것을 토대로 14명의 필자들이 각각 쓴 글을 새롭게 엮었다. 이 책은 장애와 차별, 신체장애, 정신장애, 여성과 장애 네 부분으로 구성되어 있다. 이제껏 우리 사회가 장애인에 대해 얼마나 왜곡된 시각을 가져왔는지, 정상과 비정상을 나누는 기준은 과연 무엇인지 등에 대한 진지한 반성과 고민의 기회를 마련한다.

장애는 결코 우리와 먼 이야기가 아니다. 우리는 장애를 정상에서 벗어난 일탈 상태로 볼 것이 아니라 다양한 삶의 한 측면으로 받아들이고 이해해야 한다.

다르게 보는 아이들

게드라윤 저 / 이수영 역 / 한울림 / 2005

이 책은 독일의 정신요법 전문가인 저자가 신체 · 정신장애아동을 둔 열한 명의 부모들의 수기를 모은 것이다.

1부에서는 다운증후군, 자폐아, 신체장애, 시각장애, 뇌성마비 등의 장애를 안고 태어난 아이들을 키우는 부모로서 세상과 부딪히고 느끼는 것들이 담담하게 서술되어 있다. 아이들의 모습에서 희망과 용기를 얻고, 사회적으로 어떠한 일들이 해결되어야 하는지를 냉철하게 바라보고 있다.

2부에서는 아이들 장애의 증상과 원인, 장애인과 일반인들 사이에 어떤 문제가 있을 수 있고 이를 해결하기 위해서 어떻게 행동해야 하는지에 대한 구체적인 지침들을 소개하고 있다.

바람을 닮은 아이

오카 슈조 저 / 고향옥 역 / 웅진 씽크빅 / 2005

『바람을 닮은 아이』의 다섯 주인공은 모두 '장애인'이다. 정신지체, 자폐증, 언어장애, 뇌성마비 등… 마음과 몸이 불편한 이들이 비장애인들과 부대껴 사는 모습이 담담하게 펼쳐진다. 글 어디에도 작가의 충고 어린 문장이나, '장애인한테 함부로 굴면 못써!'라고 힘주어 말한 곳은 없다. 장애인의 비참함에 눈물지을 만한 구석도 없을 만큼 그들에 대한 작가의 시선은 객관적이다. 그런데 책을 읽는 내내 마음이 불편하다. 책을 덮은 후 마음 구석구석에 붙은 이야기의 잔상들에 마음이 아프다. 장애인과 비장애인을 떠나 이야기 곳곳에서 우리의 모습과 마주칠 수 있기 때문이다.

3. 영상자료(TV 프로그램)

장애인의 삶을 다룬 TV 프로그램이나 영화는 생동감 있는 입체적 성격을 가지고 있으므로 장애인에 대한 수용적 태도 증진에 도움을 주는 매체이다. 다음은 우리나라의 대표적인 세 텔레비전 방송국인 MBC, KBS, SBS에서 방영된 프로그램에서 장애 유형별로 2개씩 소개하였다.

MBC－희망채널 더불어 좋은 세상
http://www.imbc.com/broad/tv/culture/together/

장애 유형	제 목	횟수	방영일
정신지체	장애인 밴드 '소리울림'의 명정욱(정신지체)	19회	2006년 4월 26일
	아빠의 약속(정신지체)	33회	2006년 11월 22일
	작지만 특별한 아이, 미래(소두증)	44회	2007년 2월 7일
	아버지의 아들(정신지체)	52회	2007년 4월 11일
	내 동생 대현이(정신지체, ADHD)	53회	2007년 4월 18일
지체장애	자신의 홈페이지를 갖고 싶은 소녀 수빈이(지체장애)	2회	2005년 12월 14일
	골형성 부전증을 가진 모자의 소망(지체장애)	11회	2006년 2월 15일
	미소공주 예솔이의 소망(골형성 부전증)	16회	2006년 3월 29일
	달려라, 민석아!(경직성 하지마비)	21회	2006년 7월 19일
	쌍둥이 천사 래건이와 래나(뇌병변장애)	28회	2006년 9월 27일
	수빈이의 다섯 번째 가을(뇌병변장애)	30회	2006년 11월 2일
	희망의 봄(뇌병변장애)	48회	2007년 3월 7일
	기문이의 열여섯 번째 생일(뇌병변장애)	45회	2007년 2월 14일
시각장애	헬스키퍼에 도전!(시각장애)	2회	2005년 12월 14일
	사랑의 손짓, 수화통역사 정택진	16회	2006년 3월 29일
	지우는 엄마가 둘이래요(시각장애)	39회	2007년 1월 3일
	반쪽이의 꿈(망막모세포종)	43회	2007년 1월 31일

청각장애	마흔 넷의 윤정구, 파티쉐를 꿈꾸다(청각장애)	3회	2005년 12월 21일
	열정의 가위손을 가진 女子 주정자(청각장애)	20회	2006년 7월 12일
건강장애	명일이 엄마의 희망찾기(리씨증후군)	29회	2006년 10월 26일
	엄마의 하늘(코넬리아증후군)	34회	2006년 11월 29일
	내일은 희망(만성육아종)	36회	2006년 12월 13일
	행복의 조건(샤르코 마리 투스)	41회	2007년 1월 18일
	노래하는 천사, 예은이(성조숙증, 건강장애)	54회	2007년 4월 25일
	날개 잃은 천사, 솔이(엔젤만증후군, 건강장애)	56회	2007년 5월 16일
중복장애	희망의 봄(중복장애)	48회	2007년 3월 7일
	아주 특별한 인연(중복장애)	51회	2007년 3월 28일

정 신 지 체

제 목: 아빠의 약속	
횟 수: 33회	날 짜: 2006년 11월 22일

대전광역시 중구 부사동에 위치한 낡은 주택의 옥탑방. 그곳에는 정신지체2급 판정을 받은 첫째 딸 경희(15세), 벌써 사춘기에 들어서 부쩍 말수도 웃음도 없어진 둘째 딸 영희(13세). 그리고 2년 전 말기암 판정을 받고 이제 삶의 마지막을 준비하는 아버지 박희병(52세) 씨. 세 식구가 살고 있다. 뇌종양으로 오래전 세상을 떠난 아내의 몫까지, 최선을 다해서 아이들에게 부족함 없는 부모가 되기 위해 노력했던 박희병 씨. 그는 자신 앞에 주어진 짧은 시간 동안, 세상에 홀로 남겨질 두 딸들을 위해 가르쳐야 할 것도, 해 주고 싶은 일도 많은 아버지이다. 이러한 아빠의 마음을 안다는 듯, 이제는 언니도 챙길 줄 알고 집안일도 도와주는 둘째 딸 영희가 희병 씨는 기특하다. 삶보다 강한 사랑으로 가족을 지켜내는 아빠의 이야기이다.

제 목: 작지만 특별한 아이, 미래	
횟 수: 44회	날 짜: 2007년 2월 7일

공공근로 일을 하다가 만나 늦은 나이에 부부가 된 박영미 씨와 고동태 씨는 쉰이 넘은 나이에 첫딸 미래를 얻었을 때는 세상을 다 가진 것만 같았다. 그러나 그렇게 소중하게 얻은 첫딸은 소두증을 안고 태어났고, 뇌가 제 기능을 하지 못해 말을 하지도, 대소변을 가리지도, 음식을 제 스스로 먹지도 못한 채 살아 있는 목각인형처럼 가만히 누워서 세상을 살아가야 한다. 그래도 부모의 이름을 선물해 준 딸이기에 감사하다고 여기고, 두 살이 된 아들 무동이와 함께 네 식구가 세상을 살아가야 하는 아름다운 이유는 많다며 힘을 내는 가족의 이야기이다.

지 체 장 애

제 목: 골형성 부전증을 가진 모자의 소망	
횟 수: 11회	날 짜: 2006년 2월 15일

엄마 주경숙(30)과 아들 이준희(8)는 같은 골형성 부전증이라는 병을 앓고 있다.
쉽게 부러지는 뼈로 인해 성장이 멈춘 작은 키의 엄마와 같은 병으로 또래 아이보다 작고 약한 아들 준희…
얼마 전 취학통지서를 받은 이들 모자에게 당장 급한 건 올해 초등학교에 입학해야 하는 아들의 등하교 문제…
잘 부러지고 약한 아들이 누군가의 도움 없이는 학교를 가기가 어려운 상태다.
곧 봄이 오면 또래 아이들처럼 학교 갈 날을 꿈꾸는 준희 모자의 희망을 찾아 떠나는 여정에 동행해 본다.

제 목: 달려라, 민석아!	
횟 수: 21회	날 짜: 2006년 7월 19일

민석이는 올해 7살. 두 팔을 크게 내저으며 뒤뚱거리며 걷는 민석이는 맘껏 달리는게 소원이다. 뒤꿈치가 땅에 닿지 않아 걷는 모습이 불안정한 민석이는 빠른 걸음을 더욱 재촉해 보지만, 자꾸 넘어지기 일쑤이다. 민석이만 그런 게 아니라 민석이네 가족은 모두 다리가 불편하다. 민석이와 아빠, 민석이의 누나 수진이는 가족성 경직성 하지마비라는 질환을 가지고 있다. 가족성 경직성 하지마비는 뇌의 중추신경이 손상되어 다리가 경직되는 질환으로 아버지로부터 유전된 것.
엄마 역시 소아마비장애인으로, 다리의 힘이 약해 보조기가 없으면 서 있기가 힘들다. 그나마 아빠마저 교통사고로 직장을 다니지 못하게 되자, 엄마가 다시 미용사 보조일을 시작해, 민석이는 늘 아빠와 함께 지내고 있다. 지난해 주변의 도움으로 누나와 함께 수술을 받고, 걸음걸이가 훨씬 좋아졌지만, 달리고 싶은 마음은 여전히 꿈일 뿐인데… 군인도, 축구선수도 되고 싶은 민석이를 바라보며, 대물림된 장애 때문에 엄마, 아빠는 늘 마음이 아프다. 하지만 서로의 아픈 다리가 되어 주며 밝게 살아가고 있는 민석이네 네 식구… 그들의 아픔과 희망의 이야기를 들어본다.

시각장애

제 목: 지우는 엄마가 둘이래요	
횟 수: 39회	날 짜: 2007년 1월 3일

서울시 강동구 암사동에 위치한 장애인 아동 시설의 '햇님' 방에는 조금 특별한 외모지만, 누구보다 사랑스러운 2세의 시각장애인 지우가 살고 있다. 선천성 녹내장을 가지고 태어난 지우는, 몇 차례 눈 수술을 했지만 부작용으로 혼탁이 오는 등 두 눈이 모두 앞을 보지 못하는 상태이다. 모에게도 버림받고, 두 눈도 보이지 않기에 사람들은 지우를 외로운 아이라 할지 모르지만, 사실 지우에겐 누구보다 지우를 아껴 주고 사랑해 주는 특별한 두 사람이 있다. 햇님반 교사로 있으면서 엄마가 되어 주는 김호진 선생님과, 주말마다 아이를 데리고 가정체험을 하며 엄마가 돼 주는 봉사자 유재은 씨가 있다. 지우가 모든 시련을 이기고 씩씩하고 건강하게 자라기만을 바라는 두 엄마 호진 씨와 재은 씨의 사랑에 관한 이야기이다.

제 목: 헬스키퍼에 도전!	
횟 수: 2회	날 짜: 2005년 12월 14일

시각장애인 조돈연 씨(40세)는 색소망막증이라는 질병으로 30살에 실명되었다. 실명되기 전까지 농장을 경영했지만, 실명 후 농장일을 하지 못하게 되면서 생활이 어려워지고 결국 기초생활수급자로 선정돼 국가의 보조금으로 생활하고 있다. 이런 어려운 생활 속에서도 자신이 갖고 있는 안마기술을 이용한 봉사활동도 꾸준히 하고 있다. 오래전부터 직업을 구하기 위해 공단 등 각종 단체에 상담을 받고 구직 등록을 해놓은 상태지만 연락이 오는 곳은 없었다. 시각장애인을 받아줄 일자리가 주로 안마시술소이며, 이 역시 젊은 층을 원했기 때문이다. 다행히 이번에 공단의 도움으로 택시회사 '헬스키퍼'라는 직업에 도전하게 된다. 직장 경험이 전혀 없고 시각장애를 가진 조돈연 씨의 취업 과정에 관한 이야기이다.

청각장애

제 목 : 마흔 넷의 윤정구, 파티쉐를 꿈꾸다	
횟 수 : 3회	날 짜 : 2005년 12월 21일

청각장애인 윤정구(44세) 씨는 가족과 떨어져 대전에 있는 직업센터에서 제과제빵 교육을 받고 있다. 센터에 오기 전 제과점에서 일한 경험이 있는 정구 씨는 체계적인 교육을 위해 대전에 있는 교육 센터를 찾았다. 지난 9월 전국장애인기

능경기대회에 출전해 3단 웨딩 데코레이션 부문에 입상할 만큼 실력이 뛰어난 윤정구 씨이지만 철저히 시간을 지켜야 하는 제과제빵 작업을 하는 데 들을 수 없기 때문에 겪는 어려움도 있다.

하지만 오랜 시간 쌓인 그만의 노하우에서 남들이 알지 못하는 정구 씨만의 노력을 엿볼 수 있으며 졸업을 앞둔 정구 씨가 분당에 있는 제과점에 면접을 보고 취직을 하는 과정에 대한 이야기이다.

제 목: 열정의 가위손을 가진 女子 주정자	
횟 수: 20회	날 짜: 2006년 7월 12일

청각장애인인 주정자 씨(29세)는 고3때 취업반에서 미용기술을 익히면서 미용업계에 뛰어들었다. 비장애인들도 하기 힘들다는 미용일을 하게 된 것은 주위의 격려가 컸기 때문이다. 미용실에서 견습생으로 일할 때는 청각장애인이라는 이유만으로 비장애인 미용 견습생들에게 무시당하기도 하고 손님들은 정자 씨에게 기회조차 주지 않았다. 하지만 그럴수록 남들보다 더 노력하며 7년여의 세월을 보낸 후 그녀는 본인의 이름을 가진 미용실을 열게 됐다. 그녀의 미용실에는 다른 미용실에 먼저 거울 앞에 써 있는 안내문(자신이 청각장애인이라는 것을 알리는)과 메모지(필담을 위한) 그리고 보청견이 그것이다.

이 모든 것이 정자 씨의 사회생활을 도와주는 역할을 한다. 또한 한번 기술을 익히면 손에 익을 때까지 밤낮을 가리지 않고 노력을 한 덕분에 단골손님도 늘게 된 정자 씨에게는 꿈이 있다. 앞으로 더 많은 노력을 해서 큰 미용실을 갖고 미용에 관심 있는 청각장애 후배들을 양성하고자 한다.

건 강 장 애

제 목: 내일은 희망	
횟 수: 36회	날 짜: 2006년 12월 13일

서울시 강서구 화곡동에 새하얀 피부의 어린왕자들 용성(13세, 만성육아종), 용혁이(8세, 만성육아종) 형제가 엄마 서희정 씨와 함께 살고 있다. 선천적으로 면역력이 결핍되어 있는 희귀병을 앓고 있어 외출 한 번 마음 놓고 하지 못하고, 행여 넘어질까 제대로 뛰어놀지도 못하는 형제이다. 한참 호기심이 많을 나이지만, 형제의 세상은 아직 조심스럽기만 하다. 요즘 들어 식도가 좁아졌는지 알 약 하나 쉬이 삼키지 못하는 용성이 때문에 또다시 입원할 각오로 병원을 찾았다. 어려서부터 집보다 병원에서 생활한 시간이 많지만 아직 병원에 익숙해지지 않았다. 함께할 수 있는 시간이 얼마나 될 것인가에 대한 생각을 하면서 눈앞의 아이들에게 내일의 희망을 심어 주기 위해 최선을 다한다는 엄마와 함께 있어 힘이 센 형제, 용성이와 용혁이에 관한 이야기이다.

제 목: 아주 특별한 인연	
횟 수: 51회	날 짜: 2007년 3월 28일

하루에 수십 번씩 넘어지는 동생 4살 주현이를 7살 혜정이가 챙기고 있다. 청각장애로 엄마 소리 한 번 못해 본 주현이는 4살이지만 걷는 것도 쉽지 않다. 일주일에 한 번 주현이는 물리치료를 받고 있다. 몸을 움직일 때마다 고통스럽게 우는 주현이는 치료를 받는 내내 울음을 그치지 않는다.

예정일을 2주나 넘긴 채 태어난 주현이는 태반으로 인한 폐 손상으로 폐의 절반을 잘라냈고 청각장애를 이어 이상 증후가 나타났다. 현재 주현이는 정신지체, 눈이 바깥으로 몰리는 외사시, 눈꺼풀이 자꾸 내려오고 입 주위 마비증세를 보이는 근무력증, 고도난청으로 인한 언어장애, 선천성으로 콧구멍이 막힘, 태변 섭취로 인한 폐렴증세, 14개월의 발달 수준을 보이는 성장장애를 갖고 있는 중복장애 아이이다.

7살이 된 혜정이는 올해 처음 유치원을 다니기 시작했다. 4살 때 백혈병 진단을 받은 후 집과 병원만 오갔던 혜정이는 수술 후 건강을 되찾았고 처음으로 친구가 생겼다. 누가 시키지 않아도 하루에도 몇 번씩 손을 씻는 혜정이는 제 몸 관리를 스스로 하는 야무진 아이이다. 엄마의 소원은 아이들이 다 크는 동안만 별다른 일 없이 이대로만 있어 주어 엄마, 아빠하고 행복하게 사는 것이다.

중복장애

제 목: 희망의 봄	
횟 수: 48회	날 짜: 2007년 3월 7일

서울시 강서구 가양동에 실업난에 일자리를 잃은 아빠 박득규 씨(41세)와 안면장애를 가진 엄마 이명숙 씨(40세) 그리고 엄마의 아픔을 그대로 물려받아 남들과 다른 얼굴을 가지고 태어난 딸 희영이(6세)가 살고 있다. 게다가 희영이는 뇌병변 장애까지 앓고 있어 복합장애 1급 판정을 받은 상태다. 웃을 일이라고는 도통 없을 것 같은 가족이지만, 그래도 웃으며 재롱을 떠는 딸을 보며 아직 행복은 존재한다고 마음을 다잡곤 한다. 봄처럼 찬란한 희망이 언젠가는 좁은 문틈 사이를 비집고 자신들을 찾아와 줄 거라고. 그때까지 서로 사랑하며 스스로 행복을 만들어 나갈 소박한 사람들인 희영이네 가족의 이야기이다.

SBS－세상에서 가장 아름다운 여행
http://tv.sbs.co.kr/theworld/

장애 유형	제 목	횟수	방영일
정신 지체	정식이를 아시나요?	70회	2005년 1월 22일
	희망, 버릴 수 없는 유혹(염색체 이상)	83회	2005년 4월 23일
	돈으로 행복을 찾는 아이, 예은이	114회	2005년 12월 25일
	연주는 항상 웃지만	134회	2006년 7월 9일
청각 장애	소리를 찾아가는 길	100회	2005년 9월 4일
	어둠이 고요를 만났을 때	119회	2006년 2월 12일
	천사의 얼굴은…(트리처콜린스증후군)	124회	2006년 4월 9일
지체 장애	요양원의 인기 스타! 강영민!(연골무형성증)	75회	2005년 2월 26일
	꾸러기 삼총사가 사는 나라(근이양증)	72회	2005년 2월 5일
	작지만 큰 아이 지숙이의 달콤한 사춘기 (골형성부전증)	84회	2005년 5월 1일
	엄마 울지 마. 희철이가 있잖아(뇌성마비)	87회	2005년 5월 22일
	두 발로 땅을 딛고 설 때까지(골형성부전증)	98회	2005년 8월 21일
	원식이의 희망(스와츠잼펠증후군)	105회	2005년 10월 16일
	사랑과 꿈을 위한 한 걸음(골육종)	106회	2005월 10월 23일
	세상을 향한 민석이네 가족의 힘찬 몸짓 (경직성하지마비)	113회	2005년 12월 18일
	형아, 학교 가자(근이양증)	123회	2006년 3월 12일
	아직 못 이룬 꿈(선천적 척추기형)	126회	2006년 4월 2일
	우리 집 장남 강남이	129회	2006년 4월 24일
	성미의 은행나무	135회	2006년 7월 16일
	긴 시간, 짧은 하루(근이양증)	143회	2006년 9월 10일
	건이와 엄마가 함께 쓰는 일기(뇌병변장애)	146회	2006년 10월 1일
	새롬이의 혼자 걷는 법(뇌성마비)	147회	2006년 10월 15일
	호준이의 푸른 꿈(근이양증)	152회	2006년 11월 19일
	우림이와 안나의 하늘 높이 (골형성부전증, 왜소증)	153회	2006년 11월 26일
시각 장애	슬프지만 예쁜 눈을 가진 주한이 (신경섬유종)	107회	2005년 10월 30일
	수아의 힘찬 내일(선천성 무홍채증)	109회	2005년 11월 20일
	지우와 엄마의 다시 찾은 보금자리	148회	2006년 10월 22일

자폐성 장애	성재와 성애의 울타리(자폐)	81회	2005년 4월 9일
건강 장애	품어야 할 자식, 예슬이 이야기 (윌리엄스증후군)	103회	2005년 10월 2일
중복 장애	빛도 소리도 없는 예지의 세상 (시각장애, 청각장애)	79회	2005년 3월 26일
	효종이와 경종이의 내일은 맑음 (언어장애, 정신지체, 학습장애)	86회	2005년 5월 15일
	붕어빵, 엄마와 꼭 닮은 아이, 기홍이 (학습장애, 언어장애)	90회	2005년 6월 19일
	천사를 닮은 아이(발달지체, 정신지체, 코넬리아드랑게증후군)	104회	2005년 10월 9일
	기다림의 내일(시각장애, 청각장애)	112회	2005년 12월 11일
	안개 속에 갇힌 아이 (시각장애, 청각장애, 멜라스증후군)	118회	2006년 2월 5일

정신지체

제 목: 정식이를 아시나요?	
횟 수: 70회	날 짜: 2005년 1월 일

호기심 많은 11살 정식이는 사람들을 만나면 쉴 새 없이 질문을 쏟아내며 미소짓는다.

한 자리에 있는 것도 잠시. 세상에 뭐가 그리 궁금한지 쉴 새 없이 돌아다닌다. 초등학교 3학년인 정식이. 정신지체로 특수학급을 오가며 수업을 듣고 있는데 수업시간에 친구들을 툭툭 건드리거나 여기저기 참견하고 다니는 정식이를 이해 못하는 눈치다. 그래서 친구도 없고 또래 아이들한테 맞고 들어오는 날도 수두룩하다. 동네에서도 악동으로 유명하다. 정식이네 아빠는 생활고에서 받는 스트레스를 술로 달래고 있고, 엄마는 인지 능력이 떨어져서 청결의식이 부족하여 집안은 엉망이고 양육방법을 잘 모르기 때문에 아이들에게 소리만 지른다. 한참 사랑을 받아야 될 나이의 정식이는 언제나 야단만 맞고 집에 대한 불안감이 굉장히 컸는데 이제 점차 가슴 속 상처는 지우고 서로에 대한 신뢰를 쌓아가려고 한다.

제 목: 돈으로 행복을 찾는 아이, 예은이	
횟 수: 114회	날 짜: 2005년 12월 25일

정신지체 2급인 예은이는 원하는 것을 들어주지 않으면 하루에도 열두 번 가방을 싸고 집을 나가고. 얼마 안 있어 집으로 다시 돌아와 엄마, 아빠를 괴롭힌다. 세 살 때 열성경기를 심하게 앓고 난 뒤 한 달에 두세 번씩 경기를 일으킨다. 경기를 일으킬 때마다 아이가 안쓰러워 조금씩 돈을 주던 것이 버릇이 되어 더 이상 손을 쓸 수 없는 상황이 되어 버린 것이다.

지금 특수학교에 다니는 예은이는 학교에서는 떼가 통하지 않는 것을 알기에 고집불통인 예은이도 학교에서만큼은 말썽을 피우지 않는다. 예은이는 동생 예송이와 합세하여 아빠, 엄마를 괴롭혀서 아빠는 힘에 부친다. 돈으로 행복을 찾는 아이이지만 점차 세상에는 보이지 않는 행복이 더 많다는 것을 아빠는 이번 크리스마스에는 알려 주고 싶다.

제 목: 천사의 얼굴은…(트리처콜린스증후군)	
횟 수: 124회	날 짜: 2006년 4월 9일

충북 제천의 작은 마을에서 태어난 남현이. 광대뼈가 없어 축 처지고 튀어나온 눈을 가진 채 1.8킬로그램으로 태어난 남현이는 얼굴기형으로 흔적만 겨우 남아 있는 귀에는 귓구멍 또한 찾아볼 수 없었습니다.

남현이는 열 살, 초등학교 3학년으로 청력장애가 있지만 귓구멍이 없어 머리띠식으로 된 골도보청기를 끼고 있다. 남현이는, 보청기가 벗겨지는 것은 아랑곳않고 아빠의 농사를 스스로 도와주려 나서는 듬직한 아들로 자랐습니다.

구개열로 인해 비음 섞인 발음이지만 엄마에게 늘 "사랑해요"라고 말하는 재롱둥이로 컸습니다. 광대뼈가 없어 처진 남현이의 눈은 항상 이웃들에게 반가운 눈인사를 건네고…

또래보다 훨씬 작은 손으로 강아지들의 끼니를 야무지게 챙깁니다. 언제나 걱정만 안겨줬던 남현이가 이제는 효자노릇을 톡톡히 하고 있습니다.

지 체 장 애

제 목: 형아, 학교 가자(근이양증)	
횟 수: 123회	날 짜: 2006년 3월 12일

현수는 7살에, 동생 현준이는 13살에 듀센형 근이양증으로 진단을 받았다. 하루하루 근육의 힘을 빠지게 만드는 그 병은 두 형제의 몸뿐만 아니라 부모의 마음마저 약하게 만들었다. 열여덟의 휠체어를 타던 현수는 학교를 더 이상 다니지 못하고 현수가 제대로 쓸 수 있는 것은 이제 손가락뿐이다. 밥 먹는 것, 화장실에 가는 것, 심지어 가려운 얼굴을 긁는 것도 엄마의 도움이 필요하다. 현수는 자그

마한 방에서 하루 종일 컴퓨터 게임만 하고 있다. 손가락 하나만으로 어디든 드나들 수 있고 어느 강적과도 거뜬히 싸울 수 있기 때문이다.

그렇게 시간이 지날수록 현수의 몸은 점점 아기가 되어 가는데··· 하늘을 향해 쑥쑥 자라나는 또래의 다른 아이들을 볼 때마다 더 이상 서지도 못하고 바닥에 앉아 있는 형제들이 부모는 안쓰럽고 또 가여웠다. 치료법이 없어, 아이들을 낫게 할 수는 없지만 몸이 약해지고 굳어 가는 속도만이라도 늦추기 위해 형제들을 업고 휠체어에 태워서 학교로, 또 병원으로 쉴 새 없이 다니는 엄마다.

제 목: 새롬이의 혼자 걷는 법(뇌성마비)	
횟 수: 147회	날 짜: 2006년 10월 15일

엄마 뱃속에 있은 지 7달 만에 세상 밖으로 나온 새롬이는 뇌성마비로 오뚝이처럼 뒤뚱거리는 걸음으로 겨우 학교를 다녀오면 양말은 어김없이 구멍이 나 있고 운동화도 금세 닳아 버린다. 항상 체육시간을 벤치에서 보내야 하는 새롬이는 만약 다리가 다 나을 수 있다면 가장 하고 싶은 것이 체육시간에 다른 친구들처럼 뛰어다니는 것이라 말한다.

새롬이가 3살이 되던 해 엄마가 집을 나가셨고 이후 아빠마저도 빚에 쫓겨 소식이 없으시다. 그리고 새롬이가 유일하게 의지했던 언니마저도 작년에 가출한 상태여서 결국 새롬이에게 남은 가족은 할아버지와 할머니뿐이다. 밭농사를 지으시고 돼지를 키우시는 두 분은 새롬이의 허전한 마음을 채워 주시기엔 너무 연로하시고 바쁘시다.

언니가 어디 있는지, 무얼 하는지는 알 수 없지만 언젠가는 분명 돌아올 거라 믿는 새롬이는 오늘도 다시 만날 그날을 기다리며 씩씩하게 한 걸음을 내디뎌 본다.

시 각 장 애

제 목: 수아의 힘찬 내일(선천성 무홍채증)	
횟 수: 109회	날 짜: 2005년 11월 20일

5살의 수아는 선천성 무홍채증(1)으로 교정시력이 0.02의 저시력이다.

이런 수아에게 엄마는 해 주고 싶은 것이 너무 많다. 책도 읽어 주고 싶고, 함께 나들이도 가고 싶다. 하지만 엄마도 눈이 좋지 않아 항상 마음뿐이다.

보이지 않아서 할 수 없는 일은 없다. 좀 더딜 뿐이다.

더듬거리지만, 밥도 할 수 있고, 청소며, 빨래며, 하다못해 풀베기까지도 할 수 있다.

이런 엄마에게 최근 들어 할 수 없는 일들이 하나 둘 생기고 있다. 그나마 흐릿하게 보이던 한쪽 눈마저 시력이 악화되어 가고 있다. 안 보이는 눈이지만 뭐든지 다 잘해 온 엄마에게 익숙한 할머니와 아빠는 그래서 최근 들어 엄마에게 불만이 쌓여만 간다.

항상 긍정적인 아이, 수아의 더디지만, 희망을 향한 힘찬 첫걸음에 관한 이야기이다.

제 목: 지우와 엄마의 다시 찾은 보금자리	
횟 수: 148회	날 짜: 2006년 10월 22일

태어난 지 보름 만에 병원 신세를 져야 했던 딸, 지우는 신장에 난 수많은 물혹 때문에 소변이 안 나와서 갓난아기 때부터 어른들도 힘들다는 신장투석을 시작했습니다.

폐가 작아 호흡도 힘들고, 비장이 나빠 배가 부풀어 오르고 합병증이 많습니다. 그뿐만 아니라 지우는 태어날 때부터 시각장애를 갖고 있어 간신히 빛만 감지하고, 발달장애로 제대로 걸을 수도 없습니다. 이렇게 한 개만 갖고 있어도 버거울 병들을 무수히 짊어진 지우입니다.

그 힘든 시간들과 싸우느라, 지우는 올해 7살이지만 또래 아이들보다 훨씬 작은 9kg 정도밖에 자라지 못했습니다.

아빠와 헤어진 후 1년 반쯤 지나 지우가 보고 싶어서 노쇠한 시부모에게 완전히 맡겨 길러지고 있는 지우는 코에 산소가 연결된 호스를 빼면 금세 온몸이 새파래집니다.

엄마가 돌본 지 6개월이 지난 후 코에 끼웠던 호스를 뗐고, 어느 덧 볼에 살도 올랐습니다. 양파 튀김을 양손에 들고 씹어 먹고, 손을 잡아 주면 걷기도 합니다. 그 6개월 동안 지우에게 엄마가 얼마나 필요한지 알게 되었습니다.

청각장애

제 목: 어둠이 고요를 만났을 때	
횟 수: 119회	날 짜: 2006년 2월 12일

시각장애를 가진 부모는 아들 건형이가 22개월 때 소리를 듣지 못하는 청각장애라는 소식을 들었다. 엄마와 아빠는 발자국 소리로 건형이의 위치를 알아차리고, 고개를 젓는 움직임으로 마음을 짐작한다. 보청기를 빼고 나면 아무리 불러도 이름조차 듣지 못하는 건형이와 눈을 마주칠 수 없는 엄마는 기본적인 생활습관도 가르치기가 힘이 듭니다. 이런 건형이에게 의료진들은 와우이식수술을 권유하지만, 부모가 시각장애인이라 수술 후 관리가 힘들다는 걸 알기 때문에 엄마와 아빠의 고민은 깊어만 갑니다.

건형이는 가위가 필요하면 엄마 손을 가위에 대고, 토마토가 먹고 싶으면 냉장고로 이끕니다. 때로는 식사 시간에 아빠가 흘리고도 알지 못하는 반찬을 집어 주기도 합니다. 그러나 아무리 건형이가 손가락으로 가리켜 봐도, 발가락에 상처를 입어도 심지어 머리에 주전자를 쓰고 넘어져도, 엄마와 아빠는 금방 알아채지 못합니다. 어린이집에서 또한 친구들과 대화를 함께 나누기가 힘든 건형이는 어울리지 못하고 혼자 떨어져 노는 경우가 많습니다.

마음을 쉽게 표현하지 못하는 건형이는, 요즘 소리 높여 우는 일이 부쩍 늘어만 갑니다.

제 목: 성재와 성애의 울타리	
횟 수: 81회	날 짜: 2005년 4월 9일

밥을 손으로 집어 먹고, 아무데서나 용변을 보고, 손에 잡히는 물건은 무조건 입에 들어가는 열여덟 성애와 다른 사람과 이야기도, 눈 맞춤도 나누지 않고 자기만의 세상 속에 틀어박혀 있는 성재의 이야기이다. 성재는 천장이 닿도록 뛰뛰기를 반복하고 상처가 날 정도로 자기 손을 물어뜯는다. 성재가 세상과 소통하는 방법은 남들과 조금 다른 것 같다.

하지만 이제 성애와 성재, 아빠 그리고 엄마는 새로운 길을 걷기로 했다. 성애, 성재 남매는 늘 그랬듯 손을 꼭 잡고 서로를 도울 것이고 엄마와 아빠는 다투는 대신 남매가 새롭게 시작할 수 있게 도와주기로 했다.

건 강 장 애

제 목: 품어야 할 자식, 예슬이 이야기(윌리엄스증후군)	
횟 수: 103회	날 짜: 2005년 10월 2일

예슬이는 윌리엄스증후군으로 태어나 생후 7일 만에 중환자실로 실려 갔습니다. 정신지체, 심장질환, 혈소판 부족 등 여러 증상을 가졌으며 입으로 삼키지 못해 11년간 배에 튜브를 연결해 음식물을 먹어왔습니다. 그렇게 엄마와 예슬이가 응급실에서 무수한 고비를 넘기는 동안, 동생 슬기는 생일에도 혼자 아침과 저녁에 라면을 끓여 먹고 졸업식에도 꽃 한 송이 없이 혼자 쓸쓸히 집으로 돌아와야 했습니다.

아무도 없는 집에서 슬기는 컴퓨터 게임을 합니다. 경제 형편 때문에 학원도 마음대로 가지 못하고, 피아니스트의 꿈도 접어야 하는 현실과는 달리 게임 속 세상은 원하는 것 모두 이룰 수 있는 곳이었습니다. 그렇게 게임에 빠진 사이, 자신도 모르게 슬기는 점차 폭력적인 아이로 변해 갔습니다. 엄마는 이 모든 것이 예슬이를 돌보느라 소홀히 한 자신의 잘못이라고, 슬기에게 미안하다고만 합니다. 그러나 슬기는 자신의 손을 붙들어 줄, 엄마의 따끔한 한마디가 그립습니다.

중복장애

제 목: 빛도 소리도 없는 예지의 세상(시각장애, 청각장애)	
횟 수: 79회	날 짜: 2005년 3월 26일

10년 전, 예지는 태어나면서부터 앞을 보지 못했다. 총 4차에 걸쳐 힘든 각막이식수술을 했지만, 예지는 끝내 세상을 볼 수 없었다. 그러는 사이 엄마, 아빠는 또 한 가지 사실을 알게 됐다. 예지는 헬렌 켈러처럼 빛뿐만이 아니라 선천적으로 소리도 잃어버렸다는 것을 알게 되었다. 보이지도 들리지도 않는 예지의 병명은 레오파드(LEOPARD)증후군이다.

교육이라도 시키고 싶었지만, 시각, 청각 중복장애가 심했던 예지를 흔쾌히 받아주는 교육기관은 없었다. 아직도 예지는 스스로 밥을 먹지 못하고 혼자 용변을 해결하지도 못한다. 무엇이 먹고 싶은지, 무슨 생각을 하는지 좀처럼 알 수 없는 엄마와 아빠는 시간이 지날수록 조금씩 지쳐 갔다.

헬렌 켈러에게 새로운 세상을 선물한 설리번 선생님처럼 예지의 어둡고 고요한 세상을 밝혀 줄 작은 빛을 찾기 위해 희망을 가슴에 품고 세상을 향해 걸어가는 엄마와 아빠 그리고 예지의 이야기가 시작된다.

제 목: 기다림의 내일(시각장애, 청각장애)	
횟 수: 112회	날 짜: 2005년 12월 11일

장애아동들이 다니는 구미시 혜당학교에 제대로 된 머리카락이 아직도 자라나지 않은 밋밋한 머리의 정상인은 청각장애와 시각장애를 가지고 있다. 갓 태어난 아이의 피부는 면사포처럼 하얀 막에 싸여 있었고 머리털도, 눈썹도, 손발톱도 없었다. 많은 병원을 전전했지만 들을 수 있었던 것은 희귀한 병이라는 대답뿐이었다.

그리고 찡그리고 있던 상인이의 한쪽 눈에는 시력이 거의 남아 있지 않고 남은 한쪽 눈마저도 실명이 진행 중이며, 보청기를 끼면 들을 수 있다고 생각했던 귀도 청력이 전혀 없다는 믿을 수 없는 검사 결과에 부모는 낙담하였다. 아빠의 소원은 아들이 정상인이라는 이름처럼 씩씩하고 튼튼하게 자라 주는 것이다. 아직은 볼 수 있는 한쪽 눈이 있고, 수술을 통해 들을 수 있는 방법이 있을지도 모른다고 희망을 가지는 부모의 이야기이다.

KBS－사랑의 가족
http://www.kbs.co.kr/1tv/sisa/lovefamily/

장애 유형	제 목	횟수	방영일
정신 지체	기방이의 요리천국	622회	2005년 11월 17일
	정신지체 꼬마신랑과 중국연변 처녀의 행복한 결혼	634회	2005년 12월 8일
	다니엘학교 정신지체장애인 농구단의 덩크슛!	638회	2005년 12월 15일
	정신지체인 그룹사운드 '소리울림'!!	642회	2006년 12월 22일
	행복한 웃음 전도사 태욱 씨(다운증후군)	713회	2006년 5월 2일
	스물두 살 동갑내기 선준&현미의 꿈의 일터	744회	2006년 7월 3일
	진수네 가족의 희망찾기	983회	2007년 2월 8일
지체 장애	장애인 체육의 더 나은 환경을 위해 뛰는 택시기사－강덕찬	31회	2001년 3월 10일
	범선 조각가 손영수 씨	697회	2006년 4월 4일
	이미지 컨설턴트 김미희 씨	764회	2006년 8월 8일
	희망을 연주하는 반쪽 연주자 이명선	810회	2006년 11월 7일
	희망을 상담하는 남자 한상인	822회	2006년 11월 28일
	발 하나로 세상을 열다! 송성민 씨	1011회	2007년 4월 3일
	세상을 향한 거침 없는 하이킥, 김영주	1015회	2007년 4월 10일
	서른둘, 새내기 대학생 김병선의 별을 쏘다	1021회	2007년 4월 19일
	배움은 나의 힘! 중증장애우협회장－진정희 씨	1031회	2007년 5월 8일
	그녀가 아름다운 이유, 팔방미인 배은주	1051회	2007년 6월 19일
	나누는 삶이 아름답다, 행복한 남자 이문호 씨	1067회	2007녀 7월 17일
	샬롬의 집 박기순 원장	1076회	2007년 8월 7일
	우리 것이 좋은 것이여－소리꾼 박공순 씨	1084회	2007년 8월 21일
	두리원의 억척살림꾼－김선숙 원장	1088회	2007년 8월 28일
시각 장애	흰 지팡이의 천사 망막색소상피변성증 조인선	22회	2001년 1월 6일
	시각장애인 그룹 '비전', 첫 무대 서는 날	44회	2001년 6월 23일
	검은 안경의 사나이!! 시각장애인 가수 이용복 씨	612회	2005년 11월 1일

시각 장애	인간 한계에 도전한다! 시각장애인 마라토너 장호선	616회	2005년 11월 8일
	만두 할머니의 이웃사랑, 시각장애인 김정숙 씨	626회	2005년 11월 24일
	기계와 맞먹는 절대음감의 소유자, 이소영 씨	632회	2005년 12월 6일
	78세 효녀심청! 108세 어머니와 함께 눈을 떠요	658회	2006년 1월 19일
	기업연수 전문강사! 임임택 씨의 인생역전 이야기	667회	2006년 2월 7일
	시각장애인 CEO 김갑주 씨	802회	2006년 10월 24일
	시각장애 풍선아티스트 고홍석 씨	837회	2006년 12월 26일
	희망을 연주할래요－인범이의 꿈	1005회	2007년 3월 22일
	시각장애인 구원서 씨 부부의 사랑이 꽃피는 집	1029회	2007년 5월 3일
청각 장애	아름다운 손짓으로 꿈꾸는 행복한 세상－안영회	719회	2006년 5월 16일
	청각장애인 엄마와 두 남매	725회	2006년 9월 25일
	청각장애인 스킨스쿠버	800회	2006년 10월 19일
	난청 장애 딛고 제2의 인생을 펼치다. 백재현 씨	826회	2006년 12월 5일
건강 장애	휴먼스토리, 아름다운 사람－이원규 박사 (루게릭병)	749회	2006년 7월 11일
	예술가를 꿈꾸는 남매의 도전 (선천성대사효소결핍증)	969회	2007년 1월 16일
	희망을 엮는 매듭장이－전통매듭공예가 김봉순	1007회	2007년 3월 27일
자폐성 장애	세상 속으로~! 자폐아이들의 사회체험 (자폐성 장애)	74회	2002년 1월 26일
	발달장애아 최준 군, 피아니스트 되다 (자폐성 장애)	748회	2006년 7월 10일
중복 장애	휴먼스토리, 아름다운 사람－이원규 박사	749회	2006년 7월 11일
	삼중 장애인 황재환 씨	760회	2006년 8월 1일

정 신 지 체

제 목: 기방이의 요리 천국	
횟 수: 622회	날 짜: 2005년 11월 17일

열여섯 살 성기방(정신지체 3급)은 훌륭한 요리사를 꿈꾸는 소년으로, 무연고로 재활원에서 생활한다. 유난히 요리를 좋아하고 잘 만들어 친구들의 인기를 독차지하고 있다. 얼마 전, 장애인들을 대상으로 열린 요리 대회에 출전하기도 하였다. 지금 살고 있는 재활원에서는 개별적으로 이용할 수 있는 주방 시설이 없을 뿐더러 요리를 전문적으로 배울 기회도 없으므로 요리의 대가 구본길 요리사와 만남을 주선해 기방의 꿈을 자극시키고 전문적인 교육을 받을 수 있도록 요리전문학원에 입학할 수 있게 도와주는 등 기방이가 요리사의 꿈을 이룰 수 있도록 후원해 주고자 한다.

제 목: 정신지체인 그룹사운드 '소리울림'!!	
횟 수: 642회	날 짜: 2005년 12월 22일

특별한 모습과 웅장한 사운드로 주목을 받는 이들이 있다. 서울남부장애인복지관에 근무하는 성인지체장애인 8명으로 구성된 '소리울림'은 2년이 넘게 정기공연을 하며 실력을 키워왔다. 드럼, 일렉, 베이스, 건반으로 구성돼 있는 '소리울림'은 30회가 넘는 외부초청공연을 할 정도로 베테랑이다. 드럼을 맡고 있는 이종일 씨(32, 정신지체3급)는 음악적 감각이 뛰어나 팀의 맏형 노릇을 톡톡히 하고 있다. 강한 파워와 멋진 무대 매너로 관객들의 사랑을 한 몸에 받는 명정욱 씨(24, 정신지체1급) 역시 팀의 보물이다. 하지만 열악한 연습환경과 부족한 물자 등으로 제대로 된 밴드의 모습을 갖추지 못해 단원들이 아쉬움을 토로하고 있다. 〈나눔의 현장, 사랑 하나 행복 둘〉에서는 정신지체인 그룹사운드 '소리울림'과 인기 가수의 만남과 지속적인 연계 및 정기적인 개인레슨을 주선하고 그들이 필요로 하는 물품을 제공하고자 한다.

제 목: 행복한 웃음 전도사 태욱 씨	
횟 수: 713회	날 짜: 2006년 5월 2일

"고오집 부리지 않고 자아알 하겠습니다"라고 다운증후군 손태욱 씨(39)는 직장에 나가면 이 말을 입버릇처럼 되뇌인다. 그는 벌써 17년째 서울시립정신지체인복지관의 환경미화 담당 직원으로 근무하고 있으며 아직까지 단 하루도 결근한 적 없는 모범 직원이다. 다운증후군을 갖고 있으면서 꾸준히 직장생활을 해낸 경우는 극히 이례적이어서 올 서울시 장애인의 날 기념식에서 시장 표창을 받았다. 오전 9시에 출근하면 그는 먼저 계단과 복도, 화장실 청소를 한 다음 유리창과 현관을 닦는다. 단 하루도 그의 손길이 닿지 않으면 복지관이 엉망이 될 정도이다. 그뿐만 아니라 하루 용돈 1,000원으로 커피를 곧잘 돌리며 복지관 웃음 전도사로서 순박한 웃음을 퍼뜨리는 주인공이다.

그는 가정적으로도 소문난 효자! 고령의 부친을 모시고 사는 것은 물론 열 살짜리 쌍둥이 조카들도 보살피며 가장 역할을 훌륭하게 해 내는 태욱 씨이다. 동네에서도 인기 총각인 태욱 씨는 직업의 특성을 차려 남의 것 우리 것 가리지 않고 분리수거도 도맡아 하고 있다.

지 체 장 애

제 목: 두리원의 억척 살림꾼~김선숙 원장	
횟 수: 1088회	날 짜: 2007년 8월 28일

경기도 남양주시에 위치한 장애인 직업재활공동체 ‘두리원’의 김선숙 원장(41, 지체장애 2급)은 전남 완도에서 17살 무작정 서울로 상경해 인형공장에 취업했다. 첫 직장에서 쫓겨난 뒤 영세 공장을 전전했던 당시의 생활은 절망의 연속이었다. “어린 나이인데다 장애인이라는 이유로 겪어야 했던 아픔은 인생의 큰 전환점이 됐다”고 한다.

기술을 배워야겠다는 생각으로 의상실에 취업, 재봉 기술을 배웠으며 이를 바탕으로 큰 회사에 취직했다고 한다. 100명이 넘는 직원 가운데 유일한 장애인이었지만 능력을 인정받았으며 디자이너가 되겠다는 생각으로 한복과 복장학원에도 다녔다. 운명처럼 남편인 김은일 씨(지체장애 2급)를 만나 아이를 낳았고, 장애인들이 맘 놓고 일할 수 있는 일터가 없는 것을 고심하던 그녀는 장애인 직업재활의 꿈을 꾸기 시작했다. 자신이 먼저 알아야 한다는 생각에 고입 · 대입 검정고시에 합격해 사회복지사가 된 김선숙 씨는 2002년 5월 남양주시 수동면에 장애인직업재활공동체인 ‘두리원’을 설립하여 오갈 곳 없는 장애인들과 함께 가방을 만들어 그 수익금으로 공동생활을 하고 있다. 정기적으로 바자회를 열어 가방과 후원 물품을 판매한 수익금은 독거노인 난방비와 저소득층 자녀 장학금으로 지원하고 있으며, 음악, 문화단체를 초청해 음악회, 유적지 탐방 등 행사를 갖기도 한다고. 얼마 전부터 지역아동센터를 열고 방과 후 공부방까지 운영하느라 하루하루가 바쁜 김선숙 씨는 올해 경기도 여성상 수상자로 선정되기도 하였다.

제 목: 나누는 삶이 아름답다, 행복한 남자 이문호 씨	
횟 수: 1067회	날 짜: 2007년 7월 17일

40세의 지체장애 2급 이문호 씨는 몸의 절반을 못 쓰시는 분이다. 그러나 그는 자신보다 더 어려운 이웃을 돕는 데 앞장서고 있다. 현재 매리트화재의 설계사로 일하고 있다. 교통사고로 오른쪽 뇌를 심하게 다쳐 기억력이 많이 떨어지기 때문에 보험 상품을 설명하고 고객을 설득하는 데 어려움도 있지만 일할 수 있다는 것만으로도 행복하다고 한다. 하지만 그는 매주 화, 금요일 회사에 나가지 않는 날에는 1995년부터 하루도 안 거르고 청주시내 50곳의 제과점을 돌며 그날 팔다

남은 빵을 수거해 장애인 시설, 양로원 등에 전달하고 있다고. 요즘 그는 더욱 바쁜 나날을 보내고 있는데, 지난 4월 '어깨동무'라는 공부방을 열었기 때문이다. 매일 저녁 집안 형편이 어려운 아이들에게 공부를 가르치고 있다. 또한 일주일에 한 번 야학에 나가 어르신들에게 한문을 가르치고, 한 달에 두 번 독거 어르신들에게 맛있는 자장면 한 그릇을 대접하는 것도 그의 몫이다. 이 모든 일들은 10년 이상 꾸준히 해 온 일이기 때문에 이제 자신의 일부가 되어 버렸다. 하루하루 바쁜 나날이지만 이문호 씨에게는 어머니와 조카, 한결이(중1)와 같은 든든한 후원자가 있다. 24시간이 모자란 남자, 가족과 함께 사랑을 전하는 따뜻한 남자이다.

시 각 장 애

제 목: 시각장애인 CEO 김갑주 씨	
횟 수: 802회	날 짜: 2006년 10월 24일

광주광역시 양산동에 위치한 외식업체 두메푸드시스템의 대표 김갑주 씨(45)는 시각장애 1급으로 1993년 직원 열 명과 함께 학교 단체위탁급식 사업을 시작한 지 12년 만에 350명의 직원이 일하는 탄탄한 중소기업으로 일궜다. 그의 기적 같은 성공 뒤에는 그를 그림자처럼 수행해 온 본부장 강수현 씨(38)가 있기에 가능한 일이었다. 강 본부장은 김 사장이 위탁급식사업을 시작하던 1993년 11월에 입사했다고 한다. 회사 경영이 항상 순탄치만은 않았는데 회사에 어려움이 닥쳐와도 강 본부장은 김 사장 곁에서 눈과 지팡이 역할을 톡톡히 해 왔다. 강 본부장이 김 사장의 '눈'이었다면 김 사장은 강 본부장의 '꿈'이었다. 강 본부장의 도움으로 지금의 '두메푸드시스템'을 키워 온 김갑주 사장. 그는 또 얼마 전 광주에 고아원을 설립해 받은 사랑을 많은 아이들에게 되돌려 주고 있다. 장애인과 비장애인의 아름다운 사랑을 일깨워 주는 김갑주 씨와 강수현 씨를 소개하고 있다.

제 목: 인간 한계에 도전한다! 시각장애인 마라토너 장호선	
횟 수: 616회	날 짜: 2005년 11월 8일

해발 1,700m 고원에서 42.195Km를 달리는 사나이 장호선 씨는 53세로 아프리카 케냐에서 열린 나이로비마라톤 풀코스를 완주했다. 그 무엇보다 그의 마라톤 완주를 뜻 깊게 한 것은 바로 그와 함께 42.195Km를 달린 박동섭 씨가 있었기 때문이다. 시각 장애인 장호선 씨는 박동섭 씨와 손목을 끈으로 연결한 채 난코스를 달리고 또 달렸다고! 그가 다시 42.195Km를 달린다. 한강변 마라톤 코스를 다시 한 번 박동섭 씨와 손목을 끈으로 묶고 달리려고 한다. 자신의 인생의 굴곡을 생각하며 마라톤의 고통을 견딘다는 시각장애인 마라토너 장호선 씨와 그의 단짝 박동섭 씨를 만나본다.

청각장애

제 목: 난청 장애 딛고 제2의 인생을 펼치다. 백재현 씨	
횟 수: 826회	날 짜: 2006년 12월 5일

중・고교 때부터 '사오정'이라는 별명을 얻었고, 개그맨이 된 후에도 상대방의 말을 잘 알아듣지 못해 엉뚱한 얘기를 하다 보니 "집중을 왜 안 하느냐" "안하무인으로 자기 얘기만 한다. 좀 컸다고 너무 건방지다"는 말을 들어야 했던 백재현 씨. 현재 극심한 '난치성 청력장애'진단을 받았으며, 보청기를 착용하지 않으면 정상적인 생활을 할 수가 없는 상태다. 개그맨으로서 관객들의 사랑을 한 몸에 받던 정상의 자리에서 어느 날 홀연히 사라진 그는 이제 뮤지컬 연출가로, 한 극단의 대표로 새로운 꿈을 개척하고 있다. 백재현이 자신의 말로 '집 팔아 제작한' 뮤지컬 '루나틱.' 스태프들은 백재현을 베토벤에 비유해 '백토벤'이라 부른다. 귀가 잘 들리지 않는 최악의 상황에서도 '루나틱' 공연을 지켜온 그의 모습 때문이다. 마침내 뮤지컬 '루나틱'이 미국, 일본까지 진출! 얼마 전에는 뮤지컬 제작자로서 '연예예술상'이라는 문화관광부 장관 표창까지 받았는데, 난청은 커다란 난관으로 총감독으로서 자신의 귀로 음향 테스트가 불가능해 주파기를 보고 테스트를 하고 있다. 백재현의 모습은 이겨내야 할 난관을 눈앞에 둔 수많은 사람들에게 희망의 메시지가 되고 있다.

제 목: 아름다운 손짓으로 꿈꾸는 행복한 세상－안영회	
횟 수: 719회	날 짜: 2006년 5월 16일

나사렛대 교양학부에서 '수화의 이해와 실제'를 강의하고 있는 안영회(36) 겸임교수는 원래 강사였으나 수화가 필요한 장애인의 느낌을 보다 직접적으로 전달할 수 있으리라는 학교 측의 판단으로 교수로 임용되었다. 수화 잡지 〈아름다운 손짓〉의 편집인이기도 한 안 교수는 10여 년 전부터 수화강사로 나서 수화보급에 힘써 왔다.

3살 때 병으로 청력을 잃은 안 교수는 어머니의 도움과 피나는 훈련으로 말하는 법을 익혀 일반인을 대상으로 강의를 진행하는 데 큰 어려움이 없다. 명지대 가정학과를 졸업했지만 다른 사람과 의사소통하지 못하는 농아들을 돕고 장애인에 대한 사회적 편견을 조금이나마 줄여보고자 수화 일을 시작했다. 교수직을 수락한 것도 같은 이유이다. 안 교수는 하나하나 계획을 세워 실천해 편견 속에 고통받고 있는 많은 청각장애인에게 꿈과 보람을 주고 싶다고 하였다.

자 폐 성 장 애

제 목: 세상 속으로~! 자폐아이들의 사회체험	
횟 수: 74회	날 짜: 2002년 1월 26일
'의정부시 장애인 부모회'에서는 홀로 서기를 해야 하는 자폐아이들의 미래를 준비하기 위해 매주 '사회 체험'을 하고 있다. 자폐정도와 사회 적응 정도에 따라 자원봉사자의 도움을 받아, 가까운 집 앞에서부터 시내 백화점까지 물건 사기, 식사하고 오기, 물건 바꾸기 등 다양한 심부름을 연습하고 있다. 낯선 사람을 만나 대화하는 것과 심부름해야 하는 상황 등에서 아이들은 당황하고 긴장하지만, 혼자 힘으로 임무를 완수해 낸다. 하루 동안의 체험이 끝나고 난 후, 아이들과 자원봉사자는 함께 눈썰매장에서 하루 동안의 긴장감을 훌훌 털어버린다. 아이들의 사회 체험을 통해 자립심과 독립심을 키워 나가는 생생한 현장을 소개하고 있다. 속을 따라가 본다.	

제 목: 발달장애아 최준 군, 피아니스트 되다	
횟 수: 748회	날 짜: 2006년 7월 10일
발달장애 2급인 최준(16) 군이 자신과 같은 발달장애아동을 위한 기금마련 피아노 연주회를 7월 4일, 금호아트홀에서 열게 되었다. 이번 연주회에는 그뿐만 아니라 첼리스트 이주영, 테너 이상주 등 실력 있는 음악인들도 함께 해 더욱 자리가 빛날 것으로 예상된다. 최준 군은 생후 30개월 때 발달장애 2급을 받은 자폐아이다. 처음엔 언어치료에 도움이 될까 해서 어머니 모현선(44) 씨는 피아노와 판소리를 가르쳤다. 처음 피아노를 칠 때는 가르치는 선생님도 포기할 정도로 많은 어려움이 있었지만 끝까지 포기하지 않고 지금까지 노력해 온 끝에 첫 콘서트를 열게 된 것이다. 지난 3월에는 판소리 '춘향가'를 완창해 말아톤 배형진, 수영 김진호 군에 이어 많은 자폐아동에게 희망을 주는 '판소리 말아톤'이라는 별명까지 얻었다. 음악을 너무 좋아해 판소리, 피아노 연습을 게을리 하지 않는다는 그는 얼마 전부터는 재즈댄스도 배우고 있다고. 아들이 좋아하는 음악을 하면서 나날이 좋아지는 모습을 보게 되어 행복하다는 어머니 모현선 씨는 그동안 힘든 점도 많았다고 이야기하고 있다.	

건 강 장 애

제 목: 예술가를 꿈꾸는 남매의 도전	
횟 수: 969회	날 짜: 2007년 1월 16일

화가가 꿈인 임윤아 씨와 성악가가 꿈인 동생 승준(22) 씨 남매는 뇌성마비와 증세가 비슷한 선천성 대사효소결핍증(페닐케톤뇨증)을 앓고 있다. 하루라도 약을 먹지 않으면 손과 발가락을 움직이기조차 힘든 고통스러운 병이지만 남매는 매일 미술과 음악에 푹 빠져 병을 잊고 산다. 윤아 씨는 올해 2월 수많은 어려움을 딛고 당당히 삼육의명대 아동미술학과를 졸업했다. 팔도 부자연스럽고 손에 힘이 없어 선을 하나 긋는 것도 쉽지 않았지만 수백 장의 종이를 자르며 손힘을 길렀고 하루 15시간 이상 그림 연습을 한 끝에 지난해 10월 인사동에서 '윤아의 그림일기'라는 첫 개인전을 열기도 했다. 또한 윤아 씨는 매주 화요일에는 동대문복지관에서 노인들의 미술치료를 돕고 수요일에는 연세재활학교에서 미술교사를 하고 요즘은 재활치료를 위해 도자기 공예를 배우기 시작하였다.
성악가가 꿈인 동생 승준 씨는 초등학교를 다닐 때 재활을 위해 음악치료를 받았다가 성악의 매력에 빠져버렸다. 그는 아직도 음정이 불안하고 발음도 부정확한 솜씨지만 지난해 5월 25일 국회에서 열린 '희귀, 난치성 질환자의 날' 행사에서 애국가도 불렀고 지난해 12월에는 김동규 테너가 출연한 후원행사에서도 독창을 했다. 현재 삼육대학교 성악과 3학년에 재학 중인 그는 방학 중임에도 교수님의 배려로 일주일에 한 번씩 레슨을 다니고 있다.

중 복 장 애

제 목: 휴먼스토리, 아름다운 사람—이원규 박사	
횟 수: 749회	날 짜: 2006년 7월 11일

희귀 난치성 질환 루게릭병을 앓고 있는 이원규 박사(45)는 7년 넘게 이 병과 싸우며 문학박사 학위를 취득하고 루게릭병연구소를 열어 같은 병으로 힘겨운 삶을 살고 있는 이들에게 희망의 메시지를 전하고 있다. 고등학교 영어교사였던 이원규 씨가 온몸이 마비돼 결국 죽음에 이르게 되는 루게릭병을 선고받은 것은 1999년으로, 혀부터 시작해 이씨의 몸은 점점 굳어가면서 20년 가까이 지켜왔던 교단을 떠났다. 앞이 막막한 상황이었지만 이원규 씨의 절망은 길지 않았다. '생명이 있는 한 희망은 있다'라는 생각에 마음을 다잡고 뒤늦게 시작한 학업을 계속해 결국 문학박사 학위를 받았다. 한편으로는 인터넷 검색 등을 통해 루게릭병에 관련된 다양한 자료를 모으고 재활의지를 다지는 환우를 돕기 위해 앞장서고 있다. 세상과 소통하지 못하는 루게릭병 환자들의 창이 되고 있는 이원규 씨를 만나본다.

제 목: 삼중 장애인 황재환 씨	
횟 수: 760회	날 짜: 2006년 8월 1일

어렸을 때 주워서 가지고 놀던 수류탄이 터져 졸지에 시각 및 청각, 지체 3중 장애인이 된 황재환 씨. 대구대학교 특수교육학과를 졸업하고 대구 시각장애학교인 광명학교 교사로 부임한 뒤 장애아동에 대한 남다른 교육열을 펼쳐 보였다. 현재 대구광명학교 교감선생님인 그는 장애아동의 재활교육, 소질 계발 등에 혼신을 다 바쳤는데 1980년부터는 재활프로그램 '인간승리'로 전국 20여 개 교도소와 소년 감별소를 순방하며 200여 회의 특별강연을 하며 재소자들의 교화를 위한 봉사활동을 해 왔다고. 특히 고등학교 때 피아노를 시작해 음악교사 자격증을 딴 이후 음악 교육을 통한 치료를 강조해 왔다고. 지난 1986년에는 청각・시각장애인들로 구성된 '한국 장애인 소리예술단'을 창단, 운영해오면서 장애인들의 음악적인 재능을 계발, 조기발굴하고 지원하는 데 힘써 왔다. 지금까지 30여 회의 정기연주회와 각종 자선・위문공연을 펼쳐왔다고 한다. 이렇듯 자신의 장애를 극복하고 장애인들을 위해 헌신하고 있다. 1997년에는 자랑스러운 시민상(사회봉사 부문)을 받았고, 1995년 눈높이 교육상(대교문화재단), 1997년 12월 좋은 한국인 대상을 수상하기도 했다.

부 록

1. 유용한 웹사이트: 특수교육 관련 기관 및 개인 사이트

- 국립특수교육원 부설 원격교육연수원(http://iedu.kise.go.kr)
  장애학생과 통합교육의 이해증진, 장애 영역별 교수학습

- 국립특수교육원 장애 이해 사이트(http://edu.kise.go.kr)
  장애 이해 관련 자료, 장애 인식 수기 공모 당선작 다운로드 제공

- 국제 농아WWW(http://deafwww.com/kr/world)
  세계 각 지역 농아 정보 사이트를 한글화하는 종합정보사이트

- 김선영－선영홈페이지(http://myhome.naver.com/sky751029)
  청각장애인 이해하기, 장애를 극복한 위인들, 수화배우기 등

- 김홍규의 보청기와 청각장애(http://www.readi-hearing.co.kr)
  장애진단, 청력검사, 보청기 종류와 선택, 학술논문 및 서적, 상담 등 안내

- 다운복지관(http://www.down.or.kr)
  다운증후군 자녀를 둔 부모들이 만든 모임으로 관련 상식, 치료 및 교육, 상담, 생활정보, 회보 수록

- 대한민국수화교실정보(http://www.korsign.pe.kr)
  국내 지역별 수화교실 현황, 단체별 소식, 행사, 출판물 등 안내

- 말더듬 홈페이지(http://www.stutter.or.kr)
  말더듬이의 유형/치료방법/질문과 답/학문적 연구/이해 마당 등의 자료 제공. 관련사이트 링크

- 메이크 어 위시(http://www.wish.or.kr)
  난치병에 걸린 어린이에게 희망을 주는 자선단체. 영상물 및 후원안내

- 사랑의 수화교실(http://cein21.net/suhwoa)
  전라북도교육정보과학원 제공. 동사, 형용사, 사회, 사람 등 각종 단어들에 대한 설명 및 동영상 제공

- 서울 경인 특수학급교사연구회(http://www.tesis.or.kr)
  학습자료 제작, 장애인식 개선 프로그램 개발, 사례 발표를 통한 경험 교환. 교사를 위한 교수자료 개발

- 서울 장애인 인권영화제(http://www.420.or.kr/fest/index.htm)
  장애인 관련 영화제 개최. 비장애인의 장애인에 대한 이해를 위한 정보 제공 및 영화제 개최

- 서울시립정신지체인복지관(http://www.seoulmrwelfare.or.kr)
  기관 소개 및 사업소개, 관련 종사자들의 토론방

- 서울특수교사여가교육연구회(http://nolgi.org)
  장애아동이 참여할 수 있도록 놀이방법이 수정된 다양한 놀이와 통합활동 및 통합캠프 소개

- 손짓그리기(http://soohwa.or.kr)
  수화교육 및 청각 장애인의 이해 및 일반인 간의 대화, 활발한 수화모임 활동 커뮤니티

- 실로암 정보화교육장(http://www.siledu.com)
  시각장애인 대상 온라인 음성강의, 동영상강의, 시각장애 관련 정보 및 파일 등 제공

- 실로암시각장애인복지관(http://www.silwel.or.kr)
  복지관에서 실시하는 각 사업 소개

- 아이소리(http://isori.net)
  부모, 교사들을 위한 장애관련 자료 및 정보 제공

- 여우소굴(http://myhome.netsgo.com/foxnam)
  장애우와 비장애우가 공유할 수 있는 정보

- 유승종－작은세상(http://my.dreamwiz.com/21clove)
  장애인과 비장애인의 만남의 공간 제공, 장애인 이해, 배경화면, 포트폴리오

- 윤승환의 척추교실(http://www.nsspine.co.kr)
  목(경추), 허리(요추) 디스크 질환, 척추관 협착증, 골다공증성 척추질환, 외상, 척수 동영상 등 제공

- 이홍익의 홀로 배우기(http://www.hibn.com.ne.kr)
  중증장애인의 삶과 꿈을 담은 수필, 책이야기, 독학 관련 글 수록

- 장애아동 부모회 기쁨터(http://www.joyplace.org)
  장애아동 가족들이 나눈 생각들을 제공

- "장애인 먼저" 실천운동본부(http://www.wefirst.or.kr)
  장애에 대한 편견과 차별을 해소하고 장애인에 대한 이해를 돕기 위한 운동. 장애인을 대하는 태도, 장애를 극복한 사람들, 추천도서, 사이트, 언론 모니터링 자료 수록

- 전국저시력인연합회(사)(http://www.lowvision.or.kr)
  저시력인연합회, 질병 원인, 보조기구, 재활정보, 번역봉사 안내

- 정미정의 수화교실(http://jollipda.com.ne.kr)
  물리치료사, 수화교실, 장애우 이야기

- 청각장애의 세계(http://hearing.educyber.org)
  청각장애의 원인과 종류, 청력 진단과 교육방법, 보청기, 인공와우수술, 복지혜택 관련단체, 서적, 수화교재, 교육기관 소개

- 청음회관(http://www.chungeum.or.kr)
  청각장애인 대상 종합 서비스 제공 기관. 청각장애이해, 수화, 재활보조기기, 교구자료실 제공

- 파라다이스복지재단(http://www.paradise.or.kr)
  장애아동의 특수교육, 치료, 재활 관련 정보, 판별검사, 상담 등 제공

- 한국 농아WWW(http://kr.deafwww.com)
  한국의 농아학교와 농아 교회, 농아 사회, 농아인 홈페이지 연결, 해외 농아 대회 연결, 국제 농아 WWW 링크 연결, 검색 서비스 제공

- 한국수화방송국(http://ksltv.yc.ac.kr)
  수화 교육, 강연회, 공연, 동영상 자료 수록

- 한국장애아동인권연구회(http://www.kdcr.org)
  장애아동 인권 권리, 보호운동, 침해사례, 관련법, 논문 수록

- 한국척수장애인수레바퀴선교회(http://www.wheel.or.kr)
  선교회 소개 및 후원 및 봉사 활동 안내, 재활 정보 제공

- 한국청각장애인부모회(http://www.hipak.or.kr)
  청각장애인 가족 커뮤니티

- 휠러브(http://wheellove.org)
  척수장애인으로 장애인 관련기사, 장애 관련 사이트 수록

- 희중이의 꿈이 있는 놀이터(http://shj1882.nayou.net)
  정신지체 장애아 성장일기, 가족소개 등 수록

2. 전국 특수교육지원센터 주소록

시도	지역 교육청명	센터명	주소	전화번호	FAX
서울	서부	서부특수교육지원센터	서울 마포구 염리동 24-140	02-718-0564	02-718-0563
	강동	강동특수교육지원센터	둔촌1동 91-4	02-3434-4315	02-424-2435
	성동	성동특수교육지원센터	서울특별시 성동구 행당동 7번지	02-2286-3622	02-2286-3629
	성북	성북특수교육지원센터	서울시 성북구 하월곡1동 87-1	02-911-1078	02-942-6683
	중부	중부특수교육지원센터	종로구 경운동 2 서울경운학교	02-3673-2038	02-3676-2039
	강북	강북특수교육지원센터	강북구 수유1동 468-305 서울정인학교	02-983-4321	02-983-4006
	동부	동부특수교육지원센터	광진구 구의3동 587-52 서울광진학교	02-455-2108	02-455-2107
	강남	강남특수교육지원센터	강남구 삼성동 74-13 서울정애학교	02-540-7827	02-540-7265
	동작	동작특수교육지원센터	관악구 신림7동 673-82 서울정문학교	02-869-7188	02-851-0030
	북부	북부특수교육지원센터	노원구 하계1동 153-1 서울정민학교	02-978-8405	02-978-8407
	남부	남부특수교육지원센터	구로구 궁동 242 서울정진학교	02-2688-1303	02-2686-9035
부산	본청	부산광역시특수교육지원센터	부산 부산진구 부암1동 신천로 267	051-605-3721	051-605-3729
	서부	서부특수교육지원센터	부산 서구 서대신동 3가 195	051-248-0941	051-255-1598
	남부	남부특수교육지원센터	부산 부산진구 범천2동 1010	051-801-2800	051-801-2828
	북부	북부특수교육지원센터	부산 사상구 덕포동 406-1	051-302-1530	051-303-8514
	동래	동래특수교육지원센터	부산 금정구 장전3동 348-1	051-515-6195	051-515-6198
	해운대	해운대특수교육지원센터	부산 해운대구 우2동 1113	051-743-1952	051-743-1954
	혜성학교	혜성학교특수교육지원센터	부산 남구 대연6동 산64	051-637-6211	051-637-6221

부산	혜남학교	혜남학교특수교육지원센터	부산 남구 대연6동 산64	051-637-6051	051-637-6059
	부산 맹학교	맹학교특수교육지원센터	부산 동래구 명장2동 산 85-1	051-528-0076	051-529-3392
	배화학교	배화학교특수교육지원센터	부산 수영구 망미1동 789	051-755-2197	051-757-8548
대구	동부	동부특수교육지원센터	대구 중구 곤덕정로 142	053-606-5705	053-255-5870
	서부	서부특수교육지원센터	대구 서구 달성 2길 7	053-560-5122	053-560-5169
	남부	남부특수교육지원센터	대구 달서구 학산로 104	053-650-2206	053-650-2405
	달성	달성특수교육지원센터	대구 남구 대명 복개1길 21	053-650-8700	053-650-8786
인천	남부	남부특수교육지원센터	인천 동구 송림2동 34-1	032-766-1395	032-763-5535
	북부	북부특수교육지원센터	인천 부평구 부평4동 부평초등학교	032-507-5059	032-507-5057
	동부	동부특수교육지원센터	인천 남동구 도림동 692-2	032-438-6232	032-438-6234
	서부	서부특수교육지원센터	인천 서구 검암동 495번지	032-560-6620	032-560-6629
	강화	강화특수교육지원센터	강화군 강화읍 교육청길	032-934-4133	032-933-8814
광주	동부	동부특수교육지원센터	광주광역시 북구 서양로 31	062-605-5536	062-605-5530
	서부	서부특수교육지원센터	광주광역시 서구 치평동 1206	062-600-9612	062-600-9620
경기	성남	성남특수지원센터	성남시 분당구 서현동 279	031-7802-547	031-781-2193
	안양	안양특수지원센터	안양시 동안구 관양동 1592	031-380-7011	031-383-0573
	부천	부천특수지원센터	부천시 원미구 춘의동 부천상록학교	032-678-2810	032-678-2816
	광명	광명특수지원센터	광명시 광명6동 366-38 광일초교	02-2610-0555	02-2615-0874
	안산	안산특수지원센터	안산시 단원구 고잔1동 517-2	031-412-4515	031-486-3171
	평택	평택특수지원센터	평택시 비전동 458	031-650-1265	031-657-9119
	군포의왕	군포의왕특수지원센터	군포시 금정동 청백리길 30	031-390-1110	031-390-1162

경기	화성	화성특수지원센터	오산시 오산동 524	031-378-0510	031-371-4326
	양평	양평특수지원센터	양평군 양평읍 원덕1리 378 원덕초교	031-772-2810	031-772-4154
	이천	이천특수지원센터	이천시 증포동 375-11	031-639-5624	031-636-7555
	용인	용인특수지원센터	용인시 처인구 김량장동 195	031-335-1148	031-338-5797
	안성	안성특수지원센터	안성시 구포동 186	031-678-5225	031-677-1130
	김포	김포특수지원센터	김포시 북변동 김포초교	031-984-2013	031-984-3737
	시흥	시흥특수지원센터	시흥시 정왕동 1552	031-488-2423	031-488-2479
	동두천양주	동두천특수지원센터	동두천시 지행동 722-11	031-860-4330	031-864-6430
	구리남양주	구리남양주특수지원센터	남양주시 지금동 158-3	031-550-6118	031-566-1271
	파주	파주특수지원센터	파주시 금촌2동 783	031-940-7202	031-941-1636
	연천	연천특수지원센터	연천군 연천읍 현가리 43-13	031-839-0140	031-834-3419
	포천	포천특수지원센터	포천시 군내면 구읍리 685	031-539-0013	031-536-9741
	가평	가평특수지원센터	가평균 가평읍 읍내리 542-1	031-580-5170	031-582-9978
	고양	고양특수지원센터	고양시 일산서구 주엽동 34 문촌초	031-912-0144	031-912-0145
	수원	경기남부지원센터	경기도수원시 권선구 곡반정 86블럭 안룡초	031-898-5675	031-233-7365
	의정부	경기북부지원센터	경기도 의정부시 의정부1동 229 배영초	031-847-4685	031-847-4686
	여주	여주특수지원센터	경기도 여주군 여주읍 상리 110 여흥초	031-880-8482	031-880-8482
	광주하남	광주하남특수지원센터	경기도 광주시 경안동36	031-760-4058	031-760-4007
강원	춘천	춘천특수교육지원센터	춘천시 춘천교육청길 22	033-259-1606	033-244-4508
	원주	원주특수교육지원센터	원주시 단구로 315	033-760-5665	033-764-5010
	강릉	강릉특수교육지원센터	강릉시 댕댕이길 95	033-640-1216	033-640-1292

강원	속초양양	속초양양특수교육지원센터	속초시 미시로 261	033-639-6034	033-637-7412
	동해	동해특수교육지원센타	동해시 천곡동 817	033-531-6855	033-533-4835
	태백	태백특수교육지원센터	태백시 장성동 69-59	033-580-5570	033-580-5548
	삼척	삼척특수교육지원센터	삼척시 교동 734	033-570-5114	033-572-7803
	홍천	홍천특수교육지원센터	홍천군(읍) 화산로 84	033-430-1113	033-430-1107
	횡성	횡성특수교육지원센터	횡성군(읍) 하2리 362	033-340-0313	033-343-3653
	영월	영월특수교육지원센터	영월군(읍) 하송리 107-1	033-370-1140	033-370-1188
	평창	평창특수교육지원센터	평창군(읍) 중1리 240	033-330-1753	033-334-2618
	정선	정선특수교육지원센터	정선군(읍) 봉양4리 400-1	033-560-8153	033-562-5873
	철원	철원특수교육지원센터	철원군 갈말읍 지포리 224	033-450-1060	033-452-5603
	화천	화천특수교육지원센터	화천군(읍) 하리 29-2	033-440-1551	033-442-3275
	양구	양구특수교육지원센타	양구군(읍) 중1리 69	033-480-1451	033-480-1456
	인제	인제특수교육지원센터	인제군(읍) 상동리 356-12	033-460-1051	033-460-1058
	고성	고성특수교육지원센터	고성군 간성읍 상리 198	033-680-6010	033-680-6099
충북	청주	청주특수교육지원센터	충북 청주시 흥덕구 사직1동 556-4	043-275-2585	043-275-7731
	충주	충주특수교육지원센터	충주시 문화동 1924번지	043-843-3809	043-847-1810
	제천	제천특수교육지원센터	제천시 화산동 191-3번지	043-640-6654	043-645-0037
	청원	청원특수교육지원센터	청주 흥덕구 무심서로 421	043-274-4248	043-272-4248
	보은	보은특수교육지원센터	충북 보은군 보은읍 장신리 32-1	043-540-5551	043-543-5477
	옥천	옥천특수교육지원센터	옥천군 옥천읍 삼양리 222-11	043-732-8911	043-732-8911
	영동	영동특수교육지원센터	영동읍 부용리 42-5	043-742-0025	043-742-2118

충북	진천	진천특수교육 지원센터	충북 진천군 진천읍 읍내리 435-6	043-530-5312	043-532-0324
	괴산증평	괴산증평특수 교육지원센터	괴산읍 서부리 508번지	043-830-5011	043-833-0466
	음성	음성특수교육 지원센터	충북 음성군 음성읍 읍내리 467번지	043-871-5011	043-872-7030
	단양	단양특수교육 지원센터	충청북도 단양군 단양읍 별곡리 304	043-422-3561	043-422-3561
충남	천안	천안특수교육 지원센터	천안시 원성동 267-14	041-552-9689	041-552-9689
	공주	공주특수교육 지원센터	충청남도 공주시 금성동 79-2번지	041-850-2344	041-850-6170
	보령	보령특수교육 지원센터	보령시 명천동 431번지	041-934-0920	041-935-2379
	아산	아산특수교육 지원센터	충남 아산시 실옥동 158-7	041-546-6711	041-546-6711
	서산	서산특수교육 지원센터	서산시 문화로 372 (읍내동 576-14)	041-669-0727	041-664-6540
	논산	논산특수교육 지원센터	충남 논산시 취암동 307-2	041-730-7145	041-730-7144
	금산	금산특수교육 지원센터	금산군 금산읍 진악로 87	041-751-0821	041-751-0821
	연기	연기특수교육 지원센터	충남 연기군 조치원읍 신흥리 53-1	041-861-1116	041-865-1150
	부여	부여특수교육 지원센터	부여군 부여읍 가탑리 413	041-834-1006	041-837-0543
	서천	서천특수교육 지원센터	서천읍 군사리 718-3	041-950-6010	041-953-1244
	청양	청양특수교육 지원센터	청양읍 학당리	041-944-0031	041-934-8409
	홍성	홍성특수교육 지원센터	홍성군 홍성읍 고암리 541-2	041-634-9943	041-634-4109
	예산	예산특수교육 지원센터	충남 예산군 예산읍 산성리 319-3	041-335-2910	041-335-2910
	태안	태안특수교육 지원센터	충남 태안군 태안읍 남문리 417-1	041-673-9022	041-675-6071
	당진	당진특수교육 지원센터	당진군 당진읍 운학리 266-3	041-351-0451	041-356-0451
전북	군산	군산특수교육 지원센터	군산시 남초교 1길 2번	063-462-2521	063-466-1390
	김제	김체특수교육 지원센터	전북 김제시 신풍동 488-1	063-540-2597	063-540-2587

전북	무주	무주특수교육 지원센터	전북 무주군 무주읍 읍내리 343	063-320-5111	063-322-4649
	순창	순창특수교육 지원센터	순창군 순창읍 남계리 270	063-653-2524	063-653-2560
	완주	완주특수교육 지원센터	전북 전주시 덕진구 인후동 2가 216-5	063-275-6944	063-274-1197
	익산	익산특수교육 지원센터	익산시 부송동 1047	063-831-0086	063-831-0089
	장수	장수특수교육 지원센터	장수군 장수읍 장수리 312	063-351-5514	063-351-1901
	전주	전주특수교육 지원센터	전주시 덕진구 효자동 3가 1059-2	063-229-6329	063-224-0612
	정읍	정읍특수교육 지원센터	정읍시 상동 280	063-534-2166	063-531-0569
	진안	진안특수교육 지원센터	전북 진안군 진안읍 군상리 222	063-432-6327	063-433-1863
	남원	남원특수교육 지원센터	남원시 왕정동 508	063-620-7814	063-631-4701
	고창	고창특수교육 지원센터	고창군 고창읍 교촌리 76-4	063-560-1651	063-561-5835
	부안	부안특수교육 지원센터	부안군 부안읍 봉덕리	063-580-7773	063-584-5143
	임실	임실특수교육 지원센터	임실군 오수면 오수리 40 오수초등학교	063-642-5005	063-642-1891
전남	목포	목포특수교육 지원센터	목포시 상동 972번지	061-280-6612	061-282-7329
	여수	여수특수교육 지원센터	전남 여수시 학동 41	061-690-5550	061-681-1350
	순천	순천특수교육 지원센터	전남 순천시 연향동 1354	061-729-7751	061-723-1769
	나주	나주특수교육 지원센터	전남 나주시 송월동 1103-1	061-330-0113	061-333-8379
	광양	광양특수교육 지원센터	전남 광양시 광양읍 우산리 551	061-760-3303	061-762-2530
	담양	담양특수교육 지원센터	전남 담양군 담양읍 강쟁리	061-380-8011	061-383-3278
	곡성	곡성특수교육 지원센터	전남 곡성읍 읍내리 310	061-360-6632	061-3606-634
	구례	구례군특수교육지원센터	전남 구례군 구례읍 봉동리 290-1	061-780-6610	061-782-8035
	고흥	특수교육지원센터	전남 고흥군 고흥읍 등암리 326-1	061-830-2051	061-830-2084

전남	보성	보성특수교육 지원센터	전남 보성군 보성읍 주봉리 225	061-850-7111	061-852-4648
	화순	화순특수교육 지원센터	전남 화순군 화순읍 훈리 32-2	061-370-7152	061-370-7103
	장흥	특수교육지원 센터	장흥군 장흥읍 건산리 611-4	061-860-1283	061-863-1337
	강진	강진특수교육 지원센터	강진군 강진읍 평동리 4번지	061-430-1512	061-432-9337
	해남	해남특수교육 지원센터	전남 해남군 해남읍 해리 685-3	061-530-1122	061-530-1104
	영암	영암특수교육 지원센터	전남 영암군 영암읍 망호리 753	061-470-4112	061-470-0335
	무안	무안특수교육 지원센터	전남 무안군 무안읍 교촌리 1004	061-450-7096	061-454-7881
	함평	함평특수교육 지원센터	전남 함평군 함평읍 기각리 892-3	061-320-6613	061-324-1655
	영광	영광특수교육 지원센터	전남 영광군 영광읍 무령리 365	061-350-6612	061-350-6611
	장성	장성특수교육 지원센터	전남 장성군 장성읍 영천리 842	061-390-6120	061-393-1800
	완도	완도특수교육 지원센터	전남 완도군 완도읍 개포리 1227	061-5500-511	061-554-0424
	진도	진도특수교육 지원센터	전남 진도군 진도읍 성내리 38-1	061-540-5122	061-245-4236
	신안	신안특수교육 지원센터	전남 신안군 중동 2가	061-240-3612	061-245-3190
경북	포항	포항특수교육 지원센터	포항시 북구 덕산동 902-1	054-242-4532	054-288-6720
	경주	경주특수교육 지원센터	경북 경주시 동천동 918	054-740-9154	054-745-1677
	김천	김천특수교육 지원센터	경북 김천시 성내동 69-6	054-431-2015	054-431-2015
	안동	안동특수교육 지원센터	경북 안동시 화랑로 355	054-858-7177	054-858-7177
	구미	구미특수교육 지원센터	경북 구미시 송정동 55	054-440-4507	054-440-2319
	영주	영주특수교육 지원센터	경북 영주시 가흥1동 279-1	054-630-4204	054-633-9518
	영천	영천특수교육 지원센터	경북 영천시 화룡동 203 번지	054-330-2312	054-330-2327
	상주	상주특수교육 지원센터	경북 상주시 서문동 128	054-530-2366	054-535-9489

경북	문경	문경특수교육 지원센터	경북 문경시 점촌동 405-3	054-550-5506	054-553-8061
	경산	경산특수교육 지원센터	경북 경산시 중방동 232 번지	053-810-7514	053-810-7519
	군위	군위특수교육 지원센터	경북 군위군(읍) 동부리 230-2	054-383-2581	054-383-8451
	의성	의성특수교육 지원센터	경북 의성군(읍) 도동리 647-1	054-830-1140	054-833-4465
	청송	청송특수교육 지원센터	경북 청송군(읍) 월막리 438-1	054-874-8026	054-872-5995
	영양	영양특수교육 지원센터	경북 영양군(읍) 동부리 96	054-682-2503	054-683-3708
	영덕	영덕특수교육 지원센터	경북 영덕군(읍) 덕곡리 310-1	054-730-8011	054-730-8005
	고령	고령특수교육 지원센터	경북 고령읍 쾌빈2리 433-5	054-950-2531	054-954-3771
	성주	성주특수교육 지원센터	경북 고령군(읍) 쾌빈2리 433-5	054-930-2050	054-931-0907
	칠곡	칠곡특수교육 지원센터	경북 칠곡군 왜관읍 왜관6리 272-6	054-979-2111	054-971-1553
	예천	예천특수교육 지원센터	경북 예천군(읍) 남본리 222	054-652-3521	054-654-2317
	봉화	봉화특수교육 지원센터	경북 봉화군(읍) 내성리 280-1	054-679-1731	054-674-1773
	울진	울진특수교육 지원센터	경북 울진군(읍) 읍내리 290-6	054-782-5672	054-783-4084
	울릉	울릉특수교육 지원센터	경북 울릉군(읍) 도동2리 175-3	054-790-3026	054-791-4621
경남	창원	창원특수교육 지원센터	창원시 중앙로 144	055-283-9273	055-283-9273
	마산	마산특수교육 지원센터	마산시 봉암동 435-1	055-259-7695	055-252-8027
	진주	진주특수교육 지원센터	진주시 상대1동 299-3	055-760-4816	055-760-4854
	진해	진해특수교육 지원센터	진해시 자은동 863-1	055-552-4011	055-547-2944
	통영	통영특수교육 지원센터	통영시 무전동 1054-3	055-645-2270	055-643-4199
	사천	사천특수교육 지원센터	사천시 벌리동 412-1	055-833-4279	055-832-3860
	김해	김해특수교육 지원센터	김해시 대성동 78-3	055-332-2576	055-333-4142

경남	밀양	밀양특수교육지원센터	밀양시 삼문동 186	055-350-1536	055-355-1080
	거제	거제특수교육지원센터	거제시 신현읍 고현리 433-1	055-630-9225	055-636-2289
	양산	양산특수교육지원센터	양산시 북부동 269	055-386-7942	055-385-3794
	의령	의령특수교육지원센터	의령군 의령읍 중동리 269-1	080-606-7979	055-570-7111
	함안	함안특수교육지원센터	함안군 가야읍 말산리 257	055-580-8046	055-583-7466
	창녕	창녕특수교육지원센터	창녕군 창녕읍 교하리 5-3	055-530-3511	055-530-3531
	고성	고성특수교육지원센터	고성군 고성읍 서외리 90	055-673-7289	055-673-7288
	남해	남해특수교육지원센터	남해군 남해읍 북변리 227-1	055-860-4112	055-863-1848
	하동	하동특수교육지원센터	하동군 하동읍 광평리 423-5	055-882-3505	055-884-0358
	산청	산청특수교육지원센터	산청군 산청읍 지리 735-2	055-973-8963	055-973-9478
	함양	함양특수교육지원센터	함양군 함양읍 운림리 27-1	055-963-7955	055-962-2891
	거창	거창특수교육지원센터	거창군 거창읍 대평리 1303-4	055-942-7925	055-944-3837
	합천	합천특수교육지원센터	합천군 합천읍 합천리 315	055-934-1207	055-931-6980
제주	제주시	제주시특수교육지원센터	제주시 남광로 35 (이도2동553-1)	064-754-1246	064-754-1249
	서귀포	서귀포시특수교육지원센터	서귀포시 토평로 83 (토평동1442-1)	064-733-5121	064-730-8165

참고문헌

강수균 · 조홍중(2003). 『장애 이해와 교육』. 서울: 교육과학사.

강운선(1997). 컴퓨터 시뮬레이션 게임이 학습자의 행태에 미치는 상대적 효과에 관한 연구. 서울대학교 대학원 석사학위 논문.

강희연(2005). 통합학급 장애유아와 일반유아의 상호작용에 대한 질적 연구. 서울여자대학교 대학원 박사학위 청구논문.

강희연(2006). 통합 학급 일반유아의 장애인식 변화과정에 대한 질적 연구. 『아동학회지』 27(6), 123-141.

교육부(1996). 『특수교육 발전 방향('97-2001)』. 교육부.

교육인적자원부(2002). 『특수교육 발전 5개년('03-'07)』. 교육인적자원부.

교육인적자원부(2004). 『특수학교 교사 자격 및 양성체제 개선 방안 연구』. http://www.moe.go.kr/main.jsp?idx=0306010101에서 2007년 8월 5일 발췌.

교육인적자원부(2007). 『2007 특수교육실태조사서』. http://www.moe.go.kr/main.jsp?idx=0306010101에서 2007년 8월 5일 발췌.

교육인적자원부(2007). 『특수교육 발전 종합계획('08-'12) 수립을 위한 기초 연구』. http://www.moe.go.kr/main.jsp?idx=0306010101에서 2007년 8월 5일 발췌.

국립특수교육원(2002). 『2002 한국의 특수교육 지표』. http://www.kise.go.kr/html/에서 2007년 7월 20일 발췌.

국립특수교육원(2003). 『유 · 초등학교 교과용 도서 장애관련 내용 분석』. 경기: 국립특수교육원.

국립특수교육원(2003). 『유 · 초등학생 장애 이해교육』. 경기: 국립특수교육원.

국립특수교육원(2003). 『한국의 특수교육지표』. 안산: 국립특수교육원.

국립특수교육원(2004). 『중고등학생 장애 이해교육』. http://www.kise.go.kr/html에서 2007년 5월 18일 발췌.

김광순 · 이승희(2002). 한국 소설에 나타난 장애인관 연구－1950년부터 1970년대까지를 중심으로. 『특수교육학 연구』 36(4), 29-50.

김미순(1990). 한국소설에 나타난 장애자관 연구. 대구대학교 대학원 석사학위 논문.

김삼성(1997). 인형극이 장애아동교육에 미치는 교육적 가치에 관한 탐색. 『특수교육연구』 4, 25-44.

김성기(1994). 『포스트모더니즘과 비판 사회과학』. 서울: 문학과지성사.

김영옥 · 김원경 · 박화문 · 석동일 · 윤점룡 · 정재권 · 정정진 · 조인수(2006). 『특수교육학(제3판)』. 서울: 교육출판사.

김지영(2002). 한국과 외국 아동 도서에 나타난 장애인 이미지 내용 분석. 가톨릭대학교 사회복지대학원 석사학위 논문.

김혜진 · 천희영(2007). 통합학급 일반유아의 장애유아에 대한 태도에 따른 장애유아와의 상호작용 행동 연구. 『아동연구』 16, 52-67.

박남수, 권정순(2005). 우리나라 창작동화에 나타난 장애 관련 내용 분석. 『초등특수교육』 7(1), 63-84.

박승희(2003). 『한국 장애학생 통합교육』. 서울: 교육과학사.

박승희(2004). 장애개념화의 진전이 장애인 지원 구축에 지니는 함의. 『특수교육학연구』. Vol. 38, No. 4, 27-66.

박옥희(2004). 『장애인복지론』. 서울: 학문사.

박은영(2006). 장애통합교육을 위한 유아의 장애수용태도에 관한 연구－일반유아 어머니의 양육태도를 중심으로－. 한양대학교 교육대학원 석사학위 논문.

박준학(2004). 고등학생이 지각한 부모양육태도에 따른 장애학생 또래에 대한 수용태도. 교원대학교 교육대학원 석사학위 논문.

배재순(2005). 장애이해교육 프로그램 적용이 비장애유아 학부모의 장애인에 대한 태도 변화. 공주대학교 교육대학원 석사학위 논문.

신현기 · 변호걸 · 김호연 · 정인호 · 전병운 · 정해동 · 강영택 · 성수국 · 마주리 · 유재연(2005). 『특수교육의 이해』. 서울: 교육과학사.

여성가족부(2006). 『보육통계』. http://www.mogef.go.kr/에서 2007년 3월 20일 인출.

유수옥(1998). 성공적인 장애유아 통합교육을 실천을 위한 탐색 연구. 『유아교육연구』 18(2), 303-318.

유수옥(2002). 성공적인 장애유아 통합교육의 발전 방안에 대한 유아교사의 견해. 『특수교육학 연구』 36(4), 169-190.

유수옥(2005). 『유아특수교육론』. 서울: 학지사.

유수옥(2006). 장애이해에 적합한 장애주제 그림책 선정에 관한 연구. 『통합교육연구』 1(2), 75-94.

유수옥(2007). 우리나라 옛이야기 그림책에 나타난 장애 등장인물의 상호작용과 이미지. 『아동학회지』 28(3), 235-250.

유수옥 · 이금순(2000). 장애유아 통합교육에 적합한 유아교사에 관한 유치원장의 인식. 『특수교육학 연구』 35(3), 291-315.

유수옥 · 이현숙(1999). 장애를 주제로 한 동화활용 프로그램이 장애유아에 대한 비장애유아의 태도 변화에 미치는 영향. 『특수교육학 연구』 34(2), 117-138.

유승연(1991). 유치원의 문학 활동 현황에 관한 연구. 이화여자대학교 석사학위논문.

유은연(2007). 장애유아 통합관련 교사교육이 일반 유아교사의 개인적 교수 효능감과 교수 수행에 미치는 영향. 이화여자대학교 대학원 석사학위논문.

이광규(1998). “반편견 교육과정을 통한 인간교육.” 한국 어린이 육영회 유아교육 학술대회. 『반편견 교육과정을 통한 인간교육』. 서울: 한국 어린이 육영회.

이규태(1981). 『장애자 복지에 대한 한국인의 의식구조; 현대 사회와 장애자 복지』. 아산사회복지사업재단.

이미진(2006). 부모참여 반편견 그림동화 읽어 주기 프로그램이 유아의 장애수용태도에 미치는 영향. 단국대학교 석사학위 청구논문.

이양섭(1995). 정신지체아동에 대한 일반학급아동의 태도에 관한 연구. 대구대학교 대학원 석사학위논문.

이익섭(1990). 한국 장애자 문제의 이해. 『한국 장애자 재활 협회』. 재활 35호.

장애인복지발전계획수립기획단(2003). 『제2차 장애인 복지 발전 5개년계획 공청회 자료』.

전영호(2003). 『차별로부터의 자유, 그 당당한 삶을 위한 장애인 복지』. 서울: 학문사.

정선화(1993). 정신지체아동에 대한 일반아동의 태도 개선 프로그램 개발에 관한 연구. 이화여자대학교 대학원 석사학위논문.

정은영(2001). 문학적 접근을 통한 반편견 교육활동이 유아의 장애인에 대한 인식과 태도에 미치는 영향. 서울여자대학교 대학원 석사학위 논문.

정정진 (2001). 한국장애학생 통합교육 방향에 대한 델파이 연구. 『특수교육학 연구』 36(3), 25-6.

정희정(2000). 사연 있는 인형 이야기 활동이 유아의 장애인 인식과 태도에 미치는 영향. 이화여대 교육대학원 석사학위논문.

조성열(1985). 문학 작품을 통해서 본 한국인의 장애자관. 단국대학교 대학원 석사학위 논문.

조양수(1985). 문헌 설화를 통한 한국인의 장애자관 연구. 단국대학교 대학원 석사학위논문.

조용태(역)(2003). 『통합교육의 이해』. *Inclusion schools for all students*. Smith, J. D.(1998), Wadsworth Publishing Company, 서울: 특수교육.

조희숙(1994). 『아동발달심리』. 서울: 학지사.

편민아(2007). 장애유아 통합학급상황에서 보육교사의 놀이교수 효능감과 통합교육에 대한 신념. 이화여자대학교 대학원 석사학위논문.

하승연(1996). 장애아에 대한 태도 증진 프로그램의 효과. 숙명여자대학교 대학원 석사학위논문.

홍대식(1986). 『사회심리학』. 서울: 박영사.

황용하 · 이승희(2004). 한국 소설에 나타난 장애인관 연구−1910년부터 1940년대까지를 중심으로−. 『특수교육학 연구』 39(3), 95-113.

Abraham, M. R., Morris, L. M., & Wald, P. J.(1993). *Inclusive Early Childhood Education. Tucson*. Az: Communication Skill Builders.

Adreon, D., & Stella, J.(2001). Transition to middle and high school: Increasing the success of students with Asperger syndrome. *Intervention in School and Clinic* 36, 266-271.

Aiello, B.(1984). *The visually handicapped child in the regular class*. Washington, D.C.: The American Federation of Teachers. The Teachers' Network for the Education of the Handicapped.

Allen, K. E.(1981). Curriculum Model for Successful Mainstreaming. *Topics in Early Childhood Education of Special Education* 1, pp. 45-55.

Allen, K. E., & Cowdery, G. E.(2005). *The exceptional child; Inclusion in early childhood education*, NY: Thomson Delmar Learning.

Allen, K. E. & Schwartz, I. S.(2001), *The Exceptional Child: Inclusion in Early Childhood education*. Albany, NY: Delmar.

American Association on Mental Retardation(2002). *Mental Retardation: Definition, classification, and systems of supports*. Washington, DC: Author.

American Psychiatric Association(1994). *Diagnostic and statistical manual for mental disorders*(4th ed.). Washington DC: Author.

American Psychiatric Association(2000). Diagnostic and statistical manual of mental disorders.(Forth Edition. Text Revised(DSM-Ⅳ)-TR. Washington, DC: Author. 4th ed.)

American Speech-Language-Hearing Association(1993). Definitions of communication disorders and variations. *ASHA*, 35(suppl. 10), 40-41.

Anastasiow, Nicholas J.(1978). Strategies and Models for Early Childhood Intervention Programs in Integrated Settings. In M. Guralnick(Ed.). Early Intervention and the Integration of *Handicapped and Nonhandicapped Children*. Baltimore: University Park Press.

Anderson, L. S., Del-Val P. B., Griffin, C. L., & Mcdonald, J.(1983). Understanding handicaps: Changing student's attitude toward the disabled(*ERIC Document Reproduction Service NO. ED 232 366*).

Antonak, R., and Livneh, H.(1988). *The measurement of attitudes toward people with disabilities*: Methods, psychometric and scales. Springfield, IL: Charles C. Thomas, Publisher.

Atwater, J. B., Carta, J. J., Schwartz, I. S., & McConnell, S. R.(1994). Blending developmentally appropriate practice and early childhood special education: Redefining best practice to meet the needs of all children. In B. L. Mallory & R. S. New(Eds.). *Diversity of developmentally appropriate practices: Challenges for early childhood education*(pp. 185-201). New York: Teachers College Press.

Bailey, D. B., & Wolery, M.(1992). *Teaching infants and Preschoolers with disabilities*(2nd ed.). New York: Merrill.

Bailey, D. H., & Winston, P. J.(1987). Stability and change in parents ex- pectations about mainstreaming. *Topics in Early Childhood Special Ed- ucation* 7(1), 61-72.

Bak, J. J., & Siperstein, G. N.(1987). Similarity as a factor effecting change in children's attitudes toward mentally retarded peers. *American Journal of Mental Deficiency* 91(5), 524-531.

Barkley, R. A.(1998). *Attention deficit hyperactivity disorders: A handbook for diagnosis and treatment*. New York: Guilford Press.

Barnes, C., Mercer, G., & Shakespeare, T.(1999). *Exploring disability; sociological introduction*. malden, MA; Polity Press.

Barrett, R. P.(1986). *Severe Behavior disorders in the mentally retarded*: Nondrug approach to treatment. New York: Culiford Press.

Baskin, B.(1975). The handicapped in children's literature, In *Proceedings of the Special Study Institute, Fostering positive Attitudes toward the handicapped in school settings*(pp. 132-164). Rensselaerville, NY: New York State Education Department.

Bee, H.(1999). *The developing child*(9th Ed.). New York: Harper-Collins.

Berg, Chien, Bowman, Ochs, Lancaster, Goff & Anderson, 1983.

Bertenthal, R., & Fischer, K. W.(1978). Development self-recognition in the infant, *Developmental Psychology* 14. 45-57.

Bigge, J. I., Best, S. J., & Heller, K. W.(2001). *Teaching individuals with physical health, or multiple disabilities*(4th ed.). Upper Saddle River, NJ: Merrill/Prentice-Hall.

Billingsley, F., Gallucci, C., Peck, C. A., Schwartz, I. S., & Staub, D.(1996). "But those kids can't even do math": An alternative conceptualization outcome for inclusive education. *Special Education Leadership Review* 3(1), 43-55.

Blaska, J. K.(2003). *Using children's literature to learn about disabilities and illness*(3rd). Troy, N.Y.: Educator's International Press.

Bleach, F.(2004). *Everybody is Different*. London: The National Autistic Society.

Bondy, A. S., & Frost, L. A.(1994). The picture exchange communication system. *Focus on Autistic Behavior* 9(3), 1-19.

Bookbinder, S.(1978). *Mainstreaming—what every child needs to know about disabilities*. Providence, RI: Rhode Island Easter Seal Society.

Bowe(1995). *Birth to Five: Early Childhood Special Education*. Albany, N.Y.: Delmar Publishers.

Boyajian, A. F., DuPaul, G. J., Handler, M. W., Eckert, T. L., & McGoey, K. E.(2001). The use of classroom-based brief functional analyses with preschoolers at-risk for Attention Deficit Hyperactivity Disorder. *The School Psychology Review* 30(2), 278-293.

Bray, N. W., Fletcher, K. L., & Turner, L.(1997). Cognitive competences and strategy use in individuals with mental retardation. In W. E. MacLean(Ed.). *Ellis' handbook of mental deficiency, psychological theory, and research*(pp. 197-217). Mahwah, NJ: Erbaum.

Bredekamp, S., & Copple, C.(1997). Developmentally appropriate practice in early childhood programs(Rev eds.). Washington, DC: National Association for the Education of Young Children.

Bricker, D.(1978). A Rationale for the Integration of Handicapped and Nonhandicapped Preschool Children. In M. J. Guralnick(Ed.). *Early*

Intervention and the Integration of Handicapped and Nonhandicapped Children. Baltimore: University Park Press.

Bricker, D.(1993). Integration: Campaign for the new century. In C. A. Peck, S. L. Odom, & D. Bricker(Eds.). *Integrating young children with disabilities into community programs: Ecological perspectives on research and implementation*(Rev ed.).(pp. 271-276) Washington, DC: National Association for the Education of Young Children.

Bricker, D.(1995). The challenge of inclusion. *Journal of Early Intervention* 19(3), 179-194.

Bricker, D.(2000). Inclusion: How the scene has changed. *Topics in Early Childhood Special Education* 20, 14-20.

Bricker, D., & Bricker, W.(1971). *Toddler Research and International Project Report-Year 1.(IMRID Behavioral Science Monograph* No. 20). Nashiville, TN: Institute on Mental Retardation and Intellectual Development.

Brill, R. G., MacNeil, B., & Newman, L. R.(1986). Frame work for Appropriate program for deaf children. *American Annuals of the Deaf* 13(1), 65-77.

Brodbelt, S.(1969). Simulation in the social studies: An overview. *Social Education* 33, pp. 176-178.

Brolin, D.(1995). *Career Education: A functional life skills approach*. Ebglewood Cliffs, NJ: Merrill/Pretice-Hall.

Brown, W. H., & Conroy, M. A.(1997). Promoting and supporting peer interactions in inclusive classrooms: Effective strategies for early childhood educators. In W. H. Brown & M. A. Conroy(Eds.). *Inclusion of preschool children with developmental delays in early childhood programs* (pp. 79-108). Little rock, AK: Southern Early Childhood Association.

Brown, W. H., Odom, S. L., & Conroy, M. S.(2001). An intervention hierarchy for promoting young children's peer interaction in natural environment. *Topics in Early Childhood Special Education* 21(3), 161-175.

Brownell, M. T., & Walther-Thomas, C.(2001). Seven shore: Understanding the autism spectrum-what teachers need to know, *Intervention in School and Clinic* 36, 293-305.

Buysee, V., & Bailey, D. B.(1993). Behavioral and developmental outcomes, In young children with disabilities in integrated and segregated settings: A review of comparative studies. *Journal of Special Education* 26, 434-461.

Cadez, M. J.(1979). Puppetry as a instructional method to prepare preschool nonhandicapped children for mainstreaming. Unpublished master's thesis, Logan UT: Uhta state University.

Caldwell, B. M.(1973). The importance of beginning early. In J. B. Jordan & R. F. Dailey(Eds.). *Not all little wagons are red; The exceptional child's early years*, Reston, VA: Council for Exceptional Children.

Carta, J. J., Schwartz, L. S., Atwater, J. B., & McConnell, S. R.(1991). Developmental appropriate practice: Apraising its usefulness for young children with disabilities. *Topics in Early Childhood Special Education* 11, 1-20.

Cavallaro, C. C., & Haney, M.(1999). *Preschool Inclusion*. Paul H. Brooks Publishing Co. Baltimore: MA.

Cavallaro, C. C., Haney, M., & Cavello, B.(1993). Developmentally appropriate strategies for promoting full participation in early childhood settings. *Topics in Early Childhood Special Education* 13, 293-307.

Cohen, S., Koehler, N., & Granf, C.(1977). *Accepting individual differences: Overview*, Niles, IL: Developmental Learning Materials.

Coie, J., & Pennington, B. F.(1976). Children's perceptions or deviance and disorder. *Child Development* 47, 407-413.

Conant, S., & Budoff, M.(1983). Patterns of awareness in children's understanding of disability. *Mental Retardation* 21, 119-125.

Conard, B.(1988). Cooperative learning prejudice reduction. *Social Education* 283-286.

Cook, R. E., Tessier, A., & Klein, M. D.(2000). *Adapting early childhood curricula for children in inclusive settings*. New Jersey: Prentice-Hall. Inc.

Cook, R. E., Tessier, M. D., & Klein, A.(2004). *Adapting early childhood curricular for children in inclusive setting*. Upper Saddle River, NJ: Peason Prentice Hall.

Corn, I., & Martinez, I.(1985). *When you have a visually handicapped child in your classroom: Suggestions for teachers*. New York: American Foundation for the Blind.

Corsaro, W.(1988). Peer culture in the preschool. *Theory into Practice* 27(1), 19-24.

Cullinan, D., Epstein, M. H., & Kauffman, J. M.(1984). Teachers' ratings of students behaviors: What constitutes behavior disorders in schools? *Behavioral Disorders* 10, 9-19.

Cullinan, D., Epstein, M. H., & Sabornie, E. J.(1992). Selected characteristics of a national sample of seriously emotionally disturbed adolescents. *Behavioral Disorders* 17, 273-280.

Curnock, D. A.(1993). Identifying hearing impairment in infants and young children: Universal screening at birth comes a step closer. *BMJ* 307(13), 1225-1226.

Damon, W., & Hart, D.(1988). *Self-understanding in childhood and adolescense*. New York: Cambridge University press.

Davis, I., Elfenbein, I., Schum, R., & Bentler, R.(1986). Effects of mild and moderate hearing impairments on language, educational, and psychological behavior of children. *Journal of Speech and Hearing Disorders* 51, 53-62.

Del'Homme, M., Kasari, C., Forness, S., & Bagley, R.(1996). Prereferral intervention and students at-risk for emotional or behavioral disorders. *Education and Treatment of Children* 19, 272-285.

Derman-Sparks, L., & the A. B. C. Task Force(1989). *Anti-bias curriculum: Tools for Empowering Young Children*. Washington, DC: National Association for the Education of Young Children.

Deutsch, C. K., & Kinsbourne, M.(1990). Genetics and biochemistry in attention deficit disorder. In M. Lewis & S. M. Miller(Eds.). *Handbook of developmental psychopathology*(pp. 93-108). New York: Plenum.

Diamond, K. E., & Innes, F. K.(2001). Young children's attitudes toward peers with disabilities. In M. Guralnick(Ed.), *Early childhood inclusion: Focus on change*(pp. 159-178). Baltimore, MD: Paul Brookes.

Diamond, K., & Hestenes, L.(1996). Preschool children's conceptions of disabilities: The salience of disability in children's ideas about others. *Topics in Early Childhood Special Education* 16, 458-475.

Diamond, K., Cooper, D., & Pezen, C.(1997). Teaching preschool children about physical disabilities. Unpublished program manual. West Lafayette, IN: Purdue University.

Diamond, K., Hestenes, L., & O'Connor, C.(1994). Research in Review. Integrating young children with disabilities into preschool: Problems and promise. *Young Children* 49, 68-75.

Diamond, K., Hestenes, L., Carpenter, E., & Innes, F.(1997). Relationships between enrollment in an inclusive class and preschool children's ideas about people with disabilities. *Topics in Early Childhood Special Education* 17, 520-536.

Dickman, I.(1972). *Living with blindness*. Public Affairs Pamphlet No. 473, New York: Public Affairs Pamphlets.

Discolo, C. M., & Hirose, K.(2002). Pediatric cochlear implants. *American Journal of Audiology* 11(2), 114-118.

Division for Early Childhood(2000). Position statement on inclusion, Available on Website: http://www.dec-sped.org/position/inclusio.html.

Donaldson, J.(1980). Changing attitudes toward handicapped persons: A review and analysis of research. *Exceptional Children* 46(7), 504-514.

Dorman, J. P., & Batshaw, M. L.(1997). Muscles, bones and nerves: The body's framework. In M. L. Batshaw(Ed.). *Children with disabilities* (4th ed.)(pp. 315-334). Baltimore, MD: Brookes.

Eagly, A., & Chaiken, S.(1993). *The psychology of attitudes. New York*: Harcourt.

Epstein, M. H., Cullinan, D., & Polloway, E. S.(1986). Pattern of maladjustment among for the mentally retarded. *American Journal of Mental Deficiency* 91, 127-134.

Erin, N. J.(2000). Student with visual impairments and additional disabilities. In A. J. Koenig & M. C. Holbrook(Eds.). *Foundations of education Instructional strategies for teaching children and youth with visual impairments*.(Vol. 2, pp. 720-752). New York: American Foundation for the blind.

Esposito, B. G., & Peach, W, J.(1983). Changing attitudes of preschool children toward handicapped persons. *Exceptional Children* 43, 202-210.

Esposito, B. G., & Peach, W. J.(1983). Changing attitudes of preschool children toward handicapped person. *Exceptional Children* 49, 361-363.

Favazza, P. C., & Odom, S. L.(1997). Promoting positive attitudes of Kindergarten-age children toward people with Disabilities. *Exceptional children* 63, 405-418.

Feeney, S., & Moravcik, E.(2005). Children's literature: A window to understanding self and others, *Young Children* 60(5), 20-28.

Fewell, R. R., & Oelwein, P. L.(1990). The Relationship Between Time in Integrated Environments and Developmental Gains in Young Children With Special Needs. *Topics in Early Childhood Special Education* 10(3), 105-117.

Finkelton, V.(1993). Disability: A social challenge or an administrative responsibility? In Swain, J. Finkelstein, V. French, S., & Oliver, M.(Eds.). *Disabling barriers-enabling environment*. London: Sage.

Fishbine, M., & Ajzen, I.(1975). *Belief, attitude, intention and behavior: An introduction to theory and research, reading.* MA: Addison-Kesley.

Fleming, L. A., & Wolery, M.(1991). Model for assessing and adapting teacher? roles in mainstreamed preschool settings. *Topics early chilhood special education* 11(1), 85-99.

Foley, J. M.(1979). Effect of labeling and teacher behavior on children's attitudes. *American Journal of Mental Deficiency* 83(4), 380-384.

Foorman, B. R., Francis, D. J., Shaywitz, S. E., Shaywitz, B. A., & Fletcher, J. M.(1997). The case for early reading intervention. In B. Blachman (Ed.). *Foundations of reading aquisition and dyslexia; Implications for early intervention*(pp. 243-264). Mahwah, NJ: Earlbaum.

Forness, S. R. & Kavale, K. A.(2002). Impact of ADHD on school systems. In P. Jensen & J. R. Cooper(Eds.). *NIH consensus conference on ADHD*.

Forness, S. R., Kavale, K. A., MacMillan, D. L., Asarnow, J. R., & Duncan, B. B.(1996). Early detection and prevention of emotional or behavioral disorders: Developmental aspects of systems of care. *Behavioral Disorders* 21, 226-240.

Fraiberg, S.(1977). *Insights from the blind*. New York: Basic Books.

Fraser, B. A., Hensinger, R. N., & Phelps, J. A.(1991). *Physical management of multiful handicaps: A professional's guide*(2nd ed.). Baltimore: Paul H. Brookes.

Frochl, M., Cohon, L., Rubin, E., & Sprung, B.(1989). *Including all of us: An early childhood curriculum about disabilities*. New York: Educational equity Concepts.

Gargiulo, R. M., & Kilgo, T.(2000). Young children with special needs. Delmar publishers.

Gargiulo, R., & Kilgo, J.(2005). *Young children with special needs*. Delmar Learning, Clifton Park: N.Y.

Gerber, M.(1977). *Awareness of handicapping conditions and socioeconomic status in a school setting*. Mental Retardation. Vol. 15, pp. 24-25.

Giangreco, M., Dennis, R., Coninger, C., Edelman, S., & Schattman, R. (1993). "I've counted Jon": Transformational experiences of teachers educating students with disabilities. *Exceptional Children* 59(4), 359-372.

Gill, C.(2001). What is the "social model of disability" and why should you care? Alert: *The Newsletter of the Institute on Disability and Human Development* 12(20), 6-9.

Good, W. V., & Hoyt, C. S.(1989). Behavioral correlates of poor vision in children. *International Ophthalmology Clinics* 29, 57-60.

Goosens, C. & Crain, S. S.(1992). *Utilizing switch interface with children who are severely physically challenged*. Austin: Pro-Ed.

Gottlieb, J.(1980). Improving attitudes toward retarded children by using group discussion. *Exceptional Children* 47(2), 106-111.

Gould, Patti & Sullivan, Joyce.(2005). *The Inclusive early childhood classroom*. Pearson Education Inc., Upper Saddle River, NJ.

Graham, S., Harris, K. R., & Sawyer, R.(1987). Composition instruction with learning disabled students: Self-instructional training. *Focus on Exceptional Children* 20, 1-11.

Green, A. L., & Stoneman, Z.(1989). Attitudes of Mothers and Fathers of Nonhandicapped Children. *Journal of Early Intervention* 13, 4, 292-304.

Grossman, H.(ed.)(1983). *Classification in mental retardation*. Washington, DC:

American Association on Mental Retardation.

Guralnick, M. J.(1981). The Efficacy of Integrating Handicapped Children in Early Education Settings: Research Implication. *Topics in Early Childhood Special Education* 1, pp. 57-70.

Guralnick, M. J.(1990). Social Competence and Early Intervention. *Journal of Early Intervention* 14, 3-14.

Guralnick, M. J.(Ed.)(1978). *Early intervention and integration of handicapped and nonhandicapped children*. Baltimore: University Park Press.

Guralnick, M. J., & Groom, J. M.(1987). The Peer Relations of Mildly Delayed and Non handicapped Preschool Children in Mainstreamed Playgroups. Child Development 58, 1556-1572.

Hains, A. H., Fowler, S. A., & Chandler, L. K.(1988). Planning school transitions: Family & professional collaboration. *Journal of the Division for Early Childhood* 12, 108-115.

Hallahan, D. P., and Kauffman, J. M.(1994). *Exceptional children: Introduction to special education*(6th ed.). Needham Height, MA: Allyn & Bacon.

Hallahan, D. P., & Kauffman, J. M.(2003). *Exceptional Learners: Introduction to Special Education*(9th ed.). Boston: Allyn and Bacon.

Hallahan, D. P., Kauffman, J. M., & Lioyd, J.(1985). *Introduction to learning disabilities*(2nd ed.). Englewood. Cliffs, NJ: Prentice-Hall.

Halliday, C.(1971). *The visually impaired child: Growth, learning, development infancy to school age*. Louisville, KY: American Printing House for the blind.

Hamrin, Jeannie M.(1981). Mainstreaming children with special needs: using puppetry, dramatic play and literature to help young children understand handicaps(*ERIC* Document Reproduction Services *NO. EC 140 071*).

Hanline, M. F.(1988). Making the transition to preschool identification of parent needs. *Journal of the Division for Early childhood* 12, 98-107.

Hanna, R. & Graff, D.(1977). *The physically handicapped child: Facilitating regular classroom adjustment*. Hingham, MA: Teaching Resources Corporation.

Haring, N. G., & McCormick, L.(1990). *Exceptional children and youth*, Columbus: Merrill.

Harris, J. R.(1995). Where is the child's environment? A group socialization theory of development. *Psychological Review* 102, 458-489.

Harter, P.(1983). Developmental perspectives on the self-system. In E. M. Hetherington(Ed.). *Handbook of child psychology: Socialization, Personality, and Development*. New York: Willy.

Harter, S.(1990). Processes underlying adolescent self-concept formation. In R. Montemeyer, G. R. Adams, & T. P. Gullotta(Eds.). From childhood to adolescence: A transition period?(pp. 205-239). Newbury Park, CA: Sage.

Horne, M.(1985). *Attitudes toward handicapped students: Professtional, Peers and parent reaction.* Hillsdale, NJ: Lawrence Erlbaum.

Horne, M., & Haaarassymiw, S. J.(1976). Teacher attitudes toward handicapped children and regular class integration. *Journal of Special Education* 10, 393-400.

Hunt, N., & Marshall, K.(1994). *Exceptional children and youth: An introduc- tion to special education.* Boston, MA: Houghton Mifflin Co.

Innes, F., & Diamond, K.(1999). Relationships between mothers' comments, children's ideas, and children's interactions with children with disabilities. *Topics in Early Childhood Special Education* 19(2), 103-111.

Interrelated Teacher Education Project(1980). *Billy: The visually impaired child in your classroom.* Daton, OH: Kids Come in Special Flavors Co.

Ispa, J., & Matz, R. D.(1978). Integrating Handicapped and Nonhandicapped Preschool Children Within a Cognitively Oriented Program. In M. Guralnick(Ed.)(1978). *Early Intervention and the Integration of Handicapped and Nonhandicapped Children.* Baltimore: University Park Press.

Janko, S., Schwartz, I., Sandall, S., Anderson, K., & Cottam, C.(1997). Beyond microsystems: Unanticipated lessons about the meaning of inclusion. *Topics in Early Childhood Special Education* 17, 286-306.

Johns, R.(1984 Ed.). *Attitudes and attitude change in special education: Theory and Practice.* Reston, VA: Council for Exceptional Children.

Johnson, R., Johnson, D. W., DeWeerdt, N., Lyons, V., Zaidman, B.(1983). Integrating severely adaptively handicapped seventh-grades to constructive relationships with nonhandicapped peers in science class. *American Journal of Mental Deficiency* 87(6), 611-618.

Johnson, W.(1956). An open letter to the mother of a stuttering child, in W. Johnson, S. Brown, J. Brown, J. Curtis, C. Edney, & S. Keaster, (1959 ed.). *Speech handicapped school children.* New York: Harper & Bros. Reprinted by the National Society for Crippled Children and Adults.

Jones, E. E., & Geard, H.(1967). *Foundation of Social Psychology.* New York: Wiley.

Jones, R. L., & Sisk, D.(1970). Early perception of physical disability: A developmental study. *Rehabilitation Literature* 31, 34-38.

Jones, R., & Guskin, S.(1984). Attitude and attitude change in special education. In *Attitudes and attitude change in special education: Theory and Practice*(pp. 1-20). Reston, VA: Council for Exceptional Children.

Jones, T., Sowell, V., Jones, K., & Butler, G.(1981). Changing children's perceptions of handicapped people. *Exceptional Children* vol. 47, pp. 365-368.

Karnes, M. D., & Lee, R. C.(1979). Mainstreaming in the Preschool. In L. Katz(Ed.). *Current Topics in Early Childhood Education* 2. Norwood. NJ: Ablex Publishing Co.

Kasari, C., & Bauminger, N.(1998). Social and emotional development in children with mental retardation. In J. A. Burack, R. M. Hodapp, & Zigler(Eds.). *Handbook of mental retardation and development*(pp. 411-433). New York: Cambridge University Press.

Katz, P.(1976). The acquisition of racial attitudes in children. In P. A. Katz(Ed.). *Towards the elimination of racism*(pp. 125-154). New York: Pergamon Press.

Kauffman, J. M.(2001). *Characteristic of emotional and behavioral disorders of children and youth*(7th ed.). Upper Saddle River, NJ: Merill Prentice-Hall.

Kaufman, J. M.(1997). *Characteristics of emotional and behavioral disoders of children and youths*. New York: Merrill/Macmillan.

Kauffman, J. M., Gottlieb, J., Agard, J. A., & Kukic, M. D.(1975). Mainstreaming: Toward and Explication of the Construct. In E. L. Meyen, G. A. Vergason, & R. J. Whelan(Eds.). *Alternatives for Teaching Exceptional Children*(pp. 35-54). Denver: Love.

Kelly, E.(1997). Movie-A-unique and effective tool for special education. *CEC Today* 3(8), 12.

Kerzner-Lipsky, D., & Gartner, A.(1994). Inclusion: What It Is, what Is It Not and Why It Matters. *Exceptional Parent* 24(10), 36-38.

Kilgo, D., & M. Gamel-McCormick(1998). *Young Children with Special Needs: A developementally Appropriate Approach*. Boston, MA: Allyn & Bacon.

Kisor, H.(1990). *What's that pig outdoors? A memoir of deafness*. New York: Hill & Wang.

Kohl, F. L., & Beckman, P, J.(1984). A comparison of handicapped and nonhandicapped preschoolers interactions across classroom activities. *Journal of Division for early Childhood* 8, 49-56.

Lamorey, S., & Bricker, D. D.(1993). Integrated program: effects on young children and their parents. In C. Peck, S. Odom, & D. Bricker(Eds.), handicapped(pp. 249-269). Baltimore, MD: Brookes.

Landau, S., Milich, R., & Diener, M. B.(1998). Peer relations of Children with attention-deficit hyperactivity disorder. *Reading and Writing Quarterly: Overcoming Learning Disabilities* 14, 83-105.

Lerner, J., & Kline, F.(2006). *Learning Disabilities and related disorders(10th)*.

Houghton Mifflin company. Boston: MA.
Lerner, J., Mardell-Czudnowski, C., & Goldenberg D.(1981). *Special Education for the Early Childhood Years*. Englewood Cliffs: Prentice Hall. Inc.
Lessen. E.(1994). *Exceptional persons in society*. Needham Height, MA: Simon & Schuster.
Lewis, M., & Brooks-Gunn, J.(1979). Social cognition and acquisition of self. New York: Plenum Publishing Coporation.
Leyser, Y., & Abrams, P. D.(1984). Changing attitudes of classroom teschers toward mainstreaming through inservice training, *Clearing House* 57, 250-255.
Long, N.(1988). Introductions to Smith, Teaching the fourth R: Relationships. *The Pointer* 32(3), pp. 23-33.
Luetke-Stahlman, B., & Luckner, J.(1991). *Effectively educating students with hearing impairments*. White lains, NY: Longman.
Maloff, C., & Wood, S.(1988). *Business and social etiquette with disabled people: A guide to getting along with persons who have impairments of mobility, vision, hearing, or speech*. Springfield, IL: Charles C. Thomas.
Margolis, H. & Shapiro, A.(1987). Countering negative images of disability in classical literature. *The English Journal* 76, 3, pp. 5-10.
Martin, F., & Clark, J.(1996). *Hearing care for children. Needham Heights*, MA: Allyn & Bacon.
Mason, J. A., & Herrmann, K. R.(1998). Universal infant hearing screening by automated auditory brainstem response measurement. *Pediatrics* 101, 221-228.
Mathews, J.(2001, June 10). Autistic public school teen shatters myths, grade book, *Washington Post*, pp. C1, C8.
Matiella, A.(1991). *Positively different: Creating a bias-free environment for young children*. Santa Cruz, CA: ETR Associates.
Mayes, S. D., Calhoun, S., & Crowell, E. W.(2000). Learning disabilities and ADHD: Overlapping spectrum disorders. *Journal of Learning Disabilities* 33(5), 417-424.
McHale, S. M., & Simeonsson, R. J.(1980). Effect of interaction on non-handicapped children's attitudes toward autistic children. *American Journal of Mental Deficiency* 85, 18-24.
Mercer, J.(1973). *Labeling the mentally retarded*. Berkeley, CA: University of California Press.
Miller, K. A.(1989). Enhancing early childhood mainstreaming through cooperative learning: A brief literature review. *Child Study Journal* 19(4), 285-291.

Moores, D.(1996). *Educating the deaf: Psychology, Principle, and Practice*. Boston, MA: Houghton Mifflin Co.

Morris, R.(1993). *What is PDD? Pervasive development disorders in school age children*. Carmel, CA: Village Press.

Murphy, K. R., & Barkley, R. A.(1996). The prevalence of DSM-Ⅳ symptoms of ADHD in adult licensed drivers: Implications for clinical diagnosis. *Comprehensive Psychiatry* 37, 393-401.

Mussen, P. H.(1977). The psychological development of the child(3rd ed.). New Jersey: Prentice Hall.

Myles, B. S., & Simpson, R. L.(2001). Understanding the hidden curriculum: An essential social skills for children and youth with Asperger syndrome, *Intervention in School and Clinic* 35, 279-286.

National Institutes of Health(1998). Diagnoxis and treatment of attention deficit hyperactivity disorder. *NH Concensus Statment* 16(2).

Odom, M., & Clark, D.(1982). *The exceptional child in a regular classroom*. Mangattan, KA: The Master Teacher, Inc.

Odom, S. L.(Ed.)(2002). *Widening the circle: Including children with disabilities in preschool program*. New York: Teachers College Press.

Odom, S. L., & McEvoy, M. A.(1988). Integration of Young Children with Handicaps and Normally Developing Children. In S. L. Odom & M. B. Karnes(Eds.). *Early Intervention for Infants and Children with Handicaps: An Empirical Base*. Baltimore: Paul R. Brookes.

Odom, S. L., & McEvoy, M. A.(1990). Mainstreaming at the preschool level: potential barrier and tasks for the field. *Topics in Early Childhood Special Education* 10. 53-64.

Odom, S. L., & McEvoy, M. A.(1995). Mainstreaming at the Preschool Level: Potential Barrier and Tasks for the Field. *Topics in Early Childhood Special Education* 10(2), 53-64.

Odom, S. L., & Speltz, M.(1983). Program variations in preschool for handicapped and non handicapped children: Mainstreamed VS Integrated special education. *Analysis and Intervention in Developmental Disabilities* 3, 89-104.

Odom, S. L., & Speltz, M.(1983). Program variations in preschools for handicapped and nonhandicapped children: mainstreamed vs. integrated special education. *Analysis and Intervention in Developmental Disabilities* 3(1), 89-103.

Odom, S. L., Deklyen, M., & Jenkins, J. R.(1984). Integrating Handicapped and Nonhandicapped Preschoolers: Developmental Impact on the Nonhandicapped Children. *Exceptional Children* 51, 41-49.

Odom, S. L., Schwartz, I. S., & ECRII Investigators(2002). So What do we know from all this? Synthesis points of research on preschool inclusion. In S. L. Odom(Ed.). *Widening the circle: Including children with disabilities in preschool program.* New York: Teachers College Press.

Odom, S. L., Zercher, C., Marquart, J., Li. S., Sandall, S. R., & Wolberg, P.(2002). Social relationships of children with disabilities and their peers in inclusive preschool classroom, In S. L. Odom(Ed.). *Widening the circle; Including children with disabilities in preschool programs*(pp. 65, 67), NY: Teachers College Press.

Okagaki, L., & Diamond, K. E.(2000). Research in Review: Responding to cultural and linguistic differences in the beliefs and practices of families with young children. *Young Children* 55, 74-80.

Okagaki, L., Diamond, K., Kontos, So, & Hestenes, L.(1998). Correlates of young children's interactions with disabilities. *Early Childhood Research Quarterly* 13, 67-86.

Oliver, M.(1996). *Understanding Disability from Theory to Practice.* New York: Martin's press.

Orelove, F. P., & Sobsey, D.(1996). *Educating children with mutiful disabilities(3rd ed.).* Baltimore: Paul H. Brooks.

Paasche, C. L., Gorrill, L., & Strom, B.(2004). *Children with special needs in early childhood settings.* Clifton Park. NY: Delmar Learning Inc.

Patterson, G. R., Capaldi, D., & Bank, L.(1991). An early starter model for predicting delinquency. In D. J. Peppler & K. H. Rubin(Eds.). *The development and treatment of Childhood aggression*(pp. 139-168). Hilsdale, NJ: Erbaum.

Peck, C. A.(1993). Ecological perspectives on the implementation of integrated early childhood programs. In C. A. Peck, S. L. Odom & D. D. Bricker(Eds.). *Integrating young children with disabilities into community programs: Ecological perspectives on research and implementation*(pp. 3-15). Baltimore: Paul H. Brooks Publishing Co.

Peck, C. A., Carlson, P., & Helmstetter, E.(1992). Parent and Teacher Perceptions of Outcomes for Nonhandicapped Children Enrolled in Integrated Early Childhood Programs: A Statewide Study. *Journal of Early Intervention* 16, 53-63.

Piaget, J.(1952). *The origins of intelligence in children.* New York: Norton.

Pisecco, S., Wristers, K., Swank, P., Silva, P., & Baker, D. B.(2001). The effect of academic self-concept on ADHD and antisocial behaviors in early adolescence. *Journal of Learning Disabilitie.* 34(5), 450-461.

Powell, T. Henny, & Lindman, David P.(1983). Developing a Social-

Interaction Teaching Program for Young Handicapped Children. *Exceptional Children* 50(1), 72-75.

Praiter, M. A.(1999). Characterization of mental retardation in Children's and adolescent literature. *Education and training in Mental Retardation and Developmental Disabilities* 34(4), 418-431.

Prater, M. A., & Dyches, T. T., & Johnstun, M.(2006). Teaching students about learning disabilities through children's literature. *Young Children* 42(1), 14-24.

Quillitch, H. R., & Risley, T. R.(1973). The Effects of Play Materials on Social Play. *Journal of Applied Behavior Analysis* 6, pp. 573-578.

Rabb, M. M., Nordquist, V. M., Cunningham, J. L., & Bliem, C. D.(1986). Promoting peer regard of autistic child in a mainstreamed preschool using pre-enrollment activities. *Child Study Journal* 16, 4, 265-284.

Rainforth, B., York, J., & McDonald, C.(1992). *Collaborative teams for students with severe disabilities*. Baltimore: Paul H. Brookes.

Ramsey, P. G.(1987). *Teaching and learning in a diverse world.* NY: Teachers College press.

Ramsey, P. G., & Myers, L. C.(1990). Salience of race in young children's cognitive, affective, and behavioral responses to social environments. *Journal of Applied Developmental Psychology* 11, 49-67.

Reiser, H., Klein, G., Kreie, G., & Kron, M.(1986). *Integration als Prozess, Sonderpaedagogik*, Zeitschrift 37. J. G., 16, 115-160.

Richey, D. D., & Wheeler, J. J.(2000). *Inclusive early childhood education.* Albany, NY: Delmar Thompson Learning.

Rogers, F.(1994). *You are special*. New York: Penguin Books.

Safran, S. P.(2000). Using movies to teach students about disabilities. *Teaching Exceptional Children* 32(3), 44-47.

Salend, S., & Moe, L.(1983). Modifying nonhandicapped student's attitudes toward their handicapped peers through children's literature. *Journal for Special Educators* 19(3), 22-28.

Salend. S. J.(1984). Factors Contriburting to the Development of Successful Mainstreaming Program. *Exceptional Children* 50(5), 409-416.

Sapiro, A.(2000). *Everybody belongs*. NY: Routledge Falmer.

Sapiro, A., & Margolis, H.(December 7, 1988). Labels should not be required for special education. New York: *The New York Times* NJ p. 46.

Sarah, R., Babara, J. F., & Mark, S. I.(1990). Preparation for Transition to Mainstreamed Post-Preschool Environments: Development of a Survival Skills Curriculum. *Topics in Early Childhood Special Education* 9(4), 78-90.

Sawyer, W., & Comer, D. E.(1991). *Growing up with literature*. Delmar Pub- lisher.

Schnorr, R.(1990). "Peter? He comes and goes…": First graders' perspectives on a part-time mainstream student. *Journal of The Association for Persons with Severe Handicaps* 15, 231-240.

Siegel, B.(1996). *The world of the autistic child*. New York: Oxford University Press.

Sigelman, C. K., Miller, T. E., & Whitworth, L.A.(1986). The early development of stigmatizing reactions to physical differences. *Journal of Applied Developmental Psychology* 7, 17-32.

Siperstein, G. N., & Chatillon, A. C.(1982). Importance of perceived similarity in improving children's attitudes toward mentally retarded peers. *American Journal of Mental Deficiency* 86(5) 453-458.

Siperstein, G. N., Bak, J. J., & Gottlieb, J.(1977). Effects of group discussion on children's attitudes toward handicapped peers. *The Journal of Educational Research* 70, 131-134.

Slapin, Beverly(1987). Books without bias: A guide to evaluating children's literature for handicapism(*ERIC Document Reproduction Services NO. ED 230 065*).

Slavin, R.(1990). *Cooperative learning: Theory, research and practice*. Boston, MA: Allyn & Bacon.

Stainback, W., & Stainback, S.(1990). *Support networks for inclusive schooling: Interdependent integrated education*. Baltimore, MD: Brookes.

Stoneman, Z., Cantrell, M. L., & Hoover-Dempsey, K.(1983). The Association between Play Materials and Social Behavior in a Mainstreamed Preschool: A Naturallistic Investigation. *Journal of Applied developmental psychology* 4, pp. 163-174.

Streifel, S., Killoran, J., & Quintero(1987). Grouping handicapped and non-handicapped children in mainstreaming setting. In *The functional mainstreaming for success(FNS) Project: Find report. Part 1(ERIC* Document Reproduction Service Number ED 290 284). Logan: Utha State University.

Teplin, S. W.(1995). Visual impairments in infants and young children. *Infants and Young Children* 8(1), 18-51.

Thies, M. K.(1999). Identifying the educational implications of chronic illness in school children. *Journal of school health* 69(10), 392-397.

Thios, S. L., & Foster, S. B.(1991). *Changing preschooler' attitudes toward chil- dren with disabilities(ERIC Document reproduction Services No. ED340 516)*.

Thurman, S. K., & Widerstrom A. H.(1990). *Infant and Young Children with Special Need*. Baltimore: Paul H. Brookes Publishing Co.

Tomporowski, P. D., & Tinsley, V.(1997). Attention in mentally retarded persons. In W. E. MacLean(Ed.). *Ellis' handbook of mental deficiency, psychological theory, and research*(pp. 219-244). Mahwah, NJ: Erbaum.

Torgesen, J. K.(2001, August). Empirical and theoretical support for direct diagnosis of learning disabilities by assessment of intrinsic processing weakness, Paper presented at the LD Summit, Washington, DC, U. S. Department of Education.

Triandis, H. C., Adamopulous, J., & Bridenberg, D.(1984). Perspectives and issues in the study of attitudes. In R. L. Johns(Ed.). *Attitudes and attitude change in special education: Theory and practices*(pp. 21-40). Reston, VA: Council for exceptional children.

Turnbull, A. P., & Winton, P. J.(1983). A comparison of specialized and mainstreamed preschools from perspectives on parents of handicapped children. *Journal of Pediatric Psychology* 8, 57-71.

Turnbull, H. R., & Turnbull, A. P.(1990). The unfilled promise of integration: Does Part H ensure different rights and results than Part B of the education of the handicapped Act? *Topics in Early Childhood Special Education* 10(2), 18-32.

U. S. Department of Education(2001). Twenty-fourth annual report to Congress on th implementation of the Individuals with Disabilities Education Act. Washington, DC: Author.

Van Riper, C., & Emerick, L.(1984). *Speech correction: An introduction to speech pathology and audiology*. Englewood Cliffs, NJ: Prentice-Hall, Inc.

Voeltz, L. M.(1980). Children's attitudes toward handicapped peers. *American Journal of Mental Deficiency* 84, 455-464.

Voeltz, L. M.(1982). Effects of structured interactions with severely handicapped peers on children's attitudes. *American Journal of Mental Deficiency* 86, 380-390.

Weiss, M. F.(1994). Children attitudes toward the mentally ill: An eight year longitudinal follow-up. *Psychological Reports* 74, 51-56.

Westervelt, V. D., & McKinney, J. D.(1980). Effects of a film on nonhandicapped children's attitudes toward handicapped children. *Exceptional Children* 46, 294-296.

Westridge Young Writers Workshop(1994). *Kids explore the gifts of children with special needs*. Santa Fe, NM: John Muir Publications.

Williams, S. Q., & Inkster, C. D., & Blaska, J. K.(2005). The John K. Blaska collection of children's literature featuring characters with disabilities or chronic illness, *Journal of children's literature* 31(1), 71-78.

Winter, M. S.(2007). *Inclusive Early Childhood Education*. Pearson Education. NJ: Upper Saddle river.

Wolery, M., & Wilbers, J. S.(Eds.)(1994). *Including children with special needs in early childhood programs*. Washington, DC: National Association for the Education of Young Children.

Wolery, M., Strain, P. S., & Bailey, D. B.(1992). Reaching potential of children with special needs. In S. Bredekamp & T. Rosegrant(Eds.). *Reaching potentials: Appropriate curriculum and assessment for young children* (pp. 92-111). Washington, DC: National Association for the Education of Young Children.

Wolraich, M. L., Hannah, J. N., Pinnock, T. Y., Baumgaertel, A., & Brown, J.(1996). Comparison of diagnostic criteria for attention-deficit hyperactivity disorder in a countrywide sample. *Journal of the American Academy of Child and Adolescent Psychiatry* 35, 319-324.

World Hearth Organization(1993). *International classification of impairments, disabilities, and handicaps*. Geneva, Switzerland: Author.

Yanito, T. M., Quintero, M. C., Kiloran, J., & Striefel, S.(1987). Teacher Attitudes Toward Mainstreaming: A Literature Review. Utah State University.

York, S.(1992). *Developing root and wings*. Red leaf Press.

Yuker, H. & Block, J.(1979). *Challenging barriers to change: Attitudes toward the disabled*. Albertson, NY: National Center on the Employment of the Handicapped at Human Resources Center.

찾아보기

저자 소개

유수옥(柳秀玉) 이화여대 사범대학 특수교육과 졸업
이화여대 대학원 문학박사
현재 우석대학교 사범대학 유아특수교육과 교수

아산재단 연구총서 제248집
영유아교육기관에서의 장애 이해 교육 값 13,000원

2008년 2월 28일 1판 1쇄

저 자 유 수 옥
발행인 임 경 환
발행처 **집 문 당**

413-756 경기도 파주시 교하읍 문발리 514-7
등 록 1971. 3. 23. 제2-304호
영 업 부 (02)743-3192~3 팩스(02)742-4657
전자우편 sale@jipmoon.co.kr
편 집 부 (02)743-3096 팩스(02)743-3097
전자우편 edit@jipmoon.co.kr
홈페이지 www.jipmoon.co.kr

 ISBN 89-303-1368-X

이 도서의 국립중앙도서관 출판시도서목록(CIP)은 e-CIP 홈페이지
(http://www.nl.go.kr/cip.php)에서 이용하실 수 있습니다.(CIP제어번호: CIP2008000327)

아 | 산 | 재 | 단 | 연 | 구 | 총 | 서

1 전환기의 중국경제
김윤환 외 | 단국대 경제학과

2 폴란드 경제의 변천 개혁과 그 전망
김광수 | 숭실대 경제학과

3 재소한인
이광규 외 | 서울대 인류학과

4 소련산림과 임업
홍성천 외 | 경북대 임학과

5 아세안의 정치경제
김국진 외 | 외교안보연구원

6 태국의 사회변동과 경제발전
최석만 외 | 전남대 사회학과

7 중국의 사회경제 통계분석
신한풍 외 | 고려대 통계학과

8 중국의 정치와 경제
박두복 외 | 외교안보연구원

9 동유럽의 개혁과 시장경제의 도입
허만 외 | 부산대 사범대학

10 동유럽의 개혁운동
박영신 | 연세대 사회학과

11 현대 러시아 연구
기연수 외 | 한국외대 노어과

12 전략적 선택과 기업의 국제경쟁력
이장호 | 서강대 경영대학

13 협동사회의 정착과 정부의 역할
이종범 외 | 고려대 행정학과

14 한국 제조기업 생산성의 동적 분석
노부호 외 | 중앙대 경영대학

15 분배의 정의
변형윤 외 | 서울대 경제학과

16 도덕적 행동의 강화
이훈구 외 | 연세대 심리학과

17 관료부패와 통제
김해동 외 | 서울대 행정대학원

18 한국경제의 내실 있는 성장
정창영 외 | 연세대 경제학과

19 한국국민정신운동의 역사와 발전방향
박수명 외 | 부산대 사범대학

20 한국대학생의 가치성향과 상담효과
이영희 외 | 숙명여대 교육학과

21 가출청소년과 학교관리체제
안창규 외 | 부산대 교육학과

22 동북아 정세변화와 한 · 일관계
한승조 외 | 고려대 정치외교학과

23 언론과 부정부패
정대철 외 | 한양대 신문방송학과

24 한국의 고등학교 교육
이원호 외 | 부산대 교육학과

25 가족과 방송
김학수 외 | 서강대 신문방송학과

26 재정개혁의 전망과 재산세제의 개편과제
오연천 | 서울대 행정대학원

27 청소년을 위한 전자게임 프로그램의 규제 및 평가체계 개발
박혜원 외 | 울산대 가정관리학과

28 정신장애자 가족의 사회심리적 특성
이근후 외 | 이화여대 의과대학

29 가족의 관계역동성과 문제인식
이광규 외 | 서울대 인류학과

30 현대인과 한국전통음식
승정자 | 숙명여대 식품영양학과

31 기업의 초고속정보통신망활용
안중호 | 서울대 경영학과

32 지역발전을 위한 교육자치제의 개선방안
김남순 | 조선대 사범대학

33 전환기의 공무원 가치관
조경호 | 울산대 행정학과

34 지방자치와 사회복지의 과제
김영모 | 중앙대 사회복지학과

35 WTO체제하의 지방중소기업 지원정책
최명주 외 | 계명대 통상학부

36 현대한국의 시민운동
이효선 | 중앙대 사회학과

37 기업 세계화의 단계 및 정도의 측정
허영도 외 | 울산대 경영학과

38 가족복지를 위한 가족주치의 시범사업의 효과
이혜리 외 | 연세대 가정의학교실

39 한국대학생의 삶의 만족도
김재은 외 | 이화여대 교육심리학과

40 지역경제와 지역산업구조의 개편방향
정기화 외 | 전남대 경제학부

41 중국기업의 소유형태별 경영특성
노철화 외 | 부산대 무역학과

42 남북한의 인성 · 사상교육
한승조 외 | 고려대 정치외교학과

43 연계적 뇌기능 조언을 위한 의료용 멀티미디어 시스템의 설계
유선국 | 연세대 의용공학교실

44 다민족국가의 민족문제와 한인사회
최협 외 | 전남대 인류학과

45 저소득층지역 청소년 여가문화와 소집단 활성화
박문수 외 | 서강대 사회학과

46 삶의 질의 국제비교와 지역간 비교분석
이재기 외 | 울산대 경제학과

47 21세기 지역주민의 삶의 질
양종회 외 | 성균관대 사회학과

48 삶의 질에 대한 국가간 비교
조명한 외 | 서울대 심리학과

49 외국인 노동자의 노사관계와 사회적 적응
석현호 외 | 성균관대 사회학과

50 한국의 사법제도와 발전 모델
정종섭 | 건국대 법학과

51 고령화사회와 중상층 노인의 사회활동
조성남 외 | 이화여대 사회학과

52 한국의 서비스 시장 개방정책
한홍렬 | 한양대 경제학부

53 한국과 AFTA간의 교역증진 및 경제 협력방안
손일태 외 | 경희대 경제통상학부

54 물류비 절감을 위한 무역업체의 정보화전략
이영수 외 | 경북대 경제통상학부

55 사회주의 체제전환과 사회정책
오정수 외 | 충남대 사회복지학과

56 남북통일 이후 농업생산체계 개편
홍성규 외 | 건국대 농업경제학과

57 국제화와 세계화
하영선 외 | 서울대 외교학과

58 IMF 개혁정책의 평가와 한국경제의 신(新) 패러다임
조동근 | 명지대 경제학과

59 구조개혁과 실업대책
박동운 | 단국대 경제무역학부

60 21세기 신노사관계
심윤종 외 | 성균관대 사회학과

61 학교에서의 집단 따돌림
이춘재 외 | 가톨릭대 심리학과

62 한국노인의 정신건강실태와 건강증진
조맹제 외 | 서울대 의과대학

63 혁명과 개혁 속의 중국 농민
김광억 | 서울대 인류학과

64 중국의 경제환경과 한국기업의 진출 전략
지용희 외 | 서강대 경영학과

65 김대중 대통령의 시스템 사고
김동환 | 중앙대 공공정책학부

66 실업과 가족해체
최일섭 외 | 서울대 사회복지학과

67 합리적 부채비율 조정방안
오상근 | 동아대 경제학과

68 한국 중산층의 생활문화
문숙재 외 | 이화여대 소비자 · 인간발달학과

69 계층간 갈등상태에서 최적소득세
김진욱 | 건국대 경상학부

70 글로벌 경쟁력 제고를 위한 기업전략과 조직구축
이만우 외 | 고려대 경영학과

71 의료보험과 국민연금의 관리효율화를 위한 통합방안
사공진 외 | 한양대 경제학부

72 정부개혁의 과제와 전략
박우서 외 | 연세대 행정학과

73 책임운영기관 제도에 관한 비교분석
김근세 | 가톨릭대 행정학과

74 새로운 패러다임하에서의 한국기업의 바람직한 지배구조
최운열 외 | 서강대 경영학과

75 현대 한국사회의 계층구조
양춘 외 | 고려대 사회학과

76 한국의 산업정책과 산업구조조정
강인수 | 숙명여대 경제학부

77 기업구조조정
김석진 | 경북대 경영학부

78 지식경영을 위한 인적자원 개발 및 관리체계
장영철 | 경희대 경영학부

79 뉴 비즈니스 모델
전성현 | 국민대 정보관리학부

80 중산층의 정체성과 소비문화
함인희 외 | 이화여대 사회학과

81 외국관광객 유치를 위한 마케팅 전략
박상규 | 강원대 경영학과

82 한국인의 세대별 문학의식
이동순 | 영남대 국문과

83 공공부문의 효율성 평가와 측정
김재홍 외 | 울산대 사회과학부

84 한국 청소년의 정치의식과 형성요인
김광웅 외 | 숙명여대 아동복지학과

85 한국 대학생의 정치의식
배한동 | 경북대 윤리교육과

86 산업의 정보화와 산업발전
이기동 | 계명대 통상학부

87 한국 제조업의 고용조정 분석
이종원 외 | 성균관대 경제학부

88 지식자산에 대한 경영전략적 평가모형 개발
배재학 외 | 울산대 컴퓨터 · 정보통신공학부

89 관광사업을 위한 한국적 이미지의 휴식복 개발
채금석 | 숙명여대 의류학과

90 한국 정치제도의 개혁
신정현 | 경희대 사회과학부

91 e비즈니스와 아웃소싱 전략
정승화 외 | 연세대 경영학과

92 집단 따돌림의 진단 및 치료방안
홍준표 | 중앙대 인간생활환경학과

93 16대 총선과 낙선운동
조기숙 | 이화여대 국제대학원

94 부동층 유권자 행태 분석
진영재 | 연세대 정치외교학과

95 사이버 공동체의 성공요인
이재관 | 숭실대 경영학부

96 온라인 소비자 행동의 이론과 실증
윤성준 | 경기대 경영학부

97 글로벌 시대 정약용 세계관의 가능성과 한계
차성환 | 한일장신대 역사사회학과

98 러시아의 체제전환 과정에서 나타난 국가의 역할과 그 전망
이상민 외 | 부산대 정치외교학과

99 남북한의 경제발전 수준과 산업구조 비교, 그리고 경제교류 협력방향
주성환 | 건국대 경제학과

100 집단따돌림과 교육해체
한준상 | 연세대 교육학과

101 공적연금제도의 효율성과 개선방안
유금록 | 군산대 행정복지학부

102 벤처기업-대기업의 성공적인 협력 모델
나중덕 | 경산대 경영학과

103 북한의 재외동포정책
조정남 외 | 고려대 정치외교학과

104 사이버 공동체 형성의 역동적 모형
장용호 | 서강대 신문방송학과

105 기업이론과 기업의 소유지배구조
김일태 외 | 전남대 경제학부

106 가축분뇨 자원화를 위한 공동이용조직에 대한 농가선호도 분석
유덕기 | 동국대 생명자원경제학과

107 개혁정책과 전문가 집단
이경원 외 | 제주대 행정학과

108 현대 한국사회의 이중가치체계
신수진 외 | 이화여대 가정관리학과

109 한국의 산업구조 변화와 기업집단 다각화 전략
김용학 외 | 연세대 사회학과

110 지식정보사회의 경제적 모형 설정 및 사례 연구
김범환 | 배제대 경영정보학부

111 변호사징계제도
오종근 | 한림대 법학부

112 인터넷 특허법
김순석 | 광주대 법학과

113 e-비즈니스 시대의 금융 및 재정정책의 새로운 패러다임
이종욱 | 서울여대 경제학과

114 청소년의 하위문화와 정체성
조성남 | 이화여대 사회학과

115 디지털금융시대의 금융구조변화와 정부규제 및 정책
이충열 | 고려대 경제학부

116 지식경영을 위한 기업의 조직설계방안
김경수 외 | 전남대 경영학과

117 전자금융의 발달과 경제정책의 새로운 패러다임
이명훈 | 명지대 경제학과

118 동아시아의 안보와 유엔체제
강성학 편저 | 고려대 정치외교학과

119 유료 치매노인 그룹홈의 개발과 관련 정책
최정신 외 | 가톨릭대 소비자 · 주거학과

120 소비자 지향적 문화산업 정책
홍영준 | 호남대 광고홍보학과

121 국제 · 국가 · 지방 환경규제의 연계
정준금 외 | 울산대 행정학과

122 현행 회사 합병 · 분할제도의 평가와 개선방안
옥무석 외 | 이화여대 법학과

164 의리의 윤리와 한국의 유교문화
김낙진 | 진주교대 도덕교육과

165 미국의 통상정책과 통상법
윤충원 | 전북대 무역학과

166 사회복지 프로그램 평가
김학주 | 경상대 사회복지학과

167 환경주의와 지속가능한 발전
정대연 | 제주대 사회학과

168 무역과 환경
김기흥 외 | 경기대 경제학부

169 산업계 유해폐기물의 위험과 관리
김금수 | 호서대 경상학부

170 백범 김구의 지적 계발과정 탐색
문용린 | 서울대 교육학과

171 태평양전쟁 발발 이후 일제의 인적 지배와 그리스도교계의 대응
윤선자 | 전남대 사학과

172 거버넌스 상황에서 갈등관리를 위한 대체적 분쟁해결제도
서순복 | 광주대 법정학부

173 시장경제의 유형과 민주주의
최배근 | 건국대 경상학부

174 일본고전소설 총론
김현정 | 국립한국전통문화학교

175 국어 교육을 위한 국어 문법론
이관규 | 홍익대 국어교육과

176 율곡의 군주론
전세영 | 부산교대 윤리교육과

177 동북아시아 환경협력
정서용 | 명지대 법학과

178 기후변화협약과 기후정책
신의순 외 | 연세대 경제학과

179 인터넷과 국제 학술정보 네트워크-하이퍼링크 분석
박한우 | 영남대 언론정보학과

180 국내 기업복지의 활성화 방안
최수찬 | 연세대 사회복지대학원

181 세계화와 인간안보
김우상 외 | 연세대 정치외교학과

182 세계문화유산 종묘 이야기
지두환 | 국민대 국사학과

183 한국 평생교육의 사회철학적 과제
곽삼근 | 이화여대 교육학과

184 강점모델
정순둘 | 이화여대 사회복지학과

185 글로벌시대의 계약법
박영복 | 한국외대 법과대학

186 배심제와 시민의 사법참여
안경환 | 서울대 법학과

187 동북아공동체
김재한 | 한림대 정치외교학과

188 정치 참여와 탈물질주의
김욱 | 배재대 정치외교학과

189 퍼지전문가회로망을 이용한 금융기관의 사이버 기업여신결정 지원시스템의 개발
권혁대 | 목원대 경영학과

190 환경정책과 환경법
송인성 | 전남대 지역개발학과

191 포스트모던 시대의 평생교육학
한숭희 | 서울대 교육학과

192 현대 한국인의 세대경험과 문화
박길성 외 | 고려대 사회학과

193 서구의 근로연계복지
김종일 | 건국대 사회복지학과

194 사회복지운동론
현외성 | 경남대 사회복지학과

195 외국의 역모기지 사례
유선종 | 건국대 부동산학과

196 옛이야기와 어린이문학
이지호 | 진주교대 국어교육학과

197 노인사회복지관광의 정책과제와 방안
김창수 | 경기대 관광학부

198 복지서비스의 민간위탁 시스템 분석
김순양 | 영남대 행정학부

199 새로운 빈곤층의 대두와 정부의 정책과제
김진욱 | 건국대 경제학과

200 문화행정론
김정수 | 한양대 행정학과

201 스칸디나비아 노인용 코하우징의 계획과 적용
최정신 외 | 가톨릭대 생활과학부

202 북한의 자연생태계
공우석 | 경희대 지리학과

203 통계로 이해하는 러시아
전홍찬 | 부산대 정치외교학과

204 사회복지법인의 경영과 회계
이동규 | 충남대 회계학과

205 의약분업 정책과정
차흥봉 | 한림대 사회복지학과

206 지역공동체와 평생교육
오혁진 | 동의대 평생교육학부

207 아동보호서비스의 실제
한미현 | 백석대 사회복지학부

208 그린마케팅
박재기 | 충남대 경영학부

209 아동권리와 아동복지
이혜원 | 성공회대 사회복지학과

210 국제 이주와 인도인 디아스포라
김경학 | 전남대 인류학과

211 질병과 의료의 사회학
조병희 | 서울대 보건대학원

212 북한이탈주민의 사회통합을 위한 지역복지실천의 모색
이기영 | 부산대 사회복지학과

213 치매노인케어론
조유향 | 초당대 간호학과

214 노인상담입문
서혜경 외 | 한림대 대학원 사회복지학과

215 '통일 이후 통일과정'으로서의 독일 통일영화
이준서 | 이화여대 독어독문학과

216 중국의 사회보장
오정수 | 충남대 사회복지학과

217 환경자원의 경제적 가치와 환경오염의 사회적 비용
김재홍 | 울산대 사회과학부

218 사회복지프로그램의 경제적 평가방법
박창제 외 | 상주대 사회복지학과

219 자유의지와 결정론
안건훈 | 강원대 철학과

220 심리학자들이 쓴 행복한 결혼의 심리학
채규만 외 | 성신여대 심리학과

221 현대 해석학 강의
양해림 | 충남대 철학과

222 한국인의 주거 빈곤과 공공주택
하성규 | 중앙대 도시 및 지역계획학과

223 IMF 경제위기와 한국 출산력의 변화
김두섭 | 한양대 사회학과

224 동아시아의 영토분쟁과 국제법
이석우 | 인하대 법학부

225 독일 복지국가와 사회복지서비스
정재훈 | 서울여대 사회사업학과

226 사회복지사를 위한 실용 비모수통계
엄명용 | 성균관대 사회복지학과

227 피해자학 연구
이윤호 | 동국대 경찰행정학과

228 광고언어창작론
박영준 외 | 부경대 국어국문학과

229 환경규제 패러다임의 전환
한철 | 한남대 법학과

230 고령사회의 노동환경변화와 고용시스템의 문제점 및 법적 대응
고준기 | 국립군산대 법학과

231 세계화와 소득불평등
이성균 외 | 울산대 사회과학부

232 유비쿼터스 사회의 이해
안중호 외 | 서울대 경영학과

233 국제환경책임법론
박병도 | 건국대 법학과

234 한국의 선거와 민주주의
윤종빈 | 명지대 정치외교학과

235 한국 시민운동의 구조와 동학
조대엽 외 | 고려대 사회학과

236 또래관계
송영혜 | 대구대 재활심리학과

237 해외 한국기업과 현지인 노동자
석현호 외 | 에스콰이아학술문화재단

238 독일 국가복지에서 민간복지단체의 역할과 의미
차성환 외 | 한일장신대 사회복지학부

239 청정공학
조정호 | 동양대 생명화학공학과

240 한국전통연희론
심상교 | 부산교육대 국어교육학과

241 정신장애와 가족
서미경 | 경상대 사회복지학부

242 빈곤통계의 작성과 활용
김주환 | 동국대 정보통계학과

243 인터넷과 한국정치
강원택 | 숭실대 정치외교학과

244 북한의 시장경제이행
정영화 외 | 서경대 법학과

245 시스템사고로 본 지속가능한 도시
문태훈 | 중앙대 도시및지역계획학과

246 실버산업과 유비쿼터스 컴퓨팅
고일상 | 전남대 경영학부

247 재활상담과 사례관리
나운환 | 대구대 직업재활학과

248 영유아교육기관에서의 장애 이해 교육
유수옥 | 우석대 유아특수교육과

아 | 산 | 재 | 단 | 연 | 구 | 보 | 고 | 서

1 한국인의 도덕성 연구
배해수 | 고려대 국문학과

2 산업화와 청소년 진로
이원호 | 울산대 교육학과

3 공동체의식과 시민운동
김영섭 | 한양대 행정학과

4 한국청년의 삶의 의미 충족도와 만족적 태도
안정수 | 경희대 철학과

5 중국조선족의 사회발전과 한 · 중관계의 위상
손장권 | 고려대 사회학과

6 해송림 "솔껍질깍지벌레"의 천적 및 주요 종의 생태
김규진 | 전남대 농생물학과

7 사회정의와 실천윤리
박종대 | 서강대 철학과

8 동구개혁의 영향
김달중 | 연세대 정치외교학과

9 한국청소년의 의식세계
김문조 | 고려대 사회학과

10 고강도 철근 콘크리트 구조의 실용화
정헌수 | 중앙대 건축학과

11 신기술의 연관형태 및 출현예측의 구조모형
권철신 | 성균관대 산업공학과

12 민간기업의 연구개발을 위한 조세정책
권영훈 | 한양대 경제학부

13 기술개발 활성화방안
송승구 | 울산대 화학공학부

14 부패의 현상과 진단
이문조 | 영남대 정치외교학부

15 연구투자의 지역적 편중화와 부산지역의 기초과학연구 활성화방안
윤웅찬 | 부산대 화학과

16 GATT의 신구 덤핑방지협정과 그 대응방안
전창원 | 동국대 무역학과

17 한국사회의 도덕성 제고를 위한 진단과 처방
황경식 | 서울대 철학과

18 새로운 노사관계 방향
이진규 외 | 고려대 경영학과

19 21세기 동북아 정세예측과 한국의 전략적 대응방안
최평길 외 | 연세대 행정학과

20 소련의 한국에 대한 정책목표분석
신승권 | 한양대 정치외교학과

21 메모리 커패시터용 $Pb(Zr_xTi_{1-x})O_3$ 강유전체 박막의 제작과 특성
장지근 외 | 단국대 전자공학과

22 러시아 국제법학의 전통
김용구 | 서울대 외교학과

23 유럽연합의 현황과 전망
김동현 외 | 성균관대 행정학과

24 중국의 정치동원
송영우 외 | 건국대 정치외교학과

25 산업적 활용을 위한 이동로보트 시스템의 개발
박민용 외 | 연세대 전자공학과

26 중국조선족의 정치사회화과정과 동화적 국민통합의 방향
전인영 외 | 이화여대 사회생활학과

27 공적부조의 이론과 실제
최일섭 외 | 서울대 사회복지학과

28 대외통상환경의 변화와 법제개편
서헌제 | 중앙대 법학과

29 기업금융의 국제화
최생림 | 한양대 경영학부

30 자동차부품공업의 노사관계
김호진 외 | 고려대 행정학과

31 산업화 과정에서의 한국가족의 실태와 전망
정창수 외 | 성균관대 사회학과

32 공무원 가치관 실태와 정립방안
배병룡 외 | 경상대 행정학과

33 해외귀국청소년의 국내적응연구
이장영 | 국민대 사회학과

34 초고속정보통신망에서 LAN서비스 제공방안
이재용 | 연세대 전자공학과

35 WTO체제의 정책적 대응
김병진 외 | 경희대 행정학과

76 제주지역 성인 여성의 자원봉사활동
이상철 외 | 제주대 사회학과

77 M&A와 문화충돌 관리
박원우 | 서울대 경영학과

78 폐금속광산 인근 주민들의 중금속 오염실태
정종학 외 | 영남대 의학과

79 북한 농촌·농업실태와 인력자원개발 시스템을 통한 북한 농민의 구호방안
박성열 | 건국대 교육공학과

80 중소 소매점의 경쟁력과 소매성과
채명수 외 | 한국외대 무역학과

81 고령자를 위한 쾌적한 실내온도와 착의량의 설정
정운선 | 안동대 의류학과

82 지역문화 이벤트 PR
박종민 | 경희대 언론정보학부

83 인터넷 지역정보화의 실태와 전략
유평준 외 | 연세대 행정학과

84 여성 삶의 질 향상을 위한 사회교육 활성화 방안
김양희 | 중앙대 가족복지학과

85 벤처기업과 벤처금융
강대석 외 | 충남대 무역학과

86 구조조정기에 있어서 실업대책과 사회 안전망 구축
박천익 | 대구대 경제학과

87 한국 유아의 조기교육
이명조 외 | 한국외대 교육대학원

88 남북한 경제공동체 형성전략
이상만 | 중앙대 경제학과

89 지방자치회계의 투명성과 주민의 알 권리
권찬태 외 | 경북대 경영학부

90 정치지도자의 정책리더십
이해영 | 경일대 행정학과

91 경제위기와 한국인의 복지의식
신광영 외 | 중앙대 사회학과

92 북한의 노동
김강식 | 한국항공대 경영학과

93 우리나라 중소기업의 정보기술 활용 현황과 경쟁력 강화를 위한 제안
정승호 | 부산외대 정보시스템학과

94 인간배아복제의 법적·윤리적 문제점과 그 해결방안
최병규 | 한경대 법학부

95 가치변화에 따른 투표행태
조찬래 외 | 충남대 정치외교학과

96 인터넷 경매에서의 계약체결과 소비자 보호
이기수 외 | 고려대 법과대학

97 세계화시대 남북한 통합의 방향과 과제
윤민재 | 서울대 사회발전연구소

98 글로벌 시대 지방정부의 문화마케팅 전략
박흥식 | 중앙대 행정학과

99 대졸여성실업의 실태분석 및 대학-노동시장 간 효율적 연계방안
이은우 외 | 울산대 사회과학부

100 그린 투어리즘의 분석
이응진 | 대구대 관광학부

101 지방자치단체장의 부정부패
오일환 | 한양대 아태지역연구센터

102 산업화가 유교체제하 중국여성의 지위에 미친 영향
천성림 | 배재대 사회과학연구소

103 움직이는 말하기
유혜숙 외 | 나사렛대 교양학부

104 장애학생을 위한 특수교육공학의 활용
김용욱 | 대구대 중등특수교육과

105 지식기반사회의 평생교육 이해와 평생교육 프로그램 개발
박성열 | 건국대 교육공학과

106 N세대의 미술교육
김동철 | 대구교육대 미술교육학과

107 노후계획과 투자
권택호 | 여수대 국제통상학과

108 영화산업
양영철 | 경성대 연극영화학부

109 동유럽의 변혁과 언론의 역할
정대수 | 경남대 정치언론학부

110 환율, 임금, 물가가 국제경쟁력 및 수출입산업에 미치는 영향
하인봉 | 경북대 경제통상학부

111 일본기업의 기술혁신 전략
위정현 | 중앙대 상경학부

112 노후보장정책과 역저당연금제도
조덕호 외 | 대구대 행정학과